カウツキー・レンナー・ゲゼル

# 『資本論』の読み方

相田愼一◉訳

ぱる出版

# カウツキー・レンナー・ゲゼル
# 『資本論』の読み方

訳者　相田　愼一

マルクス『資本論』体系のリストラクションをライフ・ワークとされた
恩師　故西口直治郎先生に、　本書を捧ぐ

# 凡例

1．本書は三部から構成されている。第一部は Karl Kautsky, Karl Max's Ökonomische Lehren. 1 Auflage, Stuttgart 1887. の翻訳である。また第二部は Dr. Karl Renner, Die wirtschaftlichen Lehren von Karl Marx. Vorträge in der Parteischule Karlsbad 1922 von Dr. Karl Renner. Teplitz=Schönau 1922. の翻訳である。そして第三部は、Silvio Gesell, Die Ausbeutung, ihre Ursachen und ihre Bekämpfung. (Eine Gegenüberstellung meiner Kapitaltheorie und derjenigen von Karl Marx.) ; Vortrag gehalten in der sozialistischen Vereinigung zur gegenseitigen Weiterbildung in Dresden, 8. Mai 1922. Potsdam 1922. の翻訳である。

2．第一部のカール・カウツキー『マルクスの経済学説』（一八八七年）の翻訳に際しては、高畠素之訳『カウツキー資本論解説』（改造社、一九二七年）を参考とした。

3．本書中のマルクス『資本論』からの引用文は、向坂逸郎訳『資本論』（岩波書店、一九六七年）を基礎とした。また（マルクス『資本論』第一巻、一〇〇頁）と書かれた引用頁も、この向坂訳『資本論』第一巻（岩波書店、一九六七年）の頁を指す。

4．引用文献中『資本論』と『国富論』以外の欧文文献の頁は、原著書の頁を指す。

5．本文中の［　　］は、訳者による補注である。

6．事項索引ならびに人名索引は訳者が作成した。

# 目次

## 第一部　カウツキー『マルクスの経済学説』(一八八七年)

## 第二部　カール・レンナー『カール・マルクスの経済学説』

# 第一部　カウツキー『マルクスの経済学説』（一八八七年）

# 初版序文

クロプシュトックのような人を褒めない者などいるだろうか。
されど、だれも彼を読むことがない。反対に、
われわれは褒められることよりも
より多く読まれることを望む。

近代の著述家の中でマルクスほどこのレッシングの言葉が妥当する者はいない。実際、本書の著者はその仕事の都合上最近のドイツの経済学文献の検討を余儀なくされた際に、こうした経済学文献の中でマルクスの名前ほど頻繁に言及されているものは他にないという事実ばかりでなしに、マルクスの学説が最近におけるほとんどの経済学上の論争の中心点をなしているという事実をも見いだした。この事実をマルクス『学派』の人々に語るならば、彼らはこれに満足するかもしれない。だが、本書の著者はけっしてこの事実に満足しない。なぜなら、遺憾ながら本書の著者は、マルクスについて書く当の人々がマルクスの著書をまったく読んでいないか、あるいはきわめて表面的にしか読んでいないという事実を確認する機会にも多々遭遇したからである。このことに加え、マルクスを論じているほとんどの文筆家や学者が客観的な科学的認識を目的とせずに、当面する特定の利害の検討を目的としているということを考慮するならば、むしろ今日マルクス学説にかんするきわめて馬鹿げた見解が全般的に流布しているという事態を見ても、それほど不思議ではないのである。

しかしながら、このような誤った見解にひとつひとつ反論することなどマルクスの課題たりえない。なぜなら、彼

の個々の理論は強固に組み合わされた全体系の一部をなすものであり、その全体的関連の中でだけ理解できるにすぎないからである。したがって、この全体的関連を理解しない者は、その個々の文章を理解しようとする場合、常に表面的な理解にとどまってしまうことになる。かくして、個々の誤った見解を数語でもって一掃することなど不可能なのである。むしろこのような個々の誤った見解を一掃するには、マルクスの著作の詳細な研究を必要とするか、またはマルクスとエンゲルスの特有な科学的観点を包括的に説明する以外にはない。そのような試みのひとつとしてわれわれは、デューリングに対するエンゲルスの古典的論争書〔『反デューリング論』〕を有しているのである。実際、この書はマルクス自身がこれらの諸問題について自己の立場を語ったどんな短い文章よりも、マルクス学説の理解を促進するのに有効なものとなる。

けれども、ドイツ語文献にはなおマルクス経済学説を簡潔に概括し、平易に解説している著作が欠如している。これまでそのような著作を作ろうとする試みは様々な方面からなされたけれども、いずれも断片的なものにとどまっている。

本書は、こうしたマルクス経済学説の平易な概説書の欠如という現在の空白を埋めようとするもの、あるいは少なくともその一助たろうとするものにほかならない。

当然のことながら、本書はマルクスの主著『資本論』に依拠し、その内容的順序にしたがうものである。したがって、マルクスのその他の経済学的著作については、難解な部分を解明したり、『資本論』の所説を更に展開したりする場合にだけ参考とするにすぎない。

その際、本書の説明は、なによりもまず『資本論』を研究するための時間や手段をもたない人々が『資本論』の思考過程に精通できるようになることを目的としている。だが、それと同時に、こうした本書の説明によって『資本論』を所持している多数の人々の研究が容易になることばかりでなしに、最終的には『資本論』についての誤った見解を抱いている人々、または『資本論』第一篇の難解さに手を焼いてその研究を途中で断念した人々などがもう一度

『資本論』を読み返すための誘因になることをも、著者は期待しているのである。

ところで、『資本論』の叙述は無味乾燥な上に難解であるといわれる。だが、それは誤りである。実際に、本書の著者は叙述の明晰さと活気の点で、またその文章の型の古典的な美しさの点で『資本論』に比肩しうるほどの経済学的著作を他に知らないのである。

それでも、『資本論』は難解であるといわれてしまう。

確かに、難解な箇所があることは事実である。だが、そのことはその叙述内容のせいではない。

国民経済学は、僅かな予備知識ももたずにだれもが理解できる科学であると通常考えられている。だが、それは科学であり、しかも科学の中でもっとも難解なもののひとつである。なぜなら、社会ほど複雑な組織体は他にないからである。確かに、マルクスが俗流経済学と名づけるあの決まり文句の集合体を理解するには、日常業務を行っていれば自ずと習得される知識以上のものを必要としない。それに対し、経済学批判という形態で新しい歴史学的かつ経済学的体系を確立したマルクスの『資本論』を理解するには、一定の歴史的知識ばかりでなしに、大工業の発展によって与えられる諸事実についての認識をも必要とするのである。

それゆえに、マルクスが経済法則を演繹する際にその基礎とした諸事実を部分的にすら知っていない者は、この法則の意味を理解できず、この法則は神秘主義とヘーゲル主義でしかないという非難を投げかけるだろう。つまり、きわめて明晰な説明であっても、歴史的知識のない者にとっては役に立たないということなのである。

われわれの考えによれば、以上の事実は『資本論』を普及させようとするあらゆる試みに際しての危険な障害物となる。マルクス自身は可能なかぎり読みやすく書いた。それにもかかわらず、もし彼の文章に難解なところがあるとすれば、それは言葉遣いにその原因があるのではなく、研究対象と読み手にその原因があるといわざるをえない。たとえば、きわめて難解な言葉を無造作さに平易な言葉に翻訳しても、そのことは厳密さを犠牲にすることでしか可能とならないだろう。したがって、この場合の普及化ということは、浅薄化ということにならざるをえない。

このような理解から、本書の著者の課題もまた与えられることとなった。つまりその課題とは、マルクスの言葉遣いの単なる変更にはないということなのである。事実、すでに言及したようにマルクスはきわめて平易に、しかも簡潔かつ正確に書いたのであるから、その用語を改めることはかえって多くの場合曖昧さを招くものとなるだろう。したがって、本書では、マルクスの一連の文章をそのまま引用することとした。本書の中で引用符を付けた箇所がそれである。その際に、指示のないものはすべて『資本論』からの引用である。

むしろ本書において著者が課題のひとつとしたのは、理論的叙述の基礎となっている諸事実に読者の注意を向けさせることであった。このことは、とりわけ第一篇には必要なことだった。なぜなら、マルクスは、これらの諸事実に多くの場合自ら言及しているけれども、そのような言及はしばしば通例見逃してしまうような示唆にとどまっていることが多いからである。また他の箇所では、本書の著者は自らの責任でこのような諸事実に注意を促した。このことは、とりわけ第一篇第1章の最初のパラグラフに当てはまる。だが、それでも本書で行っているのは、指示程度のことでしかない。『資本論』の基礎となっている諸事実を詳細に説明するには、もっと多くの紙数を必要とするだけではなく、本書の著者の力量以上のものを必要とする。なぜなら、そうした説明を行うということは、結局のところ太古からの人類の発展史を書くことを意味しているからである。その点で、『資本論』は本質上歴史的著作にほかならないのである。

『資本論』のこうした歴史的性格は、近代工業を取り扱った各章の中に明白に見てとることができる。これらの各章は理論的部分を含むばかりでなしに、これまで不完全にしか取り扱われなかったか、あるいはまったく取り扱われなかった研究対象についての広範な歴史的な検討をも含んでいる。そこでは、理論的部分を基礎づけている諸事実が十分に与えられているために、賢明な読者は、広い予備知識をもたずにこれらの理論的部分を理解することができるのである。したがって、これらの各章を検討している場合には、本書の著者の課題は、別のものになった。そのため、ここでは紙数の制約もあり、もっとも重要な事実の指摘にとどめざるをえなかった。だがそれにもかかわらず、ここでは理論的部分の歴史的性格を維持することも必要となった。というのも、このような理論的部分は、事実と論理を媒介する中間項を省略した場合には、時にはまったく別の性格のものになり、一定の歴史的前提条件のもとでのみ通用する主張が無条件に通用する主張であるかのように思われてしまうからなのである。

ちなみに、本書はマルクスの経済学説の解説を課題としているばかりでなしに、マルクスの『資本論』に対する研究の手引きになることをも課題としている。したがって、本書の著者は、これまで余り注意されなかったか、または誤解を生じ易い箇所については理論的説明にとどまらず、より詳細に扱うことを必要と見なした。それに対し、すでに全般的に周知のことで、しかも全般的に承認されており、もはや誤解の恐れがない他の箇所の場合には、手短に扱ってもよいと考えた。またこの小著に実践的価値を持たすためにも、たとえば工場法のような事実関係の説明は、多くの場合、マルクスが論じた当時から最近の事実関係にいたるまでを対象とした。

他方、本書でもマルクスに特有な個々のカテゴリー（概念）が保持されているけれども、外来語の使用は極力避けるように努めた。それでも外来語の使用を完全には避けることができなかった。それは、ドイツ国民が自己の文化や科学を自分たちだけで発展させてきたのではなく、多数の概念、否いくつかの科学部門とその呼び方をも他の諸国民から受け継いだために、外来語をドイツ語に翻訳することがまったく不可能であるか、たとえドイツ語への翻訳ができたとしても、その場合には表現の鋭さや簡潔さを犠牲にしなければならない事態が生じたからである。しかるに外来語の次に括弧をしてそのドイツ語を付すことに対しては、本書の著者は賛成することができない。完全に適合的なドイツ語が存在している場合には、最初からそれを使用した方がいいし、また完全に適合的なドイツ語が存在しない場合には、あえて訳語を付してとしても、たいして意味がないからである。そのような場合には、外来語を前後の関連の中に位置づけることによって、賢明な読者がその意味を引き出すことができるようにするということが、解説上の課題となった。但し、あまり使用されていない外来語が本書で初めて使用される場合にだけ、本書の著者はそれに対して実際に使用されている訳語ないしそれにきわめて近い訳語を括弧に入れて示した。そうしたのは、外来語の理解を容易にするためであって、外来語の意味内容をドイツ語でもって完全に表現できると本書の著者が考えたからではないのである。

ところで、本書の執筆に際し、以前に発行された『資本論』解説書の中で著者が利用できたものは、ほとんどなかった。ただひとつ、ドヴィール氏のフランス語版『資本論抜粋』だけが、本書の著者に役立つものとなった。そのこととともに本書の著者は、ドヴィール氏が本書のために彼の著書のドイツ語訳の出版を断念された好意に対しても、改めてこの機会に感謝の意を表明しなければならないと考えるものである。

最後に、ここに記さなければならないのは、本書はとりわけエドアルド・ベルンシュタインの友情溢れる共感と協力に励まされて生まれたものであるということである。彼は、本書の原稿を批判的に閲覧し、激励や示唆を与えてくれたばかりでなしに、数章を別に書いてもくれた。たとえば、本書の第二篇中の大工業にかんする重要な中心的な一章は、ほとんどすべて彼の手になるものである。

本書の著者は、その課題の困難さを意識するにしたがって、ますますこのベルンシュタインの激励と援助とを有り難いものと感じるようになっている。

本書は、偉大な独創的大作に対する平易な解説書にすぎない。だが、この場合にも、レッシングが自らの作品の中で絵描きについてコンテ公に言わしめた次の言葉が妥当する。

「ああ、直接目にして書くことのできない悔しさよ。目より腕を経て絵筆にいたる長旅の間に、いかに多くのものが失われてしまうことか。」

二人の画家が同一の対象を正確に描いても、そのそれぞれの作品には差異が生じるだろう。一方が見るものを、他方は見逃すこともあるだろう。また一方が重要と考えるものを、他方は付随的なものとして取り扱うこともあるだろう。そして両者が異なったものとして見たものは、またもや異なったものとして再現されることだろう。したがって、原作を忠実に理解することは困難なことであるが、それ以上に困難なことは原作を忠実に再現することなのである。

本書の著者がここで行っているのは、『資本論』の模写、すなわち原著の縮小版として全面的に忠実に、しかも無色に再現した模写ではなく、主観的配色と主観的描写をもったひとつの作品の創造なのである。

その際、鈍重さを避けようとする余り著者の説明がしばしば断定的な調子に陥っているとすれば、本書において読者に語っている者、すなわちマルクスの経済学説について読者に報告している者はマルクスではないということを、読者は念頭に置いていただきたい。このことは控え目な課題と見なされるかもしれない。けれども、本書が幸いにも成功し、根気強い研究者、良心的な学者そして偉大な思想家としてのマルクスが自己のライフワークの成果として明らかにした真理の普及に少しでも貢献できたならば、本書の著者にとってこれ以上の喜びはない。

ロンドン、一八八六年一〇月

カール・カウツキー

# 第一篇　商品・貨幣・資本

## 第1章　商　品

### (1) 商品生産の性格

マルクスが自らの主著『資本論』において研究しようとしたものは、今日支配的となっている資本主義的生産様式であった。この著作では生産過程の根底を貫く自然法則といったものは、議論の対象とはならない。そのような自然法則についての研究は、物理学や化学が果たすべき課題のひとつであっても、政治経済学が果たすべき課題ではないからである。他方、マルクスは、すべての諸民族に共通する生産形態といったものを研究課題とするつもりもなかった。なぜなら、そうした類いの研究は、大部分人間が物を生産するにはたえず道具、土地そして生活手段を必要とするというような自明の事柄だけしか明らかにすることができないからである。マルクスが研究したのは、むしろ特定の時代（最近数世紀）および特定の諸国民に特有である社会的生産の特定の形態（つまり、ヨーロッパ諸国民あるいはヨーロッパ出身の諸国民に特有な生産様式のことであり、最近ではヨーロッパ以外の諸国民、たとえば日本人やインド人のもとでも市民権をえつつあるわれわれの生産様式のことである）の運動法則であった。今日支配的となっているこの生産様式、すなわち資本主義的生産様式――その特質については、われわれは後になおいっそう詳しく述べるつもりである――は、他の生産様式、たとえば中世のヨーロッパに支配したような封建的生産様式、あるいはあらゆる諸民族の発展の端緒に存在していたような原始共産的生産様式などから峻別されるものである。

今日の社会を考察するならば、われわれは、この社会の富が商品からなるということを発見する。

商品は労働生産物であるけれども、その生産者やその関係者が自己消費するための労働生産物ではなく、他の生産物と交換するという目的のために生産される労働生産物である。したがって、生産物を商品たらしめるものは、その自然的性質ではなく、その社会的性質なのである。そのことを明らかにするのは、次のようなひとつの例であるだろう。

たとえば、自然経済を営む農家のひとりの少女が自分の家で使用しようとする亜麻布を織るために、亜麻を紡いで亜麻糸を作ったとする。この場合、亜麻糸は消費対象となるが、商品とはならない。だが、紡績職人が自らの亜麻布を隣に住む農民の小麦と交換するために亜麻を紡ぐ場合、あるいは工場主が販売を目的にして毎日何ツェントナー（一ツェントナー＝一〇〇キログラム）かの亜麻を紡がせる場合には、亜麻糸は商品となる。もちろんこの場合にも、亜麻糸は消費対象になるけれども、ひとつの特別な社会的役割を演じなければならない消費対象、換言すれば、交換されるべき消費対象になる。

かくして亜麻糸が商品であるかどうかは、それを見ただけではわからない。なぜなら、農家の娘が自分の婚礼の支度のために自ら紡いだ場合にも、またおそらく自分ではその一本さえも消費しない女工が工場で紡いだ場合にも、この亜麻糸の自然的形態はまったく変わることがないからである。したがって、亜麻糸が商品であるか否かが初めて認識できるのは、この亜麻糸が行う社会的役割や社会的機能を見ることによってなのである。

しかるに、資本主義社会では労働生産物がますます商品の形態をとるようになるけれども、なお今日のわれわれのもとにおいてもすべての労働生産物が商品になるわけではない。というのは、今日の社会には以前の生産様式の残滓ともいうべきものが存在しているからである。したがって、この点を度外視した場合、今日ではすべての労働生産物は商品の形態をとる、こう言うことができるだろう。かくして今日の生産様式を理解するには、まずもって商品の性格が明らかにされていなければならない。それゆえに、われわれの研究は、商品の研究から始める必要がある。

その際、われわれはとりわけ商品生産の特質をそれとは異なった生産方法と比較しながら説明することにしたい。なぜなら、こうした説明を行うならば、われわれは商品の研究についての理解をいっそう深めるとともに、マルクスが商品の研究を行う際に採用した観点をもきわめて容易に理解できるようになるからなのである。

われわれが人類の歴史を回顧するならば、われわれがそこに見いだすのは、人間が小規模な社会あるいは大規模な社会に属していたにせよ、その中で自らの生計を維持してきたということ、つまり生産はたえず社会的性格を帯びていたということである。マルクスは、この点をすでに『新ライン新聞』に掲載された『賃労働と資本』（一八四九年）という論説の中で、次のように明確に述べている。

「生産の際に、人間は、自然にたいして関係するだけではない。彼らは、一定の仕方で共同して活動し、その活動を相互に交換しなければ、生産できない。生産するために、彼らは互いに一定の関係や繫がりを結ぶが、こうした社会的な関係や繫がりの内部ではじめて、彼らと自然との関係がおこなわれ、生産がおこなわれるのである。

もちろん、生産者がお互いに結ぶこれらの社会関係、彼らがその活動を交換し、生産の行為全体に参加する諸条件は、生産手段の性格のいかんに応じて、違ったものとなるであろう。火器というひとつの新兵器が発明されるとともに、必然的に、軍隊の内部組織全体が変化し、諸個人がひとつの軍隊を形づくって軍隊として作用しうる諸関係が変わり、種々の軍隊の相互関係もまた変化した。

それゆえ、諸個人がそのなかで生産をする社会的関係、すなわち社会的生産関係は、物質的生産手段、生産力が変化し発展するにつれて、変化し変動する。全体としての生産関係は、社会的関係、社会とよばれるものを、しかも一定の歴史的発展段階にある社会、独特で特色のある性格をもった社会を、形づくる。」

前述の内容を若干の例で説明しよう。たとえば、インディアンのように、狩猟が食料獲得の主要な部門になっているような低い生産段階にある原始的民族を取り上げてみよう。ドッジは、彼の著書『西部遠方にいる今日のインディアン』の中で彼らの狩猟方法を次のように報告している。

「知識欲は稀にしか生まれないけれども、食欲は絶え間なく生まれる。このような理由のために、その種族は通例『第三身分』の支配に服する。この権力は、種族内のすべての狩猟者――彼らは一種のツンフトやギルドを形成し、狩猟という特殊領域ではその決定に無条件にしたがう――から構成される。シャイアン族の場合、このような男たちは『狩猟隊』とよばれる。若くて活発な酋長はいつもこのような『狩猟隊』の一員であるけれども、必ずしもその指揮者になるわけではない。『隊員たち』は全般的問題に対して自分たちで自由に決定を下すことができるが、その実際の運用は、彼らの中から選ばれたもっとも有能かつ明敏な狩猟者に任せられる。このような『狩猟隊』の中には、戦士になるための神聖な試験になお合格していない多数の青年たちがいる。一言で要約するならば、このような狩猟者ギルドは同族の全労働力を包括しつつ、女性や子供たちの保護と彼らへの食料提供を遂行するための権力なのである。

毎年秋になると、彼らは大規模な狩猟を行い、可能なかぎり多くの野獣を仕留め、冬用に大量の肉を保存する。この時は『狩猟隊』の天下であって、その命令が恣意的ないし民主的であっても、絶対権のように種族内で励行される。こうしてすべての準備が整うと、まず優秀な狩猟者たちが夜明け前に出発する。そして多数の野牛の群れが発見されるや、彼らは、襲撃してもその群れを散らすことがもっとも少ない位置にいる一群を選んで襲撃する。この襲撃の間、『狩猟隊』の大多数の残りの男子隊員たちは馬に跨がったまま一塊りとなって、野牛たちには見えにくい近くの谷間に隠れる。そして野牛の群れが彼らの狩猟にとっての絶好の位置に来たと判断したならば、指揮者は部下を組分けし、これを臨時の隊長に託して、予定地点に配備する。かくして全員がそれぞれ自分の持ち場につき、狩猟の準備が整った時に、指揮者は騎馬の一隊に、野牛の群れを包囲しその逃げ口を塞ぐように命令する。その数分後突進の合図を行い、全狩猟隊は死者をも呼び醒ますような喚声をあげて、一気に野牛の群れに突進するのである。

まだ弓矢しか使用していなかった時代には、だれもが自分の矢を記憶しているので、苦もなく自分の殺した獲物を識別することができた。自分の殺した獲物は、その一部が自分たちの種族内部の寡婦や扶養戦士のいない家族のために徴収されるということを別にすれば、すべて自分の所有となった。また一匹の野牛に多数の矢が当った場合には、当たった矢の位置によってこの獲物がだれの所有になるかが決定された。そして、もしいずれの矢も一様に致命傷を負わせている場合には、この獲物はこれらの矢の所有者に平等に分配された。あるいはこの獲物が、自分たちの種族内の寡婦に贈与されることも、稀なことではなかった。この種のあらゆる問題は、隊の最高指揮者によって決定された。その決定に不服な場合には、『狩猟隊』全体の決定を行うように上訴することができた。だが、銃器が全般的に使用されるようになって以来、だれがどの獲物を殺したかということはまったく判別することができなくなった。こうしてインディアンは初めて共産主義的な考えを抱くようになり[1]、彼ら自身が案出した平等な比例分配の方法にしたがって、すべての獲物を分配するようになったのである。」（二〇六―二一一頁）

このような狩猟民族のもとでも社会的な生産が行われていたということ、つまり彼らも様々な種類の労働を協働させてひとつの全体的結果を達成しようとしていたということを、われわれは見るのである。

こうしてわれわれは、早くも狩猟民族のもとに分業と計画的協働（協業）の萌芽を見いだすことになる[2]。狩猟者は、その能力の相違に応じて様々な労働を遂行するけれども、その様々な労働は共同の計画にしたがって遂行される。そしてこの様々な労働の協働、すなわちマルクスが『賃労働と資本』の中で表現したような「活動の交換」の成果たる獲物は、交換されずに、分配される。

ちなみに、生産手段の変化——弓矢から火器への移行——が結果的に獲物の分配方法の変化を引き起こしたということをも、ここで明記しておく必要があるだろう。

次に、われわれはより高度な別の種類の社会的生産様式、たとえば農耕を基礎としたインドの村落共同体を考察しよう。

かつてインドに支配的であった原始共産制は、今では僅かな残滓しか見いだされない。だが、ストラボの『インド地誌』(第一五巻、第一篇、第六六章)によれば、マケドニアのアレキサンダー大王の将軍ネアヒルは、当時のインドでは共有財産の土地を共同で耕作し、収穫後その農業収穫物を村落構成員に分配していた地方があると報告していた。またエルフィンストーンによれば、このような共同体はわれわれの世紀の初頭にもなおインドの若干の地方に存続していたとのことである。実際、ジャワには村落共産制度が次のようなやり方で、すなわち農耕地は時の経過とともに新たに村落構成員に分配されるけれども、彼らがその分配された農耕地を手に入れるのは、私的所有のためではなく、一定の期間利用するためであるという方法で、今なお存続している。他方、前部インドでは農耕地のほとんどがすでに各村落構成員の私的所有へと移行してしまったけれども、森林、牧草地そして未耕作地は多くの場合なお共有財産であって、すべての共同体構成員はこの共有財産の用益権を有している。

こうした——イギリスの支配、とりわけイギリスによって導入された租税制度の破滅的影響の犠牲になおなっていない——村落共同体にわれわれの関心を抱かせるのは、そこで行われている分業の性質である。その種の分業を、われわれはすでにインディアンのもとに見いだした。だが、われわれはこうしたインドの村落共同体の中にそれよりもはるかに高度な、次のような分業を見いだすのである。

共同体の長——それが一人の場合にはパテールと言うのに対し、多くの場合五人の構成員の合議体を構成している場合には、パンチと言う――とならんで、われわれはインドの共同体経営の中になお一連の役人たちを見いだす。カルナムあるいはマッツァディという会計係は、共同体の財政状態をその共同体構成員、その他の共同体そして国家との関連において指導監督することを義務とする。タリールは犯罪や違反の調査と同時に、旅行者の保護ならびにこの旅行者が共同体の境界を越えて安全に近隣の共同体に到着するための道案内とを義務とする。またトーティは田畑の保護と土地の測量を管轄とし、近隣の共同体が境界線を越えて田畑をこちら側に移すこと（こうした事態は、とくに米作の場合には容易に起こりうることである）がないように見張らなければならない。その他に、用水路の管理人がいる。彼らは用水路を保全しながら、この用水路を適当な時期に開閉したりして、すべての田畑に十分な水を送ること（このことは、とくに米作の場合にはきわめて重要である）に努めなければならない。また礼拝を行うのに必要なバラモン僧、子供たちに読み書きを教える学校の教師、種蒔き・収穫・打穀・その他の重要な労働を行うのに適当な日時あるいは不適当な日時を占う暦僧あるいは占星術師、鍛冶屋、大工、車職人、陶工、洗濯人、床屋、牛飼い、医者、舞踏女、時には歌い手さえいる。

これらすべての人々は、［村落］共同体全体とその構成員のために働くことと引き換えに、田畑なり収穫物なりの分け前に与る。このように高度に発展した分業の場合にも、われわれは労働の協力関係とそこから生まれる生産物の分配という事態を見ることになるのである。

もうひとつ、だれでも知っていると思われる例を挙げよう。自給自足を行っている家父長的な農民家族の例が、それである。この農民家族は、インドの農業共同体の中で描かれたような生産様式、すなわちすでに周知となっているすべての文化諸民族の発達の初期に見いだされるような生産様式から誕生してきた社会的組織体にほかならない。

そうした農民家族が同じくわれわれに示すのは、孤立した人間存在ではなく、社会的協働と、年齢、性別、季節に応じて変化する様々な労働の協力ということである。耕作、刈入れ、家畜の世話、搾乳、木材の伐採、紡糸、紡織、裁縫、編物、彫刻、普請等々のきわめて多様な労働が、そこでは相互に協力し合い、相互に関連し合う。この場合にも以前の例の場合と同じく、その生産物は個々の労働者によっては交換されず、彼らの間で状況に応じて分配されるのである。

今や、われわれが問題としている農業共同体で生産手段が著しく改善され、農業はこれまでよりも少ない労働で遂行できるようになったと仮定しよう(3)。そうなると、労働力の一部が自由になる。この自由になった労働力は、そのための技術的補助手段が発達しているかぎり、共同体地域に埋蔵されている火打ち石の鉱床を発掘したり、火打ち石を発掘するための道具や武器を製造したりするために使用されることになるだろう。その結果、労働の生産性が著しく増大し、自分たちの共同体で使用するよりもはるかに多くの道具と武器とが製造されることになるだろう。

遊牧民の一部族がその移動中、この共同体と交際したとする。そしてこの遊牧民の一部族においても労働の生産性が著しく増大し、自己の部族が必要とするよりも多くの家畜を飼育するようになったと仮定しよう。その場合、この遊牧民の一部族が好んで自らの余剰の家畜を農業共同体の余剰の道具や武器と交換するということは、大いにありうることである。この交換によって余剰の家畜と余剰の道具は商品になる。

このように商品交換は、原始的共同体の生産力がその狭隘な需要以上に発展したことの自然的結果なのである。つまり、技術的発展が一定の高さに達すると、原始共産制は更なる発展の障害物になり、生産様式は社会的労働の規模の拡大を求める。だが、個々の共同社会は相互に疎遠な関係にあって、しかも自立的に対峙しているのであるから、こうした拡大は共産主義的な計画的労働の拡大によってではなく、共同社会の余剰労働の相互の交換によって可能となるにすぎない。

商品生産が――生産手段と生産物を労働者が私的に所有するような――相互に独立した私的労働者の生産に到達するまでの間、商品交換が共同社会内部の生産様式にどのような反作用を及ぼしたのかを、われわれはここで研究する必要がない。われわれがここで示したいのは、次の点である。すなわち、商品生産もまた一種の社会的生産であり、それは社会的関連なしには考えられないということ、否、商品生産は、社会的生産が前述の(種族、共同体あるいは家父長的な家族における）共産主義的生産の境界を越えて拡大した結果出現したにもかかわらず、その社会的性格は公然と現われることがないということ、こうした点にほかならない。

　われわれは、今一人の陶工と一人の農夫とを仮定しよう。彼らは、以前にはひとつのインドの共産主義的な村落共同体の構成員であったが、後には別々の商品生産者になったとしよう。前者［共産主義的な村落共同体］の場合、この二人は同じように共同体のために労働する。つまり一方は、共同体に陶器を提供し、他方は共同体に農作物を提供する。そして一方が農作物への彼の分け前を受け取り、他方が陶器の分け前を受け取る。後者［商品生産］の場合には、両者はそれぞれ独立して自分の私的労働を遂行するが、両者はそれぞれ、自分のためばかりでなしに、他人のためにも（おそらく以前と同じ程度に）労働するのである。そして彼らは自らの生産物を交換し、可能ならば一方は以前にえられたのと同じ量の農作物を獲得し、他方も以前にえられたのと同じ量の陶器を獲得するだろう。その点では、本質的に何も変わっていないように見える。だが、この二つの過程は相互に根本的に異なったものになる。

　前者の場合には、両者の異なった労働を結合し、一方を他方のために労働させることと引き換えに、一方に他方の労働生産物への自らの分け前を直接に与えるものが社会であったということに、両者は即座に気付くだろう。後者の場合には、両者は外見的には自分のために労働しているため、この両者が他方の生産物を手に入れる方法が自らの労働の社会的性格によるものとは見えずに、生産物の特性そのものによっているかのように見えるのである。かくして、今や陶工も農夫ももはや相手のために労働しているようには見えないのであるから、製陶労働も農作業ももはや社会にとって必要な労働でないかのように見えるのである。その結果、陶器と農作物の内部には何か神秘的な性質が宿っており、その性質のために一定の比率での交換が引き起こされたかのように見えるのである。このように労働の社会的性格を条件づけるような人間相互の関係は、商品生産が支配的になると物相互の関係、すなわち生産物相互の関係という外観を帯びるものとなる。生産が直接に社会化されていたかぎり、その生産は社会の決定と指導にしたがい、生産者相互の関係もまた明白であった。だが、労働が相互に独立して営まれる私的労働となり、それとともに生産が無計画的なものになるや否や、生産者相互の関係は生産物相互の関係として現われるようになる。これ以降、生産者相互の関係を規定するものがもはや生産者自身ではなくなるために、この関係は人間の意志から独立した発展を遂げることとなるのである。こうして社会的諸力が人間の手に負えなくなった結果、それは、過去の世紀には神の力として現われ、後の「啓蒙の世紀」には自然の力として現われることとなったのである。

商品の自然的形態には、今や一種の特別な性質が付与されるけれども、この性質は、これを生産者相互の関係から説明しないかぎり、神秘的なものとして現われる。物神崇拝教徒が自らの礼拝物の自然的性質とは関係のない特性がその礼拝物にあると主張するように、ブルジョア経済学者の眼にも商品は超自然的特性を具現された事物のように見えるのである。マルクスは、これを「労働生産物が商品として生産されるや否や、この労働生産物に付着するがゆえに、商品生産と切り離すことのできない物神崇拝」と命名したのである。

このような商品の物神的性格を——そしてわれわれが後に見るように、資本の物神的性格をも——最初に認識した人は、マルクスである。商品の性質についての認識を困難にさせるのは、このフェティシズム（物神崇拝）なのである。否、このフェティシズムが克服されないかぎり、商品の性質についての認識を行うことはできないのである。つまり、商品の物神的性格を認識することなしには、商品の価値を完全に理解することが不可能であるということなのである。したがって、「商品の物神的性格とその秘密」という章は『資本論』の中のもっとも重要な章であるとわれわれは考えている。それゆえ、『資本論』の読者は特別な注意をこの章に払う必要がある。だが、この章はマルクス学説の反対者によってはもとより、その擁護者によってすらも多くの場合ほとんど完全に無視され続けているのである。

## (2) 価値

われわれが商品の物神的性格というものを明確に理解しておれば、商品についての研究はそれほど困難なことではない。

すでに見たように、商品は交換を目的とするものである。だが、商品が交換されるためには、商品は、実際の欲望であれまたは単なる想像上の欲望であれ、人間の欲望をみたす存在でなければならない。なぜなら、自分の生産物を自分にとって無用な生産物と交換しようとする人はいないからである。したがって、商品は有用な性質、つまり使用価値をもっていなければならない。

使用価値は、商品の自然的属性によって規定される。また使用価値は、富の社会的形態がどのようなものであれ、その素材的内容をなす。したがって、使用価値は商品にのみ特有な性質ではない。たとえば、上で見たように、共産主義的共同社会の生産物は商品ではないが、使用価値をもつ。また原始林の果実、河川の水などは労働生産物ではないが、使用価値をもつ。他方、使用価値をもたない商品などは存在しない。

この使用価値をもつ労働生産物が商品になるや否や、換言すれば、この使用価値をもつ労働生産物が相互に交換されるや否や、この交換がたえず一定の数量的比率で遂行されていることに、われわれは気付くだろう。

このように一方の商品が他方の商品と交換される比率は、交換価値とよばれる。この比率は、時間や場所によって変化する可能性がある。けれども、一定の場所や一定の時間では、この比率は一定の数値になる。たとえば、二〇エレの亜麻布が一着の上着と交換されると同時に二〇エレの亜麻布が四〇ポンドのコーヒー豆と交換されるならば、一着の上着は必ず四〇ポンドのコーヒー豆と交換されることになるだろう。その際、私が上着を亜麻布と交換する場合、上着の交換価値は、私がこの上着をコーヒー豆と交換する場合とはまったく違ったように表現されるだろう。だが、ひとつの商品の交換価値の表現がどれほど異なったものになろうとも、それは一定の時間と一定の場所ではたえず同じ実体を基礎とする。

この社会的現象を論究するのに役立つのは、物体の重量である。たとえばある物体の重量を、私は一六キログラムまたは三二ポンド、またはロシア風に一プードなどと表現することができる。だが、このような異なった表現の基礎には一定の実体、すなわち物体の一定の重量がある。それと同様に、商品の交換価値の異なった表現の基礎には一定の実体がある。これを、われわれは商品の価値とよぶのである。

こうしてわれわれは、政治経済学上のもっとも重要な基本的概念――この価値概念が政治経済学上のもっとも重要な概念であるのは、この概念なしには資本主義的生産様式の機構を正しく理解することができないからである――に辿り着くのである。

次に、われわれは、商品の価値を形成するものとは何かという問題に答えなければならないだろう。

ここで、たとえば小麦と鉄という二つの商品を取り上げてみよう。この二つの商品の交換比率が実際にどのようなものであるにせよ、それは、たとえば一ヘクリットルの小麦＝二ツェントナーの鉄というようにひとつの数学的方程式で表示することができる。だが、数学上の演算を行うことができるのは同種の値だけであるという定理は、小学生でも知っている。たとえば、私は一〇個のリンゴから二個のリンゴを引くことができるけれども、二個のくるみを引くことはできない。それゆえに、小麦と鉄という二つの商品の中には何か共通な値があり、この共通な値がその方程式を可能にしているのである。それこそが、小麦と鉄という二つの商品の価値なのである。

ところで、この共通な値とは商品の自然的属性であろうか。この二つの商品が使用価値をもつものとして交換されるのは、この二つの商品が異なった、共通でない自然的属性をもつからである。しかるに、この商品の自然的属性は交換の動因にはなるが、この交換比率を規定するものとはならない。

商品から使用価値を捨象すれば、そこに残るのは労働生産物というひとつの属性だけである。だが、生産物の使用価値を捨象すれば、それらの生産物を生産するための様々な労働の特定の具体的形態もまた捨象される。その場合、これらの所産はもはや指物労働あるいは紡糸労働等々の所産ではなく、人間労働一般［抽象的人間労働］の所産にすぎなくなる。このような人間労働一般［抽象的人間労働］の所産が、価値なのである。

したがって、商品がひとつの価値を有するのは、人間労働一般［抽象的人間労働］がその商品に対象化されているからなのである。

しかるに、この価値の大きさをどのようにして測定するのか。それは、その商品に含まれている価値形成実体となる労働の量によって、つまりその尺度としての労働時間によって測定される。

商品を生産するために費やされた時間がその商品の価値を規定するものであるならば、その生産者が怠惰かつ不熟練であればあるほど、彼の商品の価値は大きくなるように思われるかもしれない。だが、ここで問題になるのは、個々人の労働ではなく、社会的労働にすぎない。

その際、われわれは、次のことを想起しなければならない。商品生産は、その労働が相互に独立的に遂行されているけれども、ひとつの社会的関連の中で遂行されているひとつの制度である、と。この点を、マルクスは次のように述べている。「商品世界の価値に表されている社会の全労働力は、ここにおいては同一の人間労働力とみなされる。もちろんそれは無数の個人的労働力から成り立っているのであるが、これらの個人的労働力のおのおのは、それが社会的平均労働力の性格をもち、またこのような社会的平均労働力として作用し、したがって、一商品の生産においてもただ平均的に必要な、または社会的に必要な労働時間をのみ用いるというかぎりにおいて、他のものと同一の人間労働力なのである。社会的に必要な労働時間とは、現に存する社会的に正常な生産諸条件と労働の熟練と強度の社会的平均度とをもって、なんらかの使用価値を作り出すために必要とされる労働時間である。」（マルクス『資本論』第一巻、五〇―一頁）それゆえに、労働生産力が変動すれば、社会的に必要となる労働時間も変動し、価値もまた変動することになる。

一定の生産物を生産するのに必要な労働時間は、当然のことながら、いかなる生産様式のもとでもたえず人間にとっての重要な関心事となるにちがいない。同様に、そのことは、共産主義的生産様式のもとでも様々な種類の労働が協働する際のその関係比率にたえず影響を及ぼすものとなるにちがいない。

われわれはここで、再びインドの共産主義的な村落共同体の例を取り上げ、この村落共同体の農具の生産のために、二人の鍛冶屋が働いていると仮定してみよう。だが、今や新しい発明の結果、労働の生産性が増大し、所与の期間に村落共同体に必要な農具を製造するのにひとりの鍛冶屋で足りるようになったとする。そうなると、もはや二人の鍛冶屋にこの労働を委託する必要がなくなり、一人の鍛冶屋の労働で十分となる。そのため、もうひとりの鍛冶屋を武器や装飾品の製造に使用するようになるだろう。他方、農業労働の生産性が同じままであるとすれば、この村落共同体の農産物需要をこれまで通り充足させるには、これまでと同じ労働時間を使用しなければならない。

したがって、このような事情にあるかぎり、この村落共同体のすべての構成員はこれまで通りの農産物をその分け前として受けとるだろう。だが、これまでとは異なる点が、ひとつある。それは、鍛冶労働の生産性が二倍になったために、農具を製造することの代価として農産物の分け前を受けとるのが二人ではなく、たった一人になったということである。こうした各種労働の相互関係の変化は、この場合にはきわめて単純明瞭である。だが、鍛冶労働と農業労働が直接的な協働関係をもたず、彼らの生産物を通して初めて相互の関連をもつようになるや否や、この変化は神秘的なものになる。つまり、鍛冶労働の生産性の変化は、鍛冶労働の生産物とその他の生産物との交換比率の変化として、すなわちその価値の変化として現われることになる。

すでにリカードゥは、ひとつの商品の価値の大きさはその商品の生産に費やされた労働量によって規定されることを認識していた。だが、彼は商品の価値形態の中に隠されている労働の社会的性格、つまり商品のフェティシズムまでを見抜くことができなかった。同様に彼は、商品の価値を形成する労働の側面と商品の使用価値を形成する労働の側面とを明確に、しかも意識的に区別しなかった。すでに商品の物神的性格については説明したので、今やわれわれは商品に含まれている労働の二重性についてのマルクスの分析だけを考察することにしよう。

商品は、われわれの前にすでに使用価値と価値として現われた。その素材は自然によって与えられるものであるにしても、その価値と使用価値とは労働によって形成される。しからば、労働はいかにして商品の価値や使用価値を形成するというのだろうか。

本来労働は、一面では人間労働一般［抽象的人間労働］の生産的支出として現われ、また他面では特定の目的を達成するための特定の人間活動［具体的有用労働］として現われる。前者の労働は、人間のあらゆる生産的活動に共通するものを形成する。それに対し、後者の労働は異なった生産的活動を行う場合には異なった形態をとる。たとえば、農業労働と鍛冶労働について言えば、この両者は人間労働一般［抽象的人間労働］の支出であるという点では共通している。だが、この二つのそれぞれの労働は、その目的、その作業方法、その対象、その手段、その成果などの点で異なっている。

合目的的な特定の人間活動［具体的有用労働］は、使用価値を形成する。そしてこの使用価値の相違が商品生産の基礎を形成する。なぜなら、商品が交換されるのは、商品が異なっている場合だけだからである。だれも小麦を小麦と交換したり、あるいは鎌を鎌と交換するようなことをしないであろう。それに対し、小麦と鎌を交換することは、大いにありうることなのである。かくして、使用価値をもった生産物が商品になることができるのは、質的に（性質的に）異なった有用な労働［具体的有用労働］がその商品の中に含まれている場合だけなのである。

けれども、価値としての商品は、質的にではなく、量的に（数的に）異なっているにすぎない。商品は使用価値として相互に異なっているから交換されるけれども、価値として同一であるから、相互に比較され、一定の比率で交換される。このような価値を形成するのは、質的に異なった特定の合目的的な活動としての労働［具体的有用労働］ではなく、あらゆる労働部門に等しく共通する、無差別な人間労働一般の支出として現われる労働［抽象的人間労働］だけである。そのような人間労働一般［抽象的人間労働］という意味で労働力の支出を見れば、各種の労働も価値と同様に質的に異なったものではなく、量的にのみ異なったものにすぎないのである。つまり価値形成という点にかんしては、すべての労働は単純な、平均的労働として、すなわち平均的な人間が通常有すると想定される単純な労働力の支出と見なされる。この場合、複雑労働はただ倍加された単純労働と見なされ、少量の複雑労働は多量の単純労働と等置される。このようにあらゆる労働を単純労働に還元し、異なった種類の労働相互の比率を確定するという問題は、商品生産の性格に対応して社会的な性格のものであるが、また同時に無意識的に遂行される過程でもある。けれども、商品世界のフェティシズムに囚われた者には、様々な種類の複雑労働が倍加された単純労働として現われてくる原因は社会的な性格のものではなく、自然的な性格のものであるかのように見えるのである。それゆえに、商品生産の「不純物を純化し」、この商品生産を永久化するために、価値を永久に確定ないし固定化しようとした一連の小市民的社会主義者たちは、このいわゆる自然的原因を検討し、各労働がどの程度の価値をつくるのかを決定しようと試みてきたのであった。（この点にかんしては、ロードベルトゥスの『標準労働日論』を参照されたい。）けれども、実際にこの原因は社会的な性格のものであって、たえず変動するのである。

ちなみに、政治経済学の分野で価値論ほど多数の誤った見解が登場した分野は他にない。この価値論についての誤った見解のいくつかを、マルクスは自ら訂正したのであった。

とりわけ、マルクス理論の敵対者だけではなく、その擁護者もきわめて度々犯しているひとつの誤謬は、価値と富との混同である。「労働はあらゆる富の源泉である」という言葉がマルクス自身の口から表明されたかのように主張する者が、実に多い。だが、これまでの説明を理解した者ならば、この主張がマルクスの原理的見解と決定的に対立し、商品世界のフェティシズムに囚われた結果であることを容易に理解できるだろう。

しかるに、価値は商品生産の時代に支配的となるひとつの歴史的カテゴリーであって、ひとつの社会的関係を表現するものである。それに対し、富は素材的なものであって、使用価値から構成されている。したがって、富はいかなる生産様式においても生産される。またいかなる労働も含むことのない、自然の賜物であるような富も存在している。

だが、人間労働の活動だけで生まれるような富は、どこにも存在していない。だから、マルクスは次のように言うのである。「労働は、使用価値、すなわち素材的富の生産の唯一の源泉ではない。ウィリアム・ペティが言うように『労働は富の父であり、土地はその母である』」、と。

　その他の事情が同じであるならば、労働の生産性が増大するとともに、一国の物質的富は増加する。逆に、労働の生産性が低下するとともに、一国の物質的富は減少する。だが、支出された労働量が同一であるならば、現存する価値総額は同一のままである可能性がある。たとえば豊作の場合、一国の富は増加する。だが、社会的に必要とされる労働量の支出が同一のままであるならば、この年の商品の価値総額は前年と同じままである可能性がある。

　このようにマルクスは、「労働はあらゆる富の源泉である」とは言わなかった。すでに述べたように、この命題は使用価値と商品価値の混同に基づくものである。したがって、この命題をマルクスのものとするあらゆる見解は、根拠のないものである。そればかりでなしに、マルクスが生産における自然の役割を見逃しているかのように主張する多数のマルクス反対派の人々の批判もまたまったく根拠のないものである。おそらくマルクス反対派の人々は、とりわけ商品そのものと商品によって示される社会的関係との間の違いといったものを見逃してしまっているのだろう。マルクスは、この点にかんして次のように述べている。「一部の経済学者が、どんなに商品世界に付着しているフェティシズム、または社会的な労働規定の対象的外観によって、誤らされたかということを証明するものは、とりわけ交換価値の形成における自然の役割についてなされた、退屈で愚劣な争論である。交換価値は、ある物の上に投ぜられた労働を表現する一定の社会的な仕方であるのだから、それはちょうど為替相場と同じように、少しの自然的素材も含みえない。」（マルクス『資本論』第一巻、一〇八頁）

　こうしたマルクスの主張からも、彼が使用価値の生産において自然の果たす役割を「見逃していない」ということが了解されよう。ただ彼は、価値規定から自然を排除したにすぎない。このことは、彼が自然の果たす役割を忘却したからではなく、むしろ——社会法則を無社会状態や孤立した人間から演繹する経済学者がつねに無視するところの

──商品生産の社会的性格を洞察した結果なのである。

マルクス価値論にかんしては、かなり広く普及しているもうひとつの誤った見解がある。それは、労働という価値形成力を労働力の価値と混同するものである。だが、この両者は、厳密に区別されなければならない。なぜなら、価値の源泉としての労働は、重力の活動が重量をもたず、また熱の活動が温度をもたないのとまったく同じように価値をもたないからである。これまでのわれわれの説明では、単純労働ないし複雑労働が形成する価値についてだけ論じられたのであって、労働力のもつ価値、すなわち──この労働力の担い手である──労働者の賃金によって表示される価値についてはまだ論じられていないのである。

これまでのわれわれは、単純商品生産と単純な商品交換だけを前提とし、商品としての労働力は存在しないものと仮定した。

人間の労働力とその価値については、われわれはもっと後でよりいっそう詳細に論じるつもりなので、ここではひとつの誤謬に陥らないための簡単な示唆を与えておけば十分だろう。

マルクス価値論に向けられるほとんどの反対論は、マルクスが実際には述べもしなかった主張への反論とか、あるいはマルクスの教条主義といったよく好まれる非難などのような単なる懐疑論などを別にすれば、労働という価値形成力と労働力の価値との混同という、こうした誤謬に基づくものにほかならない。

このような誤った見解に陥らないためには、価値法則の如き法則の性質をたえず念頭に入れておく必要がある。

どのような自然科学の法則ないし社会科学の法則も、自然ないし社会の事象を説明しようとするひとつの試みである。だが、こうした事象のどれもが唯一の原因によって条件づけられるものではない。もっと多種多様で、もっと込み入った原因がこうした事象の背後にある。その上、こうした事象のそれぞれは相互に独立的に進行するのではなく、きわめて様々な方向で交差する。それゆえ、自然ないし社会における関連を研究する者は二重の課題を有することになる。第一に、彼は異なった事象を相互に分離し、それを孤立的存在としなければならない。また第二に、彼はこうした事象の基礎にある諸原因を相互に、すなわち本質的な原因と非本質的な原因に、また規則的な原因と偶然的原因とに分離しなければならない。このような二種類の研究は、いずれも抽象によってのみ可能となるにすぎない。その際に、自然研究者の場合には、無限に改善可能となる一連の実験道具ならびに観察と実験の方法とが助けとなる。それに対し、社会法則の研究者の場合には、後者の方法をとることについては最初から完全に断念しなければならないし、また前者の道具にかんしても著しく不完全な補助手段しかあてにすることができない。

したがって、社会法則の研究者は、抽象を通して自らが説明したい現象の基礎にある法則を認識するのである。

　このような法則を認識することなしには、われわれは当該する現象を説明することができない。だが、このような法則だけではこうした現象を完全に説明することはできない。一方の原因は他方の原因によって弱められ、事情によっては完全にその作用を止めることもあるからである。けれども、そのようなケースが存在するからといって、原因はそもそも存在していないと結論づけようとするならば、それは間違っている。たとえば、落下法則は真空状態でのみ妥当するにすぎない。この場合には、鉛片も羽毛も同じ速度で落下する。だが、空気のある状態では、空気抵抗のために異なった結果になる。それにもかかわらず、落下法則は真理であることに変わりがないのである。

　価値についても同様である。商品生産が生産の支配的形態になるや否や、商品価格の法則性が生産の当事者の注意を引くものとなり、その法則性の基礎にある諸原因を探求しようとする企てが生まれた。このような商品価格の研究によって、価値規定が明らかになった。だが、重力が落下という現象の唯一の規定的原因でないのと同様に、商品の価値はその価格の唯一の原因ではない。マルクスは、その価格が一時的にばかりでなしに、たえずその価値以下になるような諸商品の存在に自ら言及している。たとえば、金やダイヤモンドはおそらく一度たりともその価値通りに支払われたことがない商品であるだろう。労働力という商品も、一定の状況のもとでは長期的にその価値以下の支払いしか受けることのできない商品なのである。

　マルクス価値論に対する反対論の大部分は、このような価格と価値の混同に基づいているのである。この両者は、相互に厳密に区別されなければならないのである。

同様に、マルクスの価値論の歴史的性格にもたえず注意を払わなければならない。なぜなら、それは、商品生産の現象を説明するための基礎となるべきものだからである。だが、今日なおこの生産様式内部のあらゆる領域にその他の生産様式の残滓が聳立している。たとえば、農民経営では多くの場合生活手段、多数の道具そして衣服などが商品として販売するためではなく、自己消費のために生産されている。そのような状況のもとでは、価値論に矛盾しているかのような諸現象が現われることもある。だが、そのような諸現象を示しても、もちろん、価値論を否定することにはならないのである。

かくして、すでに言及したような商品の物神的性格に幻惑されてもならないし、また商品によって示される社会的関係をその自然的属性と見てもならない。反対に、商品生産は社会的生産の一形態であるということ、またこの商品生産では個々の経営体が相互の関連のもとに生産していないにしても、相互に依存し合って生産しているということ、さらに商品の価値は物相互の関係ではなく、物的外皮の下に隠されている人間相互の関係であるということ、こうした点を見落すことがないならば、『資本論』体系の基礎となっているマルクスの次の文章を理解することが可能になるだろう。

「ある使用価値の価値の大いさを規定するのは、ひとえに、社会的に必要な労働の定量、またはこの使用価値の製造に社会的に必要な労働時間にほかならないのである。」（マルクス『資本論』第一巻、五一頁）

## （3）交換価値

商品の価値の大きさは、その商品を生産するのに社会的に必要となる労働時間によって規定される。だが、価値の大きさは、その通りには表現されない。「この上着の価値は四〇労働時間である」と言わず、たとえば「この上着の価値は、二〇エレの亜麻布ないし一〇グラムの金に等しい」と言う。

上着というだけでは、なお商品とはならない。交換しようとする場合に、初めて上着は商品になる。かくしてひとつの商品の価値もまた、これから交換しようとする他の商品と比較されるまで現われることがないのである。それゆえに、商品の価値の大きさはその商品を生産するのに社会的に必要となる労働の量によって規定されるけれども、ひとつないし多数の他の商品の価値との比較によって、すなわちその交換比率によって表示されることとなるのである。けれども、ブルジョア経済学はこの関係を転倒して、商品の交換比率がその商品の価値の大きさを規定するかのように主張するのである。

この見解がいかに不合理であるかは、次のようなひとつの例からも明らかとなる。ここに、ひとつの棒砂糖があるとしよう。この棒砂糖の重量は最初から定められているけれども、その重量は他の物品、たとえば鉄の重量との比較によってだけ表示できるにすぎない。その場合、私は秤の一方の皿に棒砂糖をのせ、他方の皿にわれわれが一ポンドと命名するような一定の重量の鉄塊を両方の皿が平衡するまで載せるだろう。そしてこの鉄塊がどれだけであるかによって、われわれは棒砂糖の重量を知るのである。だが、私が他の皿に一〇ポンドの鉄塊の重量を載せたから、棒砂糖が一〇ポンドの重量であると考えることは、馬鹿げている。むしろ棒砂糖が一〇ポンドの重量であるから、私は秤の他方の皿に一〇ポンドの鉄塊を載せなければならなかったのである。

この場合には、両者の関連は一目瞭然である。しかるに価値の大きさと価値形態の関係も、この場合と同じなのである。

物品の重量表現は、商品の価値表現、つまり商品の価値の大きさを表現する形態と多くの類似性をもつ。一塊の棒砂糖が一〇ポンドの重量であるということは、われわれの例を用いるならば、一塊の棒砂糖は一〇個の一定の鉄塊と同じ重量であると厳密に表現できる。同じように、われわれは、一着の上着の場合にも、たとえばこの一着の上着は二〇エレの亜麻布と同じ価値であると言うことができるのである。

けれども、鉄と棒砂糖とが物品として自然的性質、すなわち重量という性質を共有するものでなかったならば、われわれはこの両者を相互に一定の比率関係にある物品の関係として措定できなかっただろう。同様に、上着と亜麻布とが商品として共通の社会的性質、すなわち一般的人間労働［抽象的人間労働］の所産たる価値をもっていなかったならば、この両者を相互に一定の比率関係にある商品として措定できなかっただろう。

「一塊の棒砂糖は一〇ポンドの鉄に等しい」という方程式では、鉄と棒砂糖は二つの異なった役割を演じる。すなわちこの場合、棒砂糖は棒砂糖そのものとして登場するけれども、鉄は鉄そのものとして登場することがなく、重量を体現したもの、つまり重量の現象形態として登場する。このようにこの方程式では、棒砂糖に特有な自然的属性が捨象されることはないが、鉄に特有な自然的属性が捨象されるのである。

一着の上着＝二〇エレの亜麻布

という方程式も、これと同様の現象をわれわれに示す。

上着も亜麻布も商品であるから、両者とも使用価値と価値をもつ。だが、価値形態あるいは交換比率の観点からは、上着が使用価値としてだけ現われるのに対し、亜麻布は価値の現象形態としてだけ現われる。

たとえば私は、砂糖の重量を鉄の重量で量ることができるだけではなしに、真鍮の重量または鉛の重量でも量ることができる。それと同じく、私は上着の価値を亜麻布で表現できるだけではなしに、その他のあらゆる商品でも表現することができる。したがって、一着の上着＝二〇エレの亜麻布という方程式では、亜麻布に特有な自然的属性は度外視され、亜麻布はこの場合すでに述べたように価値、すなわち一般的人間労働［抽象的人間労働］が体現されたものと見なされる。つまり亜麻布は、上着の価値の現象形態となり、上着という現物に対峙する。かくしてその他のあらゆる商品、この場合には上着に内在しているところの使用価値と商品価値との対立は、価値表現——その内部では、上着の現物形態が使用価値の具体化されたものと見なされ、亜麻布商品の現物形態は商品価値の具体化されたもの、すなわち価値形態と見なされる——に反映されることになる。

しかしながら、他の商品の価値を表現してやる商品――これを、マルクスは等価物とよぶ――の使用価値は、どのようなものであってもよいというわけではない。この方程式が成り立つためには、この二つの商品が使用価値を異にしていなければならない。なぜなら、この場合一着の上着＝一着の上着という方程式は問題となりえないからである。他方、私は上着の価値を亜麻布で表現するばかりでなしに、この上着とは異なるその他のあらゆる商品でも表現することができる。だが、私はこの方程式を逆転し、亜麻布の価値やその他のあらゆる商品を上着で表現することもできる。

たとえば、逆転以前の方程式を次のように仮定してみよう。

一着の上着＝
- 二〇エレの亜麻布
- 一〇ポンドのお茶
- 四〇ポンドのコーヒー豆
- 五ツェントナーの鉄
- 二シェッフェルの小麦
- 等々

だが、この方程式を逆転すると次のようになる。

- 二〇エレの亜麻布
- 一〇ポンドのお茶
- 四〇ポンドのコーヒー豆
- 五ツェントナーの鉄
- 二シェッフェルの小麦
- 等々

＝一着の上着

この二つの方程式は、まったく同一のことを表現しているかに見える。単なる数学上の方程式として見れば、その通りである。けれども、この二つの方程式を価値表現の異なった形態として見るならば、この両者は論理的にも歴史的にも異なった意義をもつものである。以下、簡単に説明しよう。

商品生産の初期には、どこでも生産物の交換は偶発的に行われたにすぎなかった。

この時期を特徴づけるのは、ある商品が他のひとつの商品とだけ一定の交換比率、たとえば一個の青銅製の金槌＝二〇ポンドの岩塩という交換比率をとるという単純な価値方程式であった。この形態を、マルクスは簡単な、または個別的な価値形態とよぶ。それに対して、たとえば家畜のような労働生産物がその他の労働生産物と交換されることがもはや例外的ではなく、慣習的なものになるや否や、価値表現は第一形態の方程式から第二形態の方程式となる。たとえば、次のようにである。

一頭の雌牛＝
- 二着の外套
- 一つの剣
- 一本のベルト
- 一〇足のサンダル
- 三つの杯

この価値形態は、ホーマーの作品中に見られる例であり、マルクスが全体的な、または拡大した価値形態とよんだところのものである。

だが、商品生産はそれ以上の発展を遂げる。労働生産物が交換を目的として生産されるにしたがって、商品となる労働生産物の数量は増大し、慣習的に遂行される交換の対象物もますます多種多様な商品に及んでいく。今や家畜ばかりでなしに、剣、ベルト、杯等々もまた恒常的に交換されるようになる。このような物品の中でもっとも流通する物品、たとえば家畜などが他の商品の価値をもっとも頻繁に表現する当の物品となり、最終的にそれが他の商品の価値を表現する唯一の物品となってしまう。それとともに、前述の方程式の逆転が行われる。そうなると、価値形態は一般的価値形態に発展する。

われわれは、今や、この一般的価値形態という方程式における等価形態をもっと詳細に考察することにしよう。われわれがすでに見たように等価形態は、人間労働一般［抽象的人間労働］が体化されたものとして現われる。だが、それ以前の表現形態ではひとつの商品がそのような等価形態として現われるのは、偶然的かつ一時的なものでしかなかった。たとえば、一着の上着＝二〇エレの亜麻布という方程式では亜麻布は、疑いもなく、価値の現象形態と見なされているにすぎない。だが、二〇エレの亜麻布が一シェッフェルの小麦ないし一着の上着と等置される場合には、一般的人間労働［抽象的人間労働］の体化したものとして現われるのが、今や小麦や上着であるのに対し、亜麻布は使用価値の役割を演じることになる。一般的価値形態の場合には、そうではない。この場合には、唯一の商品が等価物となる。そうなると、これは一般的等価物である。この一般的等価物もその他のあらゆる商品と同様に、依然として使用価値と価値とを有する。だが、その他のあらゆる商品は、今や外見的にはこの一般的等価物に対して使用価値としてだけ対峙するにすぎない。それに対し、一般的等価物そのものは価値の一般的かつ唯一の現象形態、すなわち人間労働一般［抽象的人間労働］が社会的に体化されたものと見なされることになる。かくして今や、一般的等価物そのものはその他のあらゆる商品と直接的交換可能性をもつがゆえに、すべての者が喜んで受けとる商品となる。他方、その結果として、その他のあらゆる商品は直接的交換可能性という権限を喪失することになる。こうして二つの商品の交換は、その他のあらゆる商品の価値を反映する一般的等価物に媒介されつつ行われることになるのである。

## （4）商品交換

商品交換が遂行されるためには、次の二つの条件がみたされていることが必要である。第一に、交換すべき商品はその非所有者にとって使用価値をもつものでなければならないが、その所有者にとっては非使用価値でなければならないということである。また第二に、交換を行う者たちは交換相手を相互に商品の私的所有者として認め合わなければならないということである。

ところで、私的所有の法律的諸関係は交換を行う者たちの意志関係の反映にすぎないにしても、後者は経済的諸関係によって条件づけられている。したがって、当事者たちがお互いを交換すべき商品の私的所有者と認め合ったから商品交換を始めたのではなく、むしろ彼らが商品を相互に交換するようになったから、彼らはお互いを私的所有者と認め合うようになったのである。

労働生産物がその所有者にとって非使用価値となるもっとも端緒的形態、つまり労働生産物が商品になる最初の形態は、その所有者の必要分を越えて生産された余剰生産物が商品になるという形態である。(この生産物は本来交換を目的として生産されたものではなく、むしろ自己消費を目的として生産されたものである。したがって、それは交換されることによって初めて商品となるにすぎない。)

次に、交換し合う者たちがお互いを商品の私的所有者として認め合うという、前記の第二の条件は、両者が独立した個人として相互に対峙し合う場合にだけ可能となるにすぎない。その点に関連して、マルクスは次のように言う。「このような相互に分離している関係は、ひとつの自然発生的な共同体の成員にとっては存しない。それがいま家父長的家族の形態をとろうと、古代インドの村やインカ国等々の形態をとろうと、同じことである。商品交換は、共同体の終わるところに、すなわち、共同体が他の共同体または他の共同体の成員と接触する点に始まる。しかしながら、物はひとたび共同体の対外生活において商品となると、ただちに、また反作用をおよぼして、共同体の内部生活において商品となる」(マルクス『資本論』第一巻、一一五頁)、と。

交換の始まる初期には、価値の大きさや価値形態などはなお著しく未発達なままである。したがって、生産物を交換する量的比率も偶然的なものであり、しかも著しく動揺する。だが、生産物の交換はますます規則的かつ社会的なものになっていく。そうなると、自己需要を越えた使用価値［労働生産物］を交換し始めるばかりでなしに、交換を自己目的とした使用価値［労働生産物］を生産し始めるようになる。それとともに、使用価値［労働生産物］の交換比率はますます生産条件に依存するようになり、そして商品の価値の大きさも、その商品を生産するのに必要な労働時間に規定されるようになる。

だが、労働生産物が交換目的のためにだけ生産されるようになるや否や、商品の本性の内部に潜在していた使用価値と価値との対立もまた顕在化せざるをえなくなる。

あらゆる商品に内在しているこの対立は、われわれがすでに知っているように価値形態によって表現される。二〇エレの亜麻布＝一着の上着という表現は、亜麻布が使用価値（亜麻布）と価値（上着に等しい価値）であるということを、自ら表現するものとなっている。だが、簡単な価値形態ではこの対立を確定することがなお困難である。というのも、この場合には等価物、すなわち人間労働一般［抽象的人間労働］の体化したものとなる商品は、このような役割を一時的に果たすにすぎないからである。次の拡大した価値形態では、この対立が顕在化する。なぜなら、今や多数の商品が等価物となり、またそうなることの結果、労働生産物あるいは価値という性質がいずれの商品にも共通するものとなるからなのである。

けれども、商品交換が発展し、労働生産物が商品になることが多くなるにしたがって、それだけいっそう一般的等価物が必要になる。交換の初期の段階では、各人は自己に不要となった物を自己の必要としている物と直接に交換する。だが、商品生産が社会的生産の一般的形態となるのに対応して、このような直接的な交換はますます困難なものとなる。たとえばわれわれは、商品生産がすでに高度な発展を遂げた結果、仕立業、製パン業、精肉業、家具業が独立の営業になっていると仮定しよう。仕立屋は、上着を家具屋に売却したとする。この場合、上着は仕立屋にとっては非使用価値であるけれども、家具屋にとっては使用価値である。だが、仕立屋は家具労働を必要としていない。というのも、彼はすでに十分な家具を所有しているからである。したがって、椅子や机は家具屋にとって非使用価値であるばかりでなしに、仕立屋にとっても非使用価値である。他方、仕立屋はパン屋のパン、精肉屋の精肉を必要としている。なぜなら、仕立屋が自分の家でパンを焼き、豚を飼育していた時代はすでに過去のものになっているからである。

しかるに仕立屋が必要とする精肉とパンは、精肉屋やパン屋にとっては非使用価値である。だが、パン屋と精肉屋は目下のところ上着を必要としていない。したがって、仕立屋は、上着の購入者を見いだしたにもかかわらず、飢えの危険に晒されているのである。かくしてこの場合、仕立屋が必要とするものは、価値が直接的に体化したものとして最初からすべての人間に使用価値をもつような、一般的等価物として役立つ商品なのである。

このような一般的等価物を必要とするのと同じ発展は、この等価物の生成をも同時に引き起こす。つまり、様々な商品の所有者が様々な物品を相互に交換するようになるや否や、これらの多数の商品の価値をひとつの共通の商品で比較しなければならない場合が生じたために、ひとつの共通の等価物を見いだす必要に迫られたのであった。最初の頃は、ひとつの商品が一時的かつ偶然的にそのような一般的等価物を演じたにすぎなかった。だが、ひとつの特別な商品が一般的等価形態に立つことが有利とわかるや否や、この商品が等価形態に固定することとなった。この一般的等価形態がいかなる種類の商品に固定されるのかということは、きわめて様々な事情に規定された。だが、最終的にはこの一般的等価物の地位を独占し貨幣の地位に就いたのは、貴金属だった。このことには、装身具や宝石が最初から重要な交換品であったという事情も、部分的に作用しているだろう。だが、金銀の自然的属性が一般的等価物の社会的機能（活動）にもっとも適しているという事情が、主として決定的であった。ここでは、次の二つの事実に言及するにとどめよう。貴金属は常に同じ品質を保ち続け、空気や水の中でもほとんど変化しないがゆえに、比較的不変の性質をもっていること、またこの貴金属は自由に分割したり合体したりすることができること、このような二つの事情である。したがって、貴金属は、無差別な一般的人間労働［抽象的人間労働］を体化させる上で、すなわち単に量的にのみ異なり、質的に異なることのない価値の大きさを表現する上で、最適なのである。

その際、金銀が一般的等価物の地位を独占できたのは、それらが商品として他の商品と対峙していたからである。つまり金銀は商品であるから、貨幣になることができたのである。それゆえに、われわれは次のように言うことができるだろう。貨幣は一人ないし多数の人間の発明したものでなければ、単なる価値標章〔兌換証書や補助貨幣〕でもない、つまり貨幣の価値とその一定の社会的機能はなんら恣意的に造られたものではない。貴金属が貨幣商品になったのは、それが商品として交換過程の中で演じる役割のためである、と。

# 第2章　貨　幣

## (1)　価　格

貨幣の第一の機能は価値尺度を行うこと、つまり商品世界に対して価値表現のための道具を提供することである。商品は、貨幣を通じて同質かつ相互に比較可能な存在になるのではない。商品は、これを価値として見るかぎり、対象化された人間労働〔抽象的人間労働〕の結晶としてその本質上すでに同質な存在なのである。そうであるからこそ、商品は特定の同一商品によって共同的に量ることが可能になるのである。その場合、この特定の商品は商品の共通の価値尺度たる貨幣に転化する。したがって、価値尺度としての貨幣は、商品の内在的な価値尺度である労働時間の必然的な現象形態にほかならない(4)。

このように貨幣商品によって表現される商品の価値のことを、商品の貨幣形態または価格とよぶ。たとえば一着の上着＝一〇グラムの金というのが、それである。

この商品の価格は、その自然的属性とはまったく関係がない。商品をいくら眺めても、またいくら触っても、その価格はわからない。売り手だけが、商品の価格を買い手に告げることができるにすぎない。だが、商品の価値を金商品で表現するのに、つまり、商品の価格決定を行うのに、現金は必要としない。なぜなら、たとえば仕立屋は自分の財布の中が空であっても、「自分が売りに出している上着の価格は一〇グラムの金に等しい」と主張できるからである。それゆえに、価値尺度としての貨幣は想像上の観念的な貨幣であれば十分なのである。

だが、それにもかかわらず、価格は現実の貨幣商品だけに依存する。たとえば仕立屋が、──われわれはここではもちろん、あらゆる攪乱的な付随的現象を度外視しているのだが──自分の上着の価格を一〇グラムの金に等しいと見積もることができるのは、この金量の中に上着とまったく同量の社会的必要労働［抽象的人間労働］が含まれている場合だけである。だがその際、仕立屋が自分の上着の価値を金で現わさず、銀ないし銅で現わす場合には、価格表示もまた金の場合と異なったものとなるだろう。

したがって、二つの異なった商品、たとえば金と銀が同時に価値尺度として用いられているところでは、すべての商品は金価格表示と銀価格表示という二つの異なった価格表示をもつことになる。その場合、金と銀の価値比率のあらゆる変動は、価格攪乱の誘因となる。それゆえ、このような二重の価値尺度は実際には不合理なことであり、貨幣の価値尺度機能とも矛盾する。かくして法律が二つの商品を価値尺度に定めたとしても、実際に価値尺度として機能するのは、ただひとつの商品にすぎないことになる。

金と銀は、今日なお多数の国々では法律の上でともに価値尺度に制定されている。だが、経験は常にこのような法律的規定の不合理さを明らかにしてきた。それはこうである。

金と銀は、あらゆる商品と同様不断の価値変動に晒される。したがって、金と銀が法律によって同じ権利をもつものと認められている場合には、つまり、随意に一方ないし他方の貴金属で支払うことができる場合には、価値が低下している方の貴金属で支払いを行い、価値が騰貴している方の貴金属を外国で有利に販売するようになるだろう。かくして、いわゆる複本位制度が支配している国々では、実際には一種類の貨幣商品だけが、しかも価値の低下している当の一種類の貨幣商品だけが価値尺度として機能するにすぎない。価値が騰貴している他の種類の貨幣商品は、その他のあらゆる商品と同様に過大評価されている金属で量られるために、商品として機能するけれども、価値尺度としては機能することがないのである。それゆえ、金と銀の間の価値比率の変動が大きくなればなるほど、複本位制度の不合理さがそれだけいっそう露呈するようになるのである。(5)

しかるに、マルクスの『資本論』では便宜上、金が唯一の貨幣であると仮定されている。だが、実際上も今日の資本主義的生産に立脚する国々では、金が［唯一の］貨幣商品となっているのである。(6)

したがって、価格表現の場合、各商品は金の一定量として観念される。そのために、様々な価格を意味する様々な金量を量るための価格の尺度標準を作ることが当然必要となる。そのような金属の自然的尺度標準となるのは、金属の重量である。それゆえ、［イギリスの］ポンド、［フランスの］ルーブル、［古代ギリシアの］タレント、［ローマの］アスといった金属の重量名が、価格の尺度標準単位の最初の名称となったのである。

ここでわれわれは、貨幣の価値尺度機能とならんでその第二の機能、すなわち価格の尺度標準機能を知るにいたる。価値尺度としての貨幣の場合、商品の価値は観念的な一定量の金に転化する。それに対し、価格の尺度標準としての貨幣の場合、尺度単位として採用された一定量の金、たとえば一ポンドの金が様々な金量を量る。

こうした価値尺度と価格の尺度標準との相違は、われわれが価値変動に対する両者の関係を考察する場合に明らかとなる。

今われわれは、価格の尺度標準の単位が金一〇グラムであると仮定しよう。金の価値がどうであれ、二〇グラムの金は一〇グラムの金の二倍であり続けるだろう。それゆえに、金の価値下落あるいは価値騰貴は価格の尺度標準にいかなる影響も及ぼすことがないのである。

それに対し、われわれは価値尺度としての金を取り上げてみよう。たとえば、一着の上着は一〇グラムの金に等しいと仮定する。だが、今や金の価値が変動したために、同一の社会的必要労働時間によってこれまでよりも二倍の金を産出することができるようになったとする。だが、仕立労働の生産性に何の変動もなかったとすれば、どうなるのだろうか。そうすると、上着の価格は今や二〇グラムの金となる。それゆえに、金の価値変動は金の価値尺度機能の中に明白に表明されることになる。

他方、価格の尺度標準はたとえば物差しの目盛りのように自由に決めることができる。それに必要なのは、普遍的な通用性だけである。かくしてこの尺度標準の単位には、最初慣習的な、すなわち伝統的な重量区分がそのまま採用されるが、最終的には法律によって規定されるようになる。そうなると、貴金属の様々な重量単位はその本来の重量とは異なった法定名称になる。たとえば、われわれは金の七〇分の一ポンドとは言わず、金貨二〇マルクと言う。こうして価格は今や金の重量ではなく、金の尺度標準の法定計算名称で表現されることになる。

価格は、本来商品の価値の大きさの貨幣名である。だが、価格はそれと同時に商品と貨幣商品たる金との交換比率を表現するものでもある。なぜなら、ひとつの商品の価値は決して孤立的に、つまり単独で現われるものではなく、常に他の商品との交換比率としてだけ現われるにすぎないからである。しかるに、この交換比率は価値の大きさ以外の事情によっても影響を受けることがあるため、価格は価値の大きさから乖離するという可能性が生まれることになる。

以上のような、貨幣の価値尺度機能ならびに価格の尺度標準機能を理解する場合、次の点に注意しなければならない。たとえば、仕立屋が自分の上着の価格は一〇グラムの金またはその法定計算名称の三〇マルクであると言う場合、そのことで彼が述べているのは、彼はいついかなる時にも自分の上着を一〇グラムの金と引き換えに提供する用意があるということなのである。ところが、だれもが即座に彼の上着に対して一〇グラムの金を支払う意志があると考えるのは、きわめて早計なことである。かくして、商品としての上着がその目的を達成するには、この上着が金に転化することが絶対に必要なことになる。つまり、商品が要求するのはつねに貨幣ということになる。その意味で、価格は商品がその恋人たる黄金に送る熱愛の情なのである。だが、商品市場では小説のように商品の恋は必ずかなえられるものとはならない。むしろ多数の商品は恋人の金によって見捨てられ、空しく店晒しの商品として味気無い生活を送らなければならないこともあるだろう。

以下、われわれはこの商品と金との恋の冒険をもっと立ち入って見ることにしよう。

## （2）販売と購買

われわれは、すでに旧知の間柄となっている仕立屋とともに市場に行こう。そこで仕立屋は自分の作った上着を三〇マルクと交換し、その貨幣額で一樽のワインを購入したとしよう。この場合、われわれは二つの相互に対立した転態に出会う。第一の転態は、商品の貨幣への転態であり、第二の転態は貨幣の商品への再転態である。だが、この全転態過程の最後の商品はその最初の商品とは異なっている。最初の商品は、その所有者にとって非使用価値であったが、最後の商品は彼にとって使用価値である。最初の商品は価値として、すなわち一般的人間労働［抽象的人間労働］の生産物として同じく一般的人間労働［抽象的人間労働］の他の生産物である金と交換することができる点で、有用なものである。それに対し、ワインという商品は、一般的人間労働［抽象的人間労働］の生産物としてではなく、ワイン製造労働等々といった特定の形態の労働［具体的有用労働］の生産物というその自然的属性の点で、有用なものである。

この単純な商品流通は、商品―貨幣―商品という式になる。これは、買うために売るということである。

周知のように、商品―貨幣［販売］と貨幣―商品［購買］という二つの転態のうち前者の転態の方がはるかに困難である。一度貨幣を所有してしまうならば、購買することは容易である。むしろ貨幣を獲得するための販売の方が、はるかに難しい。したがって、商品生産が支配するかぎり、すべての商品所有者に必要となるのは貨幣である。というのも、社会的分業が発展するにしたがって、生産者の労働はますます専門的となり、彼の必要がますます多面的なものとなるからである。

「商品の命懸けの飛躍」、つまり商品の貨幣への転態が成功するには、商品は使用価値であること、すなわち人間の欲望をみたすものであることが、なによりもまず必要となる。もしこの条件をみたしつつ、商品が貨幣に転態することに成功したならば、次に問題となるのは、まずこの商品がどれほどの貨幣に転態したのかということである。

しかしながら、この問題は、ここでのわれわれの関心事とはならない。なぜなら、この問題への解答は価格法則についての研究領域に属しているからである。ここでわれわれの関心事となるのは、商品の価値がどの程度実現されるのかという問題とは直接関係のない、商品―貨幣［販売］という形態変化がいかになされるのかという問題にすぎないのである。

たとえば仕立屋は、自分の上着を売るのと引き換えに、貨幣を手に入れる。今、仕立屋が自分の上着をひとりの農夫に販売し貨幣をえたと仮定してみよう。この場合、仕立屋にとっての販売は、農夫にとっての購買である。どのような販売もすべて購買であり、逆もまた同様の関係である。ところで、農夫はどのようにして貨幣を手に入れたのか。農夫は自分の作った穀物を販売して、この貨幣を手に入れたのである。貨幣商品である金がその生産起点である金鉱から第一の商品所有者を経て第二の商品所有者にいたった道筋をわれわれが辿るならば、われわれは貨幣所有の変化がたえず販売の結果であることを発見するのである。

かくして上着―貨幣という転態は、われわれがすでに見たようなひとつの転態運動の一部分ではなく、二つの転態運動の一部分、すなわち上着―貨幣―ワインという第一の転態運動の前半部と穀物―貨幣―上着という第二の転態運動の後半部である。ひとつの商品の転態運動の始点は、同時に他の商品の転態運動の終点となる。逆の関係もまた同様となる。

われわれは、さらにワイン醸造業者が自分のワインを販売してえた三〇マルクで一台のボイラーと石炭を購入したと仮定しよう。その場合には、貨幣―ワインという転態は、上着―貨幣―ワインという転態運動の最後の部分になると同時に、ワイン―貨幣―石炭ならびにワイン―貨幣―ボイラーという二つの異なった転態運動の最初の部分になる。

これらすべての転態運動は、商品―貨幣―商品というひとつの循環を構成する。この循環は商品とともに始まり、商品とともに終わる。だが、各商品の循環は他の商品の循環と交錯する。相互に無数に交錯するこうした循環の全体運動が、商品流通となる。

この商品流通は、直接的な生産物交換ないし単純な物々交換とは本質的に異なったものである。後者は、生産力が原始的共産主義の制約を越えて成長した結果引き起こされたものであった。このような生産物交換が行われることによって、社会的労働の組織はひとつの共同社会の外部にまで拡大し、様々な共同社会とその構成員が相互のために労働するという事態が生まれることとなった。だが、生産力がさらに発展するや、この単純な物々交換それ自体がひとつの障害物になった。そしてその障害物を克服したのが、この商品流通なのである。

単純な物々交換は、一方が他方の生産物を購入すると同時に、他方が一方の生産物を購入することをその不可欠な条件とする。この制約は、商品流通の場合には取り除かれる。なるほど、すべての販売は同時に購買でもある。たとえば、仕立屋は農夫のような他の人々による上着の購入なしには、この上着を販売することができない。だが、第一に、仕立屋は販売と引き換えに農夫から農産物を購入する必要がなくなる。今や仕立屋は、他日何かを購入する時期がくるまで、その貨幣を金庫に収納し続けてもかまわないことになる。第二に、仕立屋は今後とも上着の購入者である農夫から何かを購入したり、自分が販売したのと同じ市場で購入することを強制されない。したがって、商品流通とともに物々交換がもつ時間的、場所的、個人的制約が消滅することになる。

だが、物々交換と商品流通の間にはなお別の相違点がある。単純な物々交換は余剰生産物を販売するもので、さしあたり原始共産主義的な生産形態、すなわち生産当事者による直接的管理下におかれた生産形態を変更するものとはならない。

それに対し、商品流通が発展するとともに生産関係はますます錯綜し、見通しのきかないものになり、ますます管理不可能なものになる。かくして個々の生産者は相互にますます独立的になると同時に、原始共産主義の場合とは異なり、もはや生産者自身によって管理することのできない社会的関連にますます従属するようになる。それとともに社会的諸力は盲目的に作用する自然力となり、その進行を妨害したりその均衡を攪乱する場合には、地震や暴風のようなカタストロフィを引き起こすものとなる。

実際、商品流通の発展とともにそのようなカタストロフィへの萌芽が生まれることになる。なぜなら、購買をともなわずに販売できるということ自体の中に販売不振の可能性、すなわち恐慌の可能性が包蔵されているからである。だが、この可能性が現実性となるためには、生産力が単純な商品流通の段階を越えていなければならない。

## (3) 貨幣の流通

われわれは、前節で辿った穀物―貨幣―上着―貨幣―ワイン―貨幣―石炭等々の商品の循環を思い出そう。この循環を続けるならば、それは貨幣の運動をも引き起こすものとなる。だが、貨幣の運動はいかなる循環も描かない。農夫を出発点とする貨幣は、商品の循環とともにますます農夫から遠ざかっていく。「したがって、商品流通によって直接貨幣に与えられる運動形態は、貨幣がたえずその出発点から遠ざかるということ、すなわち一商品所有者の手から他の商品所有者のそれへと移動していくということである。つまり貨幣の流通がそれである。」(マルクス『資本論』第一巻、一五〇頁)

金の流通は、商品の循環の結果であって、しばしば仮定されているようにその原因ではない。使用価値としての商品は、われわれが今や研究している単純な商品流通の段階では――そこでは、営業としての商業や小売りはなお問題とならない——その循環の最初の第一歩を歩むや、流通界から脱落し、消費界へと入っていく。そしてその代わりに、同じ商品価値を有する、新しい使用価値［商品］がその循環に入ってくる。穀物—貨幣—上着という循環の場合、穀物は穀物—貨幣という最初の形態変化の後に流通界から脱落し、この穀物と同じ価値を有する、異なった使用価値［商品］が穀物販売者の手に戻ってくる。それは、貨幣—上着という形態変化で示されるところのものである。それに対し、流通手段としての貨幣は、流通界から脱落することなしにたえず流通界の内部を駆け巡るのである。

したがって、今や問題となるのは、商品流通にはどの程度の貨幣量が必要になるかということである。

われわれがすでに知っているように、各商品は実際の貨幣と接触する以前に、すでに一定の貨幣量に等置されているのであるから、各商品の価格そのものはあらかじめ決定されているといってよい。それゆえに、各商品の個別的価格はもとより全商品の価格総額も、金の価値を所与のものと前提するならば、最初から決定されていることになる。

ところで、このような商品の価格総額は一定量の観念的な金に等置されたものにほかならない。だが、この観念的な金が現実の金に転化しなければ、商品は流通できない。それゆえに、金の流通量は流通する商品の価格総額によって規定されることになる。（ここでは、われわれは信用貨幣、支払決済等々がなお問題とはなりえない単純な商品流通の段階にいるということを念頭におく必要がある。）この商品の価格総額は、価格変動がないかぎり、商品流通総量とともに変動し、また商品流通総量が変動しないかぎり、その価格とともに変動する。この変動が市場価格の変動によって生じるのか、金ないし商品の価値変動によって生じるのかということはもとより、この価格変動が全商品に関係するのか、それとも若干の商品に関係するのかということも、この場合どうでもよいことなのである。

だが、商品の販売は相互にまったく無関連に行われるのではないにしても、すべて同時になされるわけではない。

われわれは再び以前の例を取り上げ、五ヘクトリットルの穀物—三〇マルク—一着の上着—三〇マルク—四〇リットルのワイン—三〇マルク—二〇ツェントナーの石炭—三〇マルクという形態変化の運動がなされたとしよう。この場合、商品の価格総額は一二〇マルクとなる。だが、この四回の販売を行うには三〇マルクあれば十分である。というのは、三〇マルクが順次四回の流通を行えばよいからである。もしこの四回の販売全部が一日に行われるとすれば、この商品流通に必要となる一日の流通手段の量は、一二〇÷四＝三〇マルクの貨幣ということになる。この点を一般的公式で示せば、以下のようになる。

$$\frac{\text{商品の価格総額}}{\text{同一貨幣の流通回数}} = \text{一定期間内に流通する流通手段としての貨幣量}$$

一国の様々な金貨の流通期間は、当然のことながら、様々である。第一の貨幣は長期間金庫に収納され、第二の貨幣は一日に三〇回も流通するというようにである。だが、そうであっても、その平均的流通速度というものはもちろん存在する。

こうした貨幣の流通速度は、商品循環の速度によって条件づけられている。商品が流通界から脱落し、消費される速度が急速であればあるほど、そして商品が新商品に置換されることが急速であればあるほど、それだけいっそう貨幣流通もまた急速になる。それに対し、商品循環の速度が緩慢であればあるほど、それだけいっそう貨幣流通もまた緩慢になり、貨幣が出回ることもまたそれだけいっそう少なくなる。したがって、表面的にしか認識できない人々は、貨幣不足のために、商品流通が停滞すると考える。確かに、そうした場合もあるだろう。だが、今日そのような事態が長期にわたって出現するようなことはないのである。

### (4) 鋳貨と紙幣

取引を行うたびに、交換すべき貨幣金属の純度と重量をいちいち調べるなどといったことは、当然のことながら取引を行う場合著しく不便なことであった。だが、政府当局があらゆる金の重量とその純度を保証するようになるや否や、こうした不便はなくなるにちがいなかった。かくして国家は、金地金から金鋳貨［金貨］を製造するようになったのである。

貨幣の鋳貨形態は、貨幣の流通手段としての機能から生じたものである。だが、貨幣がひとたび鋳貨形態を取るや、この形態は流通過程の内部ではその純度と関係のない自立的存在となる。鋳貨標章［代位鋳貨や補助鋳貨］が一定量の金を含有する、あるいは一定量の金に等しいということが国家によって保証されるならば、まもなくこの標章は一定の状況のもとでは現実の金量と同様に流通手段として機能することになる。

金貨の流通それ自体が、このことを引き起こす。なぜなら、金貨が流通の中に長くとどまればとどまるほど、それだけいっそうその摩滅が進み、その名目上の含有量と実際上の含有量との開きがますます大きくなるからである。実際、古い金貨は鋳造されたばかりの金貨よりも軽い。だが、それにもかかわらず、両者は一定の事情のもとでは流通手段として同一の価値を代表できるのである。

こうした名目上の含有量と実際上の含有量との開きは、補助鋳貨の場合にはなおいっそう大きいものになる。きわめて多くの場合、より低位な金属、たとえば銅などが最初の貨幣となり、これが後に貴金属に取って代わられたのであった。銅ならびに銀は金本位制度が実施された後では、価値の測定者であることをやめたけれども、銅貨や銀貨は依然として小口取引における流通手段として機能し続けているのである。

これらの補助鋳貨は、今や金の一定の重量部分に対応する。それらが示す価値は金の価値と同じ比率で変化し、銀の価値や銅の価値の変動からはなんの影響も受けないのである。このような状況のもとでは、銀貨や銅貨の金属含有量はもはやその鋳貨としての機能にまったく影響を及ぼさないのである。このことから、銅貨や銀貨がどの程度の金量を代表するのかを国家の法律によって自由に決定することが可能となるのである。こうなれば、金属標章の代わりに紙幣標章が代位し、無価値な紙券を一定量の金に等しいものと法律的に定めるようになる事態もただちに生まれることになる。

こうして国家紙幣が誕生した。だが、この国家紙幣を信用貨幣と混同してはならない。後者は、貨幣の別の機能から生じるものだからである。

しかるにこのような紙幣は、流通手段としての金貨に対してだけ代位できるのであって、価値尺度としての金貨には代位できないのである。つまりそれは、一定量の金を表示するかぎりにおいて金貨を代位できるにすぎない。かくして、流通手段としての紙幣の場合にも、金貨を代位する金属貨幣の場合と同じ法則が妥当することになる。つまり、紙幣は商品流通に必要な貨幣量以上の大きな金量を代位することができないというのが、それである。たとえば、ある国の商品流通が金貨一億マルクを必要とする場合、国家が二億マルクの紙幣を流通させるならば、その結果は、二〇マルクの紙幣二枚で二〇マルクの金貨一つで購入できる商品量しか購入できないということになる。この場合、紙幣で表示される価格は金によって表示される価格よりも二倍も高いものになる。したがって、紙幣が超過発行された場合には価値下落する。このような超過発行による紙幣の価値下落の最大の例をなすのは、フランス大革命のアッシニア紙幣であるだろう。このアッシニア紙幣は、七年間に（一七九〇年から一七九七年三月まで）四五五億八一〇〇万フラン以上を流通させたために最終的にすべて無価値なものになってしまったのである。

## (5) 貨　幣［貨幣のその他の機能］

われわれは単純な商品流通を検討し、この単純な商品流通とともに貨幣の価値尺度機能と流通手段機能とがいかに発展してきたのかを見てきた。けれども、貨幣の機能はこうした機能に限定されるものではない。

商品流通の発展とともに、貨幣商品たる金を保持し、蓄蔵しようとする必要性と熱望とが発展する。なぜなら、貨幣がどのような特性をもつかは、商品生産がどのような特性をもっているかということに規定されるからである。たとえば、商品生産が独立した私的生産者によって営まれる社会的生産の一形態であれば、貨幣はそれに照応したひとつの社会的権力をもつが、それは社会の権力ではなく、各人が私的に所有するようなひとつの社会的権力である。それゆえ、各人が自由にすることができる貨幣量が多くなるにしたがって、各人が自由にすることのできる社会的権力、すなわち財と他人の労働生産物の享受もそれだけ大きなものになる。なぜなら、金は万能のものとしてすべての人が使用し、すべての人が受け入れる唯一の商品だからである。かくして商品流通とともに、金への熱望が生れそして成長するのである。

だが、商品生産の発展とともに貨幣を蓄蔵することがひとつの情熱の対象となるばかりでなしに、商品生産にとっても必要なことになる。なぜなら、生産物が商品になることが多くなり、その生産が自己消費を目的とすることが少なくなるにしたがって、生活する上で、全般的にますます貨幣を所有することが必要になるからである。それはこうである。

私は、［生活を行うために］たえず商品を購入しなければならない。そして商品を購入するためには、私は商品を販売しなければならない。だが、私が販売する商品の生産には時間がかかる。またその販売も多分に偶然に左右される。したがって、商品生産を継続し、その生産期間中の生活を維持するには、私は蓄蔵貨幣を所有していなければならない。また流通の停滞に対処するためにも、そのような蓄蔵貨幣を必要とする。

われわれが上で見たように、流通貨幣量は商品価格とその量ならびにその循環速度とに依存する。だが、これらの諸要因は不断に変化する。それゆえに、流通貨幣量も不断に変動する。こうした変動にともなう流通貨幣量の不足が生じた場合、貨幣はどこから流入するのか、また流通貨幣量の過剰が生じた場合、過剰な貨幣はどこに流出するのだろうか。きわめて様々な地点に堆積する蓄蔵貨幣が、時には流通貨幣量の不足を補い、時には再び過剰な貨幣を吸収することによって流通過程の攪乱を調整する貯水池の役割を果たすのである。

商品流通の初期には、単純な物々交換の場合と同様にいつも二つの商品が直接交換された。前者は、他方の商品が必ず一般的等価物たる貨幣商品であるという点においてだけ、後者と異なっていたにすぎない。けれども、商品流通の発展とともに商品の譲渡とこの商品価格の対価としての貨幣量の受領とが時間的に分離する関係が生れてくる。今や、商品を受けとる前に、先に支払いを済ませたり、——それ以上に行われることの多いのは——商品を先に受けとり、その後に支払うといった事態が生れる。この点を説明するためのひとつの例として、たとえば一三世紀のイタリアの絹織物業者を取り上げてみよう。彼は、自分が加工する絹糸を近隣から購入する。だが、彼が編んだ絹織物はドイツに送られる。その絹織物が当地に到着しそして販売された後に、その代金がイタリアに届くまでには、三―四か月かかる。絹織物業者は絹織物を仕上げると同時に、近隣の絹紡績業者から一定量の絹糸を仕入れなければならない。絹紡績業者は自分の商品を絹織物業者に即座に販売する。だが、後者は四か月後に初めて自分の商品の代金を手に入れることができるにすぎない。さて、どうするのか。織物業者は絹糸を購入するけれども、四か月後に初めてその代金を支払う。買い手と売り手は、今やまったく異なった様相を帯びる。つまり売り手は債権者になり、買い手は債務者になる。そして貨幣もまた、今や新しい機能を帯びる。貨幣は、この場合商品流通を媒介するのではなく、商品の循環を自立的に終結させる。この機能を果たす貨幣は流通手段ではなく、支払手段、すなわち一定額の価値の引渡しに対する契約義務の履行手段にほかならないのである。

だが、そのような義務はいつも商品の流通過程から生じる必要はない。商品生産が発展するにしたがって、一定の使用価値［労働生産物］の引渡しを一般的価値形態たる貨幣の引渡しに転化させようとする努力もそれだけいっそう大きくなる。たとえば、国家への物税が金税に転化し、官吏への現物給付が貨幣俸給に転化する等々がそれである。かくして、貨幣の支払手段機能は今や商品流通をはるかに越えたものになる。

われわれはもう一度絹織物業者の例に戻ろう。絹織物業者は、絹糸を絹紡績業者から購入するけれども、即座にその代金を支払うことができないとしよう。その場合、金銭の貸借関係が生まれる。だが、こうした金銭の貸借関係を口頭ですますことはできない。トラブルがあった時に証書があれば安心である。したがって、絹紡績業者はこの金銭の貸借関係を証書にして持ち帰りたいと考える。こうして絹紡績業者は、自分が販売した絹糸の価格に見合った貨幣額を四か月後に支払うということを約束した証書を絹織物業者から受け取る。だが、絹紡績業者も四か月以内に自分の支払いをしなければならないが、まったく現金を持ち合わせていない。そのために、彼は絹織物業者の約束証書でその支払いを行う。かくして、この手形は今や貨幣として機能する。こうしてそこに、新種の紙幣、すなわち信用貨幣（手形、小切手等々）が生まれる。

他方、上の事態とはなお異なった事態も生じる。たとえば、絹織物業者は絹紡績業者から絹糸を金貨五ドゥカーテンの価格で購入した。だが、絹紡績業者は、自分の妻のために金細工屋で金貨六ドゥカーテンの腕輪を購入した。それと同時にこの金細工屋も、絹織物業者から金貨四ドゥカーテンの絹織物を購入した。支払日は同じであるとする。絹紡績業者、絹織物業者、金細工屋の三者全員は集まり、第一の絹紡績業者は金細工屋に金貨六ドゥカーテンを支払わねばならないけれども、それと同時に絹織物業者に金貨五ドゥカーテンを請求しなければならない。彼は金細工屋に金貨一ドゥカーテンを支払い、残りの金額については絹織物業者が金細工屋に支払うように指示する。だが、絹織物業者は金細工屋から金貨四ドゥカーテンを支払ってもらう権利を有している。したがって、絹織物業者が金細工屋に支払うのは、金貨一ドゥカーテンにすぎないということになる。かくして総計金貨一五ドゥカーテンの三つの支払取引は、相互決済によってたった金貨二ドゥカーテンがあれば、すべて遂行されてしまうのである。

もちろん、現実の過程は、ここで仮定されているほど単純には進行しない。だが、商品販売の支払いは実際にある程度まで相互に決済される。しかも、こうした決済は商品流通の発展とともにますます大規模になっていく。支払いが少数の場所および一定の時期に集中する結果、この決済に固有な施設や方法が発展する。たとえば、中世のリヨンのヴィルマン（決済所）などが、それである。同じような目的に奉仕するものとしては、為替銀行、手形交換所、金融組合などが知られている。かくして、こうした信用制度の発展とともに、決済に回されない支払いだけが貨幣で行われるにすぎなくなる。

またこうした信用制度の発展とともに、致富ということだけを目的とした貨幣蓄蔵が消滅する。なぜなら、こうした信用制度の発展とともに、自分の富を保持しようと望む者は、貨幣貸付けを行うことができるようになるため、もはや自分の貨幣を地中に埋めたり、金庫に秘匿する必要がなくなるからである。だが、他方ではこうした信用制度の発展とともに満期となった債務の支払いを決済日に行うための貨幣の蓄積という一時的な貨幣蓄蔵が必要になってくるのである。

だが、そのような貨幣の蓄蔵がいつもうまくいくとはかぎらない。ここでわれわれは、先の絹織物業者の例を想起しよう。彼が四か月後に支払うことを約束したのは、その時までに彼は自分の商品を販売することができると考えたからであった。だが、彼は自分の商品の顧客を見いだせなかったために、支払うことができなくなったと仮定しよう。絹紡績業者は、この支払いをあてにしていた。彼は、この支払いを信用して金細工屋に支払いを約束し、この金細工屋はまたもや絹織物業者に支払いを約束したのである。われわれがここに見るのは、一人の支払不能は他人の支払不能を引き起こすということである。しかも、支払制度とその決済制度が発展するにしたがって、この支払不能の連鎖がますます大規模に起こるということなのである。今や、全般的過剰生産の結果、自らの商品を販売できなくなったのは、一人の生産者ではなく、多数の生産者たちであったと仮定しよう。彼らの支払不能は、すでに自分の商品を販売した他の人々の支払不能を引き起こす。そして支払証書は無価値なものになり、だれもが一般的等価物である現金を要求するようになる。ここに、全般的貨幣不足、すなわち貨幣恐慌が生まれることになる。

この貨幣恐慌は、信用の発展が一定の高さに達すると、あらゆる生産恐慌あるいは商業恐慌の必然的な随伴現象となる。この貨幣恐慌こそ、商品生産制度のもとで貨幣を商品についての単なる債務証券によって代位することができないという事実をきわめて明瞭に示しているのである。

ところで、貨幣には二種類の流通領域がある。その二種類の流通領域とは国内市場と世界市場である。貨幣がすでに見たような鋳貨と価値標章［兌換紙幣や補助貨幣など］の形態を取るのは、国内においてであって、国家間の取引ではその様な形態を取ることがない。他方世界市場では、貨幣は再びその本来の姿に戻り、金や銀などの貴金属の地金となる。――国内流通領域の内部では実際にはたったひとつの貨幣商品が価値尺度としての役割を果たすようになってきているのに対し――世界市場ではこれまで金と銀の二つの貴金属が価値尺度として利用されてきた。ちなみに、マルクスが『資本論』を執筆して以来、世界市場でも金が唯一の貨幣商品となる明白な傾向が生じている。

こうした世界貨幣の主要な機能は、輸出入の超過や不足といった国際貿易の差額を決済するための支払手段としての利用にほかならない。

# 第3章　貨幣の資本への転化

## (1) 資本とは何か

われわれは、第2章において物々交換から商品流通への発展を辿ってきた。

今や、われわれはもっと先に進もう。単純な商品流通の場合、商品所有者は他の商品を購買するために自分の商品を販売する。だが、このような商品流通の形態からしだいに新しい運動形態、すなわち販売するために購買するという新しい運動形態が発展してくる。この新しい運動形態は、われわれがすでに知っているような商品―貨幣―商品という単純な商品流通の式とは異なり、貨幣―商品―貨幣という式をとる。

この二つの式を相互に比較してみよう。

商品―貨幣―商品という循環は、消費を目的とする。自分にとって非使用価値である商品を販売して、自分にとって使用価値である他の商品を手に入れるならば、この商品―貨幣―商品という循環は終結する。その際、販売でえられた貨幣は商品に転化する。そしてこの商品は流通界から脱落し、消費界において消費される。それに対し、貨幣は一度支出されたならば、ますます以前の所有者から遠ざかっていく。また単純な商品流通が通常に行われる状況の場合（ここでは、このような通常の状況だけが問題となるにすぎない）、この循環の終点となる商品がこの循環の始点となる商品とまったく同じ価値量であっても、なんら問題はない。

貨幣―商品―貨幣という循環は、単純な商品流通の循環とはまったく異なったものである。この循環は、消費を目的とするものではない。この循環の終点となるのは商品ではなく、貨幣である。その循環の始点で流通に投じられた貨幣は支出されたのではなく、単に前貸しされたものでしかない。なぜなら、この貨幣は再び元の所有者に戻ってくるからである。だが、その場合にも、この循環は終結されることなく継続される。つまり、前貸しされた貨幣が戻るや、再び新たに流通に投じられ、そしてまたもや戻ってくるというように、この運動は無限に繰り返されていくことになる。こうして貨幣―商品―貨幣の循環によって生み出される貨幣の運動は、際限のない運動になる。

だが、この運動の推進力となるのは何なのか。商品―貨幣―商品という循環運動の動機はきわめて明瞭である。それに対して、貨幣―商品―貨幣という循環運動は無意味な運動のように見えないだろうか。私が聖書を販売した代金でパンを購入した場合、この循環の終点の商品はその始点の商品と価値がたとえ同じであっても、それとは使用価値の異なった商品である。聖書は私の精神的渇望をみたしてくれるけれども、たとえばこの聖書をいくら暗唱しても、私の肉体的渇望をみたす手段にはなりえない。

他方、私が一〇〇マルクを支払ってジャガイモを購入し、このジャガイモを再び一〇〇マルクで販売するならば、私は無意味な行為をしているといってよい。その行為は目的もなければ、利益も生まないからである。したがって、このような行為が目的と意義をもつとすれば、それは、この行為の終点の貨幣額が始点の貨幣額と異なったものになる場合だけである。なぜなら、ひとつの貨幣額が他の貨幣額と区別されるのは、その量的大きさによってでしかないからである。したがって、貨幣—商品—貨幣の循環運動は、その循環の終点となる貨幣額がその始点となる貨幣額よりも大きくなる場合にだけ意義をもつにすぎないことになる。かくして貨幣額を増加させることこそが、実際にこの循環運動の推進的動機となる。つまり、販売を目的として購買する者は、より高く販売するために購買するのである。かくして貨幣—商品—貨幣の循環運動が順調に進行するとすれば、それは終点の貨幣額が始点の貨幣額よりもより大きくなる場合だけである。それに対し、商品—貨幣—商品の循環運動が順調に進行するとすれば、それは、その循環を終結させる商品の価値が、その循環を開始する商品の価値と同じであってもなんらかまわないことになる。

購買はすべて販売であり、逆もまた真である。したがって、貨幣—商品—貨幣の循環運動は、商品—貨幣—商品の循環運動と同じ結果になるように見える。けれども、われわれは今や、この二つの循環運動が本質的に異なったものであるということをすでに知るにいたっている。

われわれの例で言うならば、私がジャガイモを一〇〇マルクで購入し、このジャガイモを再び販売したとすれば、私がそうしたのは、より高い価格で、おそらく一一〇マルク（一〇〇＋一〇マルク）で販売する目的をもっていたからなのである。もっと一般的に言えば、元本になにがしかの追加分を加えて販売することが、その目的だったのである。商品をW、最初の貨幣をG、そして追加的貨幣額をgとするならば、われわれはこの式全体を次のように表現することができるだろう。

G—W—（G＋g）

この循環運動の終点に最初の前貸しされた価値額を越えた追加的価値として現われるこのgを、マルクスは剰余価値とよぶ。利潤や利子などはこの剰余価値の現象形態にほかならないが、価値と価格を混同してはならないのと同様に、剰余価値とこの剰余価値の現象形態［利潤や利子など］とを混同してはならない。しかるにこれまでのわれわれの説明では、多くの場合経済学の諸範疇の基礎だけを考察の対象としているために、その現象形態［利潤や利子など］についてはその考察の対象外としているのである。誤解を避けるために、この点をここであえて述べておきたい。

剰余価値は、G―W―（G＋g）という循環運動の決定的特徴をなすものである。これによりこの循環形式の中で運動する価値は、資本というひとつの新しい性格を帯びることになる。

つまり、資本とは剰余価値を繰り返し生む価値のこと、つまり増殖する価値の運動体のことである。

しかるにこの運動体を無視し、資本を静止物として理解しようとする者は、たえず矛盾に直面することになる。伝統的な経済学の諸潮流が資本概念、つまり何を資本と見なすのかという問題について混乱しているのも、このような理由からなのである。

たとえばある経済学者は、資本は道具であると定義する。だが、その定義の場合には、石器時代にも資本家が存在したことになるし、また石でクルミを割る猿さえも資本家であるということになる。同様に放浪者が木の実を落とそうとする杖も資本になり、放浪者自身も資本家ということになってしまう。

第二の経済学者は、資本は蓄積された労働であると定義する。この定義によると、ハムスターや蟻にも、ロスチャイルド、ブライヒレーダー、クルップの仲間［資本家の仲間］として活動しているという名誉を与えなければならなくなる。

第三の経済学者は、労働を促進し、労働を生産的にするすべてのものを資本と見なす。かくして国家も、人間の知識も、人間の魂も、みな資本ということになってしまう。

このような一般的定義は、子供の世界では有益な常套句になるとしても、人間の社会形態そしてその法則と原動力についてのわれわれの認識を少しも深めるものにならないということは、明らかである。従来政治経済学の多くの分野でほとんど無制限ともいえるほど支配的であったこのような常套句を政治経済学から駆逐した最初の人は、マルクスであった。とりわけ資本の特徴づけにかんしての分野ではいっそうそのように言うことができるのである。

しかるに、われわれはすでに、資本とは剰余価値を繰り返し生む価値のことであり、この資本の一般的定式がG―W―（G＋g）になるということを理解している。この一般的定式から明らかになるのは、資本の運動が新たに始まる場合、それはすべて貨幣形態から始まるという事実とともに、資本の運動は、必ず、貨幣形態から様々な商品形態に転化した上で、再び商品形態から貨幣形態に再転化しなければならないという事実なのである。

更にこの一般的定式から明らかになるのは、すべての貨幣やすべての商品が必ずしも資本になるというわけではなく、それらのものが一定の運動を行う場合にだけ資本になるという事実である。だが、この運動にはまたもや特殊な歴史的前提条件［労働力の商品化］が必要となる。そのような特殊な歴史的前提条件については、われわれはこの後知ることとなるだろう。いずれにしても、たとえばパンや上着などの自分個人用の消費対象を購入するために個人が支出する貨幣は、資本ではない。それは、私自身が生産し、物々交換する商品がその取引において資本にならないのと同様である。

生産手段や蓄積された労働等々は、確かに、資本になるけれども、それは、一定の事情のもとでだけそう言えるのである。人々はこうした一定の事情、すなわち近代的生産様式の特徴を無視するから、資本についての曖昧な理解を広めることになるのである。だが、このような事態は資本主義の擁護者にとって都合のよいものとなる。なぜなら、学識ある者と学識のない者とを問わず、資本主義の擁護者がマルクスの資本理論についてはもとより、その基礎にある価値論についても真面目に取り組む意志をもたなくてすむことになるからである。

## （2）剰余価値の源泉

われわれは、今やG―W―（G＋g）という資本の一般的定式を知っている。だが、われわれは、剰余価値のgがどうして生まれるのかということをまだ知らない。先の資本の一般的定式では、購買ないし販売といった行為が剰余価値を生むかのように、換言すれば、剰余価値は商品流通から生まれるかのように見える。事実、こうした見解が世間に流布している。だが、それはほとんどの場合商品の価値と使用価値との混同に基づくものである。このことは、交換を行う場合両当事者は自分に不必要な物を提供し、自分に必要な物を獲得するのであるから、両者とも得をするとする見解にとくに妥当する。「私は、自分には価値の少ない物を手放すのと引き換えに、自分にとってより価値の大きい物を受け取る」という見解が、それである。

だが、剰余価値発生のこうした説明が可能になるのは、価値概念が今だなお明確化していないところにおいてだけである。実際この説明で満足するためには、一方では、商品の交換が二つの交換用商品の使用価値の相違に基づくと同時に、この二つの商品の商品価値の同一性に基づくものである点を忘却しなければならない。また他方では、俗流経済学のほとんどの読者のように、俗流経済学者が語るすべてのことを吟味することなしにそのまま受け入れて、たとえば現代の商人の営業方法と未開人の原始的物々交換の方法とを同一視することができると本当に信じているほどにお人好しとならなければならない。

だが、われわれは剰余価値が物々交換の段階ではなく、貨幣によって媒介される商品流通の段階に発生し、この剰余価値がより多くの貨幣として現われるということをすでに知っているのである。したがって、自分にとって使用価値のない物を譲り渡す代わりに、自分にとって使用価値のある物をえることによって「利潤」が生まれるといった見解は、G—W—（G＋g）という定式によって示される現代の取引ではまったく問題となりえないのである。

このように俗流経済学は、現代の経済的諸関係の認識が困難である場合、現代の現象をはるか昔の現象と同一視するという欺瞞的方法を好んで利用する。実際、この欺瞞的方法を利用することが、彼らの主要な課題になるのである。

だが、われわれがここで関係しなければならないのは、はるか昔の物々交換ではなく、商品流通である。もちろん、商品流通の場合にも通常の状況のもとで同一の商品価値どうしの交換がなされるならば、物々交換の場合と同様に剰余価値は形成されることがない。

ところが、今やこの商品流通の法則が侵害された場合、たとえば、すべての商品所有者が自分の商品をその本来の価値から一〇%だけ高い割増価格で販売する特権をえた場合を仮定してみよう。この場合、仕立屋は三〇マルクの上着を三三マルクで販売する。だが、その結果は同じである。なぜなら、今や彼は以前には三〇マルクで購入した一樽のワインに三三マルクを支払わなければならなくなるからである。したがって、彼は何の得もしなかったのである。つまり、この場合貨幣名が変わろうとも、その結果は商品流通の場合と同じになるのである。

次にわれわれはすべての商品所有者でなく、少数の商品所有者だけがその価値以下で購入した商品をその価値以上に販売する特権によって剰余価値の発生を説明しようとする試みを問題としよう。たとえば、ある商人は農夫から一〇〇マルクの価値をもつ四〇ツェントナーのジャガイモを九〇マルクで購入し、それを仕立屋に一一〇マルクで販売する。この結果、確かに商人の手にはその最初の価値よりもより大きな価値が残る。だが、現存する価値総額は同じままである。なぜなら、われわれは最初一〇〇マルクの価値（農夫）＋九〇マルク（商人）＋一一〇マルク（仕立屋）＝三〇〇マルクの価値を有していたけれども、その取引の終了後にもわれわれは九〇マルク（農夫）＋一一〇マルク（商人）＋一〇〇マルク（仕立屋）＝三〇〇マルクの価値を有しているにすぎないからである。

したがって、商人が獲得したより大きな価値は価値の増加から生まれたものではなく、他人が所有する価値の減少から生まれたものなのである。それゆえ、このより大きな価値を剰余価値と言うならば、泥棒が他人のポケットから盗んだ価値も同様に剰余価値ということになってしまうだろう。

確かに、剰余価値取得の歴史的起源は他人の価値を横領するという方法にあった。たとえば、商人資本の場合には商品流通を媒介することによって、また高利貸資本の場合には商品流通を媒介せずにむきだしのまま他人の価値を横領した。事実、この二種類の資本は商品流通の法則を侵害することによってだけ、すなわち等価交換という商品流通の原則を公然とかつ無遠慮に違反することによってだけ存在できたにすぎなかった。したがって、資本が商人資本と高利貸資本しかなかった間は、資本はその時代の経済組織と対立したばかりでなしに、その時代の道徳的観念とも対立した。それゆえ、古代や中世において商業やとりわけ高利貸は人々に嫌われたばかりか、古代の非キリスト教徒の哲学者によっても、教父によっても、法王によっても、また宗教改革派の人々によっても、等しく非難されたのであった。

たとえば、われわれが哺乳動物の標本を掲げようとする場合、卵生哺乳のカモノハシを最初に掲げるといったようなことをしないであろう。それと同じように、われわれが近代社会の経済構造を規定する資本を認識しようとする場合、いわゆるその太古の形態である高利貸資本や商人資本をその基礎としてはならない。なぜなら、これらの資本とは異なる高次の資本形態が成立した後に初めて、商業資本や利子生み資本は今日の支配的商品生産形態の法則を順守する機能をもつからである。そうなるや、これらの資本はもはや単なる詐欺や直接的略奪といった性格を帯びる必要性がなくなるのである。したがって、商人資本や高利貸資本の理解が初めて可能になるのは、近代的資本の基本形態が認識された後ということになるのである。

それゆえ、マルクスがなぜ商業資本と利子生み資本を『資本論』の前半の二つの巻で扱わなかったのかということが、了解されよう。この前半の二つの巻は、資本の基本法則の研究を対象としているからなのである。

これ以上、われわれは先に言及した二つの資本形態を論じる必要がないだろう。ここでのわれわれの研究成果として保持すべき点は、剰余価値は商品流通から生まれないという事実である。つまり購買も販売も、剰余価値を創造することがないというこの事実なのである。

だが、他方では剰余価値は流通領域の外部でも生まれることがない。商品所有者は労働によって商品を生産する際に、この商品に新価値（この商品の価値は、社会的に必要となる労働の支出量によって規定される）を付加することができる。だが、これによって商品の最初の価値が増加することはないし、またいかなる剰余価値も生まれない。たとえば、絹織物業者が絹糸を一〇〇マルクの価値で購入し、それを絹織物に仕立てるならば、この絹織物の価値は絹糸の価値に、絹織物業者の労働が創造した価値だけを加えるにすぎない。したがって、この場合絹糸の価値自体は、この労働によって増殖するということはないのである。

かくして、われわれはひとつの奇妙な謎に直面する。その謎とは、剰余価値は商品流通によっては生まれないけれども、商品流通領域の外部でも生まれることがないというのが、それである。

### （3）商品としての労働力

われわれは、なお詳しく資本の一般的定式を考察することにしよう。

資本の一般的定式とは、G—W—（G＋g）のことである。したがって、資本の一般的定式はG—W（商品の購買）とW—（G＋g）（商品の販売）という二つの行為から成り立つ。その際、商品流通の法則にしたがうならば、Gの価値はWの価値と同じでなければならない。またWの価値も（G＋g）の価値と同じでなければならない。このことが可能になるのは、Wが自ら増殖する場合、すなわちWがその消費中にそれ自体が有している価値よりもより大きな価値を創造する商品である場合だけである。かくして、剰余価値の謎が解決されるのは、その使用価値が価値の源泉となるような特有な属性をもつ一商品が発見された場合だけである。なぜなら、そのような商品が発見された場合には、その商品の消費が価値を創造する結果、G—W—（G＋g）という定式は、G—Wと（W＋w）—（G＋g）になるからである。

ところで、商品の価値を創造するのは労働だけであるということは、すでにわれわれの知るところである。したがって、上述の定式が実現可能になるのは、労働力が商品である場合だけである。

マルクスはこの労働力について次のように述べている。

「われわれは、労働力または労働能力を、ひとりの人間の肉体、すなわち、人間の生ける人格の中にあって、何らかの種類の使用価値を生産する場合に、人間が活動させる肉体的、精神的能力の総体であると考える。」（マル

クス『資本論』第一巻、二一七頁）

今やこの労働力が、市場に商品として登場しなければならない。だが、そのことは何を意味するのか。われわれが上で見てきたように、商品交換は、商品所有者が自らの商品を自由に処分する完全な権利をその前提条件とする。したがって、労働力が商品となるためには、労働力の所有者である労働者が自由な人間でなければならない。また彼の労働力が商品であり続けるためには、彼は永久にではなく、一定の時間に限定して自分の労働力を販売する必要がある。そうでないならば、彼は奴隷になって、商品所有者から商品そのものになってしまうだろう。

更に労働力が商品になるためには、なお第二の条件がみたされていなければならない。われわれがすでに見てきたように、商品となる使用価値［労働生産物］は、商品所有者にとっての非使用価値でなければならない。かくして労働力もまた市場で商品として登場するには、労働者にとっての非使用価値でなければならない。だが、労働力の使用価値は、他の使用価値［労働生産物］を創造することにある。そのための前提条件となるのは、商品生産に必要な生産手段をもっていることである。労働者が生産手段をもっている場合には、彼は自分の労働力を販売せず、むしろ自分の労働力を自分で使用し、自分の生産物を販売するだろう。それゆえ、労働力が商品になるためには、労働者が生産手段、とりわけそのもっとも重要な生産手段である土地から分離されていなければならない。

それゆえ、労働者はあらゆる点で自由でなければならない。彼は一切の人格的隷属から自由でなければならないし、また商品生産に必要なあらゆる生産手段からも自由でなければならない。貨幣所有者の貨幣が資本に転化するためには、この二つの自由がその前提条件となる。だが、このような二つの前提条件は自然に与えられたものでもなければ、あらゆる社会形態に共通して存在するものでもない。それらは長期にわたる歴史的発展の所産である。またそれらが社会構成体に規定的な影響を及ぼすまでに発展したのは、比較的最近のことにすぎない。事実、資本の近代的生活史の端緒は、ようやく一六世紀に入ってから始まるのである。

われわれは、今や、剰余価値を生む商品［労働力商品］を知っている。ところで、この商品そのものの価値はどのようにして決まるのか。

この商品の価値は、その他のあらゆる商品の価値と同様にその商品を生産＝再生産するのに社会的に必要となる労働時間によって規定される。

だが、労働力という商品は、労働者の生きた存在を前提とする。この存在を維持するには、一定量の生活手段が必要となる。したがって、労働力の生産に必要な労働時間とは、この一定量の生活手段を生産するのに社会的に必要となる労働時間に等しいものとなる。だが、この生活手段の一定量は様々な事情によって決定される。労働者の労働力支出が大きければ大きいほど、またその労働が長くかつ緊張するものであればあるほど、労働力支出を回復し、翌日も前日のように労働できるようになるのには、労働者はそれだけいっそう多くの生活手段を必要とする。

他方、様々な国々の労働者階級の欲望は、それぞれの国の自然的かつ文化的特性に応じて異なっている。たとえば、ノルウェーの労働者はインドの労働者よりもより多くの量の生活手段を必要とする。前者の労働者が生きていくのに必要な食料、衣服、住居、暖房等々の生活手段は、インドの労働者の生活手段よりもその生産により多くの労働時間を必要とする。

たとえば、労働者が裸足で走り回り、新聞や本などをまったく読まないような地域の労働者の欲望は、高度な発展を遂げた地域、たとえば労働者が靴を履いたり、新聞や本を読む地域の労働者の欲望よりもより小さいものになる。たとえ両者の間に気候やその他の自然的条件の相違が存在していない場合ですら、そうなのである。「したがって、他の商品とは反対に、労働力の価値規定は、ひとつの歴史的な、そして道徳的な要素を含んでいる」（マルクス『資本論』第一巻、二二二頁）と、マルクスは述べたのである。

更に、労働者は誰でも知っているようにいつかは死亡する。だが、資本は不滅の存在たろうとする。そのために必要なのは、労働者階級もまた不滅であるということ、つまり労働者も生殖できるということである。したがって、労働力の保持に必要な生活手段の一定量の中には子供の（事情によっては婦人の）扶養に必要な生活手段もまた含まれることとなる。

最後に、労働力の生産費の中には労働者の教育費、すなわち一定の労働部門において一定の熟練に達するのに不可欠となる費用も加えられる。しかし、大多数の労働者の場合この費用はきわめて少額ですむ。

これらすべての要因に規定されて、一定の国および一定の時代の一定の労働者階級の労働力の価値は一定の大きさを有するものとなる。

これまでわれわれが扱ってきたのは、価格ではなく価値であり、また利潤ではなく剰余価値であった。ここでも、同様にわれわれが扱うのは、労働力の価値であって、労賃［労働力の価格］ではないということに注意しなければならない。けれども、労働力の代価を支払う際に生じるひとつの特有な事態については、ここで言及しておく必要があるだろう。

俗流経済学の見解によれば、資本家はほとんどの場合労働者が生産する労働生産物を販売する前に労働者に賃金を支払っているがゆえに、賃金を労働者に前払いしているというのである。だが、現実には労働者が資本家に労働給付を信用貸ししているのである。

たとえば、私は火酒を作るためにジャガイモを購入した。だが、私は火酒を作った後で初めてジャガイモの代金を支払ったが、その時私はまだ火酒を販売していなかったと仮定しよう。この場合、火酒を販売する前に、私がジャガイモの代金を支払ったがゆえに、私は農夫にその代金を前払いしていたと主張するならば、それは滑稽なことにならないだろうか。否、実際は、私が火酒を作るまでの間農夫はこのジャガイモの代金を私に信用貸ししていたのである。それに対し、現金払いというのは、私が商品を購入するや否や、その商品の代金を即座に支払うことをいうのである。しかるに商品の消費後にその商品の代金を支払っておきながら、それを現金払いであるとか貨幣の前貸しであるとかと主張するような経済学説に、商人はきっとびっくりすることだろう。だが、俗流経済学者は、いつもその種の愚論を労働者に吹聴し続けているのである。

もし資本家が労働力商品を労働者から現金で購入するとすれば、労働力が資本家の所有に移った瞬間に、したがって週の最後の日ではなく、週の最初の日に賃金が支払われなければならないことになる。だが、今日の賃金支払制度のもとでは、労働者は自らの賃金へのリスクを負うばかりでなしに、掛けで暮らすことを強いられるがゆえに、配給業者によって提供される生活手段の劣悪化を黙って甘受せざるをえない状態にある。つまり、賃金の支払いの間隔が長くなるにしたがって、労働者はそれだけ不利な立場におかれるのである。事実、二週間払いの賃金あるいは一か月払いの賃金は、賃金労働者にとってもっとも堪え難い苦痛のひとつになっているのである。

だが、賃金支払制度がどのようなものであるにしろ、労働者と資本家は通常の状態のもとではたえず同じ価値を相互に交換する二人の商品所有者として対峙する。今や資本は商品流通の法則と対立することがなく、むしろこの法則を基礎として運動する。したがって、「労働者と資本家は商品所有者として、したがって相互に人格的に独立した自由かつ平等な個人として対峙する。彼らは、そのような存在として同じ階級に所属する同胞なのである。労働者と資本家は、互いに同一の価値を交換し合う。それゆえ、公正、自由、平等そして友愛の王国は、賃金制度の支配とともに始まったように思われる。幸福と平和の千年王国が始まり、隷属と専制、搾取と暴力といった苦難は過去のものになった」、と。

このように資本の利害を擁護する学者たちは、われわれに対して高らかに宣言するのである。

# 第二篇　剰余価値

## 第1章　生産過程

第一篇では、われわれは主として商品市場の内部を動き回り、商品がいかにして交換され売買されるのか、また貨幣はいかにして様々な諸機能を果たすのか、そして労働力商品の市場への出現とともに貨幣はいかにして資本に転化するのかなどといったことを見てきた。

今や、労働力を購入した資本家は、市場（ここでは、この購入した労働力はさしあたり彼に何の利益も生まない）からこの新たに調達した商品を携えながら、これを消費し利用することのできる場所、すなわち作業場に戻って来る。したがって、われわれも資本家とともに作業場に行くことにしよう。そのことは、われわれが商品流通を去り、生産領域を見学するということを意味する。この領域では次のような議論が展開されるはずである。すなわち、「労働力を使用することは、労働を行うことである。」なぜなら、資本家が自ら購入した労働力を消費するということは、労働力の販売者を労働させて、商品の生産を行わせることを意味するからである、と。

われわれが第一篇で見たように、商品を生産する労働には二つの側面がある。その二つの側面とは、使用価値を形成する側面の労働［具体的有用労働］と商品価値を形成する側面の労働［抽象的人間労働］である。その際、使用価値を形成する労働［具体的有用労働］はけっして商品生産に特有なものではなく、どのような社会形態であっても、常に人類に必要なものである。このような使用価値を形成する労働［具体的有用労働］には三つの契機、すなわち一、人間の目的意識的かつ合目的的な行為［労働］、二、労働対象、三、労働手段という三つの契機が含まれている。

労働は人間の合目的的かつ目的意識的な行為、すなわち自然的素材を人間の欲望充足に役立つ形態に改造するための人間の活動である。そのような行為自体は動物にも見られるけれども、人類のそうした行為は、一定の発展段階に達すると、その本能的形態を脱ぎ捨てて目的意識的な行為となる。どのような労働といえども、単なる肉体労働ではなく、頭脳労働ないし神経を用いる労働である。マルクスは、その点を適切にも次のように述べている。「労働する諸器官の緊張のほかに、目的に向かって進む意志が、注意力として現われ、労働の全継続期間にわたって必要とされる。しかもそれは、労働がそれ自身の内容とその遂行の仕方とによって、労働者を魅することが少ないほど、したがって労働者が労働を彼自身の肉体的および精神的諸力の活動として享楽することが少ないほど、ますます必要とされるのである」（マルクス『資本論』第一巻、一三二頁）、と。

また労働者は、労働対象に働きかける際に、補助手段（労働対象に働きかけるという目的で使用される機械、物理的または化学的性質をもった物）を使用する。このような補助手段のことを労働手段という。しかるに、この労働手段の助けを借りながら労働対象に加工を加えたものが［労働］生産物である。（この場合、労働手段と労働対象は、生産手段と総称される。）

家具屋は机の製造を行う場合、木材を加工する。その際、彼の労働対象が、たとえば原始林のように自然の状態で存在するのではなく、その獲得のために一定の労働を必要とする場合（たとえば、この場合には木材の伐採労働や運搬労働などを必要とするが）、それは原材料とよばれる。たとえば、われわれの例における木材は原材料であり、また机の製造の際にその仕上げに用いるにかわ、染料、ニスなども原材料である。この場合、木材は主要な原料であり、にかわ、染料、ニスなどは補助材である。それに対し、鉋、鋸などは労働手段であり、机は［労働］生産物ということになる。

「ある使用価値が原料として現われるか、労働手段として現われるか、それとも生産物として現われるかは、まったく労働過程におけるその特定の機能に、労働過程においてそれが占める位置によるのであって、この位置の転換とともに、かの諸規定もまた変わるのである。」（マルクス『資本論』第一巻、二三七頁）

たとえば、一頭の牛はその飼育の結果として見れば［労働］生産物であり、役牛として見れば労働手段であり、食肉用家畜として見れば原材料である。

（以上の生産の諸要素の中で労働手段は、人類の発展にとってきわめて重要な意義を有するものである。なぜなら、法律、宗教、哲学、芸術などの上部構造とともに、その生産様式に特有な社会的諸関係を条件づける生産方法が、なによりもまずこの労働手段によって決定されるからである。）

かくていかなる生産様式の場合でも、生産手段（労働対象と労働手段）と労働力が使用価値［労働生産物］の生産、換言すれば労働過程の不可欠な要素になる。しかるに、この労働過程の社会的性格は、生産様式が異なる場合には異なったものになる。それゆえ、この労働過程が資本主義的生産様式のもとではいかなる形態をとるのかを、われわれはこれから検討することにしよう。

商品生産者の場合、使用価値の生産は商品の価値の生産という目的を実現するための手段にすぎない。なぜなら、商品はすでに述べたように使用価値と価値の統一であるために、使用価値を生産することなしには、価値の生産は不可能になるからである。したがって、商品生産者が生産する商品はなによりもまず人間の欲望を充足させる必要、すなわちなんらかの人々に効用をもたらす必要がある。さもないと、商品の販売が不可能になってしまうからである。けれども、商品が使用価値をもたなければならないということは、商品生産者にとっては必要悪にすぎず、彼の事業活動の最終目的を意味しない。

したがって、商品の生産過程は使用価値の生産過程であると同時に、商品価値の生産過程でもある。つまり商品の生産過程は、労働過程と価値形成過程との統一なのである。

このことは、商品生産一般に妥当する。だが、われわれは今や特有な性質をもつ商品生産、すなわち剰余価値の獲得という目的のために労働者から購入した労働力によって遂行される資本主義的商品生産のもとでの生産過程を考察しなければならない。

それでは、このような資本主義的商品生産のもとでの労働過程はどのようなものになるのか。

なによりもまず労働過程は、資本家が介在しても本質的には何の変化も生じない。

われわれは、たとえば独立自営の織物業者を想定してみよう。彼は織機を所有しているので、糸だけを購入するにすぎない。また彼は、いつ、いかなる方法でも随意に労働することができる。そして彼の労働生産物は彼の所有となる。だが、彼が貧困となった結果、自らの所有する織機を販売しなければならない羽目に陥ったと仮定しよう。その場合、彼はどうやって生計を立てるのか。彼は資本家に雇用され、資本家のために織工労働をする以外には生計を立てられない。他方、資本家は織工の労働力を購入するばかりでなしに、織機や必要な糸をも購入し、織工に糸を織らせる。資本家が購入した織機は、もしかしたら織工が窮乏したためにやむなく手放したものかもしれない。たとえそうでないにしても、織工は以前と同じ方法で糸を織る。外見的に見るかぎり、労働過程に何の変化も生じていないかのようである。

だが、実際には二つの大きな変化が生じている。織工はもはや自分のためには働かず、資本家のために働く。そして資本家は、今や労働者の労働を監督し、労働者が著しく怠慢に労働したりいい加減に労働することがないように配慮する。更に、今や労働生産物は労働者の所有になるのではなく、資本家の所有になる。

資本が生産過程を支配すると、労働過程にこうした変化がただちに生じる。それに対し、資本が生産過程を支配すると、価値形成過程はどのようなものになるのか。

まず、資本家が商品として購入した生産手段と労働力を結合させ、その結果生産される生産物の価値が、いかに増加するのかという計算をしてみよう。

その際、われわれは以下のように仮定する。一、資本家は、一日分の労働力を購入する。二、労働者が［一日を］生きていくのに必要な生活手段は、六時間の社会的に必要な労働時間で生産される。三、この六時間の労働時間が創造する価値は、三マルクの価値である。四、資本家は一労働日分の労働力を価値通りに購入し、その代価として労働者に三マルクを支払う。(7) 五、資本家は、綿糸を顧客のニーズにそった売れ筋の使用価値と考え、綿糸を生産するために必要な労働手段――説明を簡単にするために、ここでは労働手段は若干の紡錘からなるものと仮定する――と綿花とを購入する。六、その際、一ポンドの綿花には二労働時間が含まれている。したがって、その貨幣価値は一マルクである。七、一ポンドの綿花からは一ポンドの綿糸が紡がれ、一〇〇ポンドの綿花を紡ぐごとに一つの紡錘が摩滅する、したがって一ポンドごとに紡錘が一〇〇分の一だけ摩滅する。八、一つの紡錘には二〇労働時間＝一〇マルクの価値があり、一労働時間に二ポンドの綿花が綿糸に紡がれ、六労働時間で一二ポンドの綿花が綿糸に紡がれる、と。

また、こうした生産は常に社会的、平均的に必要となる標準的な生産条件のもとで行われるものと仮定する。

このような仮定のもとに生産される一ポンドの綿糸には、どれ程の価値が含まれているのだろうか。

まず最初に、一ポンドの綿糸を生産する際に消費される綿花と紡錘の価値が問題になる。これらの価値は増減することなく、そのまま生産物に移転する。綿花と紡錘の使用価値は、綿糸というまったく異なったものになるが、それらの価値は変わることがない。このことは、最終生産物を生産するのに不可欠な様々な労働過程をひとつの労働過程の連続的部分として見るならば、明らかになるだろう。たとえば紡績業者が同時に綿花栽培者であり、綿花の収穫後ただちに紡がれるものとしよう。その場合、綿糸は綿花栽培労働と紡績労働との所産として現われ、その綿糸の価値は、綿花を生産し、しかもこれを綿糸にするのに社会的に必要となる労働時間によって規定される。その他の条件が等しいならば、綿糸の生産に必要となる労働過程が異なった人々によって経営される場合でも、生産物の価値は何も変化しない。したがって、消費された綿花の価値は、綿糸の中に再転化する。同じことは、消費された紡錘の価値についてもいえるのである。ここでは、説明を単純化させるために補助材を度外視する。

　このような移転した価値に加わるのは、紡績労働が綿花に付加した価値である。一労働時間に二ポンドの綿花が紡がれる。その際、一マルクには二労働時間が含まれているとすれば、一労働時間は二分の一マルクの価値を形成するものとなる。

　したがって、一ポンドの綿糸の価値は一ポンドの綿花の価値（＝一マルク）＋紡錘の価値の一〇〇分の一（＝一〇分の一マルク）＋二分の一労働時間（＝四分の一マルク）、これをマルクで示せば、一＋一〇分の一＋四分の一＝一マルク三五ペニヒに等しい価値になる。

　それゆえに、六時間の労働で一六マルク二〇ペニヒの価値を有する一二ポンドの綿糸が紡がれることになる。だが、資本家は、このような綿糸を生産するのにいくらの経費を要したのだろうか。彼が支出しなければならなかったのは、一二ポンドの綿花＝一二マルク、紡錘の一〇〇分の一二＝一マルク二〇ペニヒ、そして一人の労働力＝三マルク、合計一六マルク二〇ペニヒ、すなわち自分が生産し所有している綿糸の価値とちょうど同じである。

　したがって、これでは資本家は、無駄働きをしたことになり、彼は自分が購入した労働力商品からいかなる剰余価値をもえることができないという結果に終わる。

　だが、わが資本家はそんなことで途方に暮れる必要がない。彼は、労働力のまる一日分の使用価値を購入し、しかも労働力の価値通りに正直に支払ったのであるから、彼には労働力の使用価値をまる一日使用する権利がある。彼が労働者に次のように、すなわち「私は、お前の労働力を六労働時間に相当する貨幣額で購入したのであるから、お前は私のために六時間労働したら帰ってよろしい」とは絶対に言わないだろう。彼は、むしろ次のように言うだろう。「私は、お前の労働力の一日全体を購入したのだから、お前の労働力の一日全体は私のものである。したがって、六時間を越えてもっと労働せよ。そしてできるかぎり時間を無駄に使うな。この時間はお前の時間ではなく、私の時間なのであるから。」そう言って、資本家は労働者を六時間ではなく、一二時間労働させるだろう。

さらに追加の六時間労働をさせた後の一労働日の終りに、資本家は再度計算をする。彼は、今や三二マルク四〇ペニヒの価値を有する二四ポンドの綿糸を所有している。彼がこの生産に支出したのは、二四ポンドの綿花＝二四マルク、紡錘の一〇〇分の二四＝二マルク四〇ペニヒ、そして一人の労働力＝三マルク、合計二九マルク四〇ペニヒである。彼は帳簿を見てにんまりとする。彼は三マルクの剰余価値を手に入れた、あるいは彼の表現によれば、「稼いだ」のである。こうした「稼ぎ」ないし剰余価値の獲得は、商品交換の法則を侵害せずになされたのである。つまり、綿花、紡錘、労働力、これらすべてのものは、価値通りに購入された。だが、彼が剰余価値を獲得したのは、彼が「労働力以外の」これらの購入した商品を享楽手段としてではなく、生産手段として消費しつつ、しかも彼が購入した労働力を一定の時間を越えて消費した結果なのである。

このように商品生産制度のもとでは、生産過程はたえず価値形成過程となる。この生産過程が購入された労働力でなされようとも、また生産者自身の労働力でなされようとも、その点に違いはない。だが、この生産過程が一定の時間を越えて延長されると、価値形成過程は剰余価値を形成する結果、価値増殖過程となる。つまり、この生産過程が購入された労働力の価値を補填する分以上の新価値を創出するほど長く延長される場合に、剰余価値が生まれるのである。

同じく自分自身の農地を耕作する農民や自分の計算に基づいて労働する手工業者も、自らの消費する生活手段の価値の補填に必要な労働時間を越えて労働を行うことができる。したがって、こうした人々もまた剰余価値を生産する可能性がある。それゆえに、こうした人々の労働もまた価値増殖過程となる可能性がある。だが、価値増殖過程が購入された他人の労働力で遂行されるようになるや否や、それは資本主義的生産過程となる。かくしてこの資本主義的生産過程は、その性質上、最初から価値増殖過程であるという必然性と蓋然性とを有しているのである。

# 第2章　価値形成に際しての資本の作用

われわれはすでに第一篇第1章において、商品の二重の性格を生む労働の二重性、すなわち一方における使用価値を生産する特定の形態の有用労働［具体的有用労働］と他方における商品価値を形成する平均的、一般的な抽象的人間労働という区別——この区別を最初にしたのは、マルクスであった——を学んだ。この労働の二重的性格に対応して、商品の生産過程もまた二重の性質を帯びたものになる。つまり、労働過程と価値形成過程との統一というのが、それである。だが、その点を資本主義的生産過程としてより厳密に規定するならば、労働過程と価値増殖過程との統一ということになる。

われわれは、前章において労働過程には生産手段と労働力という二つの要素が不可欠であるということを学んだ。それと同時に、われわれはこの二つの要素が価値増殖過程では資本の各部分として異なった役割を演じるということをも学んだ。つまり、生産物価値の形成に生産手段と労働力とはまったく異なったやり方で関与するということを、われわれはすでに認識するにいたっているのである。

たとえば、消費された生産手段の価値は生産物価値の中にそのまま移転するということを、われわれはすでに理解している。この価値移転は、労働過程中の労働を通じて遂行される。だが、そのことはいかにして可能なのか。労働は、新価値の創造と旧価値の移転という二つのことを同時に遂行しなければならない。この点は、上述した労働の二重的性格ということから説明される。つまりそれはこうである。価値を形成する一般的人間労働［抽象的人間労働］としての労働は、新価値を創造する性質をもつ。それに対し、使用価値を生産する特定の形態の有用労働［具体的有用労働〕としての労働は、生産手段の価値を生産物にそのまま移転させる性質をもつ、と。

たとえば紡績工は、紡績労働という特有な形態の労働を通してだけ、綿花と紡錘の価値を綿糸に移転させることができるにすぎない。それに対し、彼は彼が紡績工として創造したのと同じ価値を他の労働によって、たとえば彼が家具師になったとしても、創造することができる。だが、その場合には、もはや彼は綿糸を作らず、綿花の価値を綿糸に移転させることもない。

価値形成労働と価値移転労働というこの労働の二重的性格が明瞭となるのは、労働の生産性の変化が価値形成や価値移転に及ぼす影響を考察する場合である。一労働時間に生まれる価値の大きさは、その他の条件が同じであるならば、労働の生産性が増減した場合でも変化しない。それに対し、一定の時間に生産される使用価値量は、労働の生産性とともに増減する。それゆえ、労働の生産性が増減するのと同じ比率で、労働の価値移転も増減することになる。

たとえば、ある発明の結果、紡績労働の生産性が二倍に増加したのに、綿花栽培者の労働の生産性は同じままであると仮定しよう。前章の仮定によれば、一ポンドの綿花の中には二労働時間が含まれており、その貨幣価値は一マルクである。以前には一時間に二ポンドの綿花が紡がれていたのに対して、今や四ポンドの綿花が紡がれることになる。したがって、以前には一時間の労働によって二ポンドの綿花に加えられたのと同じ新価値――それは、われわれの計算によれば、五〇ペニヒ――が、今や四ポンドの綿花に加えられることになる。だが、今や一時間に二倍の価値が紡績労働を通じて綿糸に移転する。つまり、以前には二マルクの価値が綿糸に移転したのが、今や四マルクの価値が綿糸に移転することになるのである。

以上のことから、労働の価値保持的力ないし価値移転的力とその価値形成的力とはまったく異なった性質に基づくものであるということがわかるだろう。

かくしてわれわれは次のように言うことができるだろう。つまり、生産手段なしにはいかなる生産も不可能であるがゆえに、商品を生産するあらゆる労働は価値形成的であると同時に、価値保持的でもある、と。その際に、労働が価値保持的でもあるのは、労働が費消された生産手段の価値を生産物に移転させるという意味においてばかりでなしに、生産手段のもつ価値を死滅させないという意味においてもなのである。

それはこうである。現世に存在する一切のものは死滅する。生産手段もまた、たとえ使用されないままであっても、いずれは死滅する。また多くの生産手段、たとえば多種多様な機械は動かさなければ、かえって早く駄目になる。こうした生産手段の使用価値の消滅とともに、生産手段の商品価値もまた消滅することになる。換言すれば、生産過程での消費が通常になされる場合には、費消された生産手段の価値は生産物の価値の中に移転するけれども、生産手段が生産過程で使用されないまま使い物にならなくなった場合には、その価値は永久に失われてしまうということなのである。資本家は、通例労働のこのような側面を無視しているけれども、たとえば、恐慌の結果生産過程の中断を余儀なくされた場合などには、彼はそのことを強く意識するようになる。マルクスの指摘する例によれば、一八六二年の綿花恐慌に直面したイギリスのある紡績業者は、自らの工場の年間営業休止費を一二万マルクと見積もり、そのうち二万四〇〇〇マルクは機械の劣化によるものと見なしたのであった。

だが、生産手段の種類が異なれば、その価値移転形式も異なったものになる。ある種の生産手段は、労働過程の中でその独立的形態を失う。原材料や補助材などがそうである。また他の種類の生産手段は、労働過程でもその独立的形態を保持し続ける。たとえば綿花は紡がれると、その独立的形態を失うけれども、紡錘は綿花を紡いでも、その独立的形態を失わない。前者は生産過程に入るたびにその価値の全部を生産物に移転させるが、後者はその価値の一部だけを生産物に移転させるにすぎない。一〇〇〇マルクの価値を有する一台の機械があり、この機械は通常の状況のもとでは一〇〇〇日間で使用不可能になるとすれば、一労働日ごとに一マルクの価値がこの機械を使用して生産される生産物の中に移転してゆくのである。

この場合にも、生産過程の二重的性格についての認識が不可欠になる。なぜなら、「機械はどうして自分の価値の一〇〇〇分の一を一定の生産物に移転させることができるのか。生産に関与するのは、機械の一〇〇〇分の一ではなく、その機械全体ではないのか」という反論が実際に提出されているからである。この反論に対し、生産過程の二重的性格を認めるわれわれは、次のように答えることができる。なるほど、生産過程を労働過程として見るならば、機械全体が生産過程に入るのに対して、生産過程を価値増殖過程として見るならば、その一部だけが生産過程に入るにすぎない、と。つまり、使用価値としての機械はその全体が生産過程に入るけれども、価値としての機械はその一部しか生産過程に入らない、と。

反対に、生産手段の価値全体が生産物に移転するけれども、その現物［使用価値］は一部しか移転しない場合もある。たとえば、一〇〇ポンドの綿糸を生産するには、通常の状況のもとでは一一五ポンドの綿花が必要である（この場合には、屑となるのは一五ポンドである）と仮定したならば、一〇〇ポンドの綿花だけが一〇〇ポンドの綿糸になるにすぎないけれども、この一〇〇ポンドの綿糸の価値には一一五ポンドの綿花の価値が移転していることになるだろう。

いずれにしても、生産手段は労働過程の中で自らが失った価値を生産物に移転させる。また生産手段は、その使用価値がどれほど大きいものであろうとも、自らがもつ以上の価値を生産物に付加することができない。したがって、俗流経済学が剰余価値やその転化形態である利子、利潤、地代などを生産手段の使用価値から、すなわち生産手段の「効用」から演繹するということが、いかに根拠のないものかがわかるであろう。

もう一度次のことを確認しよう。生産過程で消費された生産手段の価値は、不変のまま生産物の価値に移転する、と。

だが、それに対し、労働は価値を保持するばかりでなしに、新価値をも形成する。この新価値を作り出す労働は、一定の時間までは、資本家が労働力の購入に費やした価値を補塡するものにすぎない。労働がこの時間を越えて延長されると、それは余剰価値、すなわち剰余価値を形成するのである。

この点に関連して、マルクスは次のように述べている。

「かくて、生産手段に、すなわち原料、補助材料、および労働手段に転化する資本部分は、生産過程で、その価値量を変じない。ゆえに、私はこれを不変資本部分、あるいはより簡単に、不変資本と名づける。

これに反して、労働力に転化された資本部分は、生産過程においてその価値を変ずる。それは、それ自身の等価と、それ以上の超過分である剰余価値とを再生産し、この剰余価値そのものは、変動しうるものであって、大きいことも小さいこともありうる。資本のこの部分は、一つの不変量からたえず一つの可変量に転化する。ゆえに、私はこれを可変資本部分、あるいはより簡単に、可変資本と名づける。労働過程の立場からは、客体的および主体的因子として、すなわち、生産手段および労働力として区別される同一資本構成諸部分が、価値増殖過程の立場からは、不変資本および可変資本として、区別されるのである。」（マルクス『資本論』第一巻、二七一頁）

不変資本の価値量が不変の大きさであるといえるのは、もちろん、価値増殖過程にかんしてのみ言えるにすぎない。不変資本がその充用される生産過程によってその価値量を変化させることはないにしても、こうした変化が他の要因によって引き起こされることもある。また不変資本と可変資本の間の比率が変化することもある。こうした点については、もっと後に立ち返ることになるだろう。

## 第3章　労働力の搾取度

たとえば、ここに五〇〇〇マルクの資本があると仮定しよう。この資本は、二つの部分に分解される。第一の部分は、生産手段の購入のために支出される貨幣額、すなわち四一〇〇マルクと仮定される不変資本（c）であり、そして第二の部分は、それに必要な労働力の購入のために支出される貨幣額、すなわち九〇〇マルクと仮定される可変資本（v）である。不変資本それ自体もまた二つの部分に、すなわちその価値を一度に全部生産物に移転させる原材料などと生産過程に入る度にその価値の一部ずつを生産物に移転させるにすぎない道具などの二つの部分に、分解される。だが、不変資本のこうした区別は以下の説明では度外視される。というのも、不変資本のこうした区別を問題にしても、それはわれわれの課題を紛糾させるだけであって、しかも結果の上で何の変化ももたらさないからである。したがって、ここでは説明を簡略化させるために、充用した総資本の価値は一度に全部生産物に移転するものと見なす。

今や、資本家によって購入された生産手段と労働力が商品生産に用いられた結果、生産過程の最後の局面で、前貸しされた資本価値の他に九〇〇マルクの剰余価値（m）がえられたと仮定しよう。この場合、資本家はc＋v＋m＝四一〇〇＋九〇〇＋九〇〇＝五九〇〇マルクの価値をもつ生産物を所有することになるが、そのうちの四一〇〇マルクが移転した価値であり、また九〇〇＋九〇〇マルクが新たに創造された価値である。

その際、不変資本の価値量は剰余価値の産出高にいかなる影響も与えない、この点にかんしては、すでに明らかとなっている。もちろん、生産手段なしには剰余価値の生産は不可能である。そればかりか、剰余価値の生産が長期的になるにしたがって、ますます多くの生産手段が不可欠のものとなる。それゆえに、一定量の剰余価値の生産を条件づけるのは、労働過程の技術的性格に依存するところの、一定量の生産手段の充用である。それにもかかわらず、この生産手段の価値量の如何ということは、剰余価値の量に何の影響も与えないのである。

今、私が三〇〇人の労働者を雇用しているとしよう。そして各労働者の労働力の日価値が三マルクであり、各労働者が一日に生産する価値が六マルクであるとすれば、この三〇〇人の労働者は一日に一八〇〇マルクの価値――そのうちの九〇〇マルクが剰余価値である――を作り出すことになる。そのことは、この労働者が利用する生産手段が二〇〇〇マルク、四〇〇〇マルク、八〇〇〇マルクその他であろうとも、関係のないことなのである。つまり、生産過程における価値創造と価値変化は前貸しされた不変資本価値の大きさに左右されないということなのである。したがって、当の二つの過程を純粋に考察するかぎり、われわれは不変資本を剰余価値の生産に関係のないものとして無視することができるのである。

前述のことから、前貸しされた資本のうちでわれわれの問題となるのは、可変資本（ｖ）部分だけである。また、生産物価値のうちでわれわれの問題となるのは、労働によって新たに創造された価値、すなわち充用した可変資本価値＋剰余価値（ｖ＋ｍ）に等しい価値だけである。われわれの例では、前貸しされた可変資本に対する剰余価値の比率は九〇〇：九〇〇＝一〇〇％になる。

こうした可変資本の価値増殖比率ないし剰余価値の相対的大きさを、マルクスは剰余価値率とよぶ。この剰余価値率はしばしば利潤率と混同されるけれども、両者を区別することが必要である。なぜなら、利潤は剰余価値から派生するけれども、剰余価値と完全に同じものではないからである。

ところで、労働者は一労働日中に労働力の価値（ｖ）に等しい価値を生産するために一定の時間、労働しなければならない。（われわれはその時間を以前には六時間と仮定した。）この労働時間は、労働者の生活維持のために必要な労働時間である。それゆえに、マルクスはこの労働時間を必要労働時間とよぶ。労働者が労働日中に、この必要労働時間の限界を越えて労働し、自分の労働力を補塡するための価値ではなく、資本家のための剰余価値を生産する労働時間部分を、マルクスは剰余労働時間とよび、この剰余労働時間中に支出される労働を剰余労働と名づけた。こうした必要労働に対する剰余労働の比率は、可変資本に対する剰余価値の比率と等しい関係にある。したがって、剰余価値率はｍ／ｖないし剰余労働／必要労働によって現わすことができるのである。

その際剰余価値は、マルクスが剰余生産物とよぶ一定量の生産物によって示される。したがって、可変資本に対する剰余価値の比率は、生産物の二つの部分相互の比率でも示されなければならない。けれども、このような比率を考察する場合、新たに創造された価値ではなく、完成生産物が問題となるために、この生産物価値の一部をなす不変資本を以前のように度外視することができなくなるのである。

今、一人の労働者が一二時間の労働日で三〇マルクの価値の二〇ポンドの綿糸を生産すると仮定してみよう。その際、原料となる綿花の価値は二〇マルク（一ポンドの綿花一マルク×二〇ポンド=二〇マルク）、紡錘などの価値摩滅分は四マルク、労働力の価値は三マルク、そして剰余価値率は一〇〇%であるとみなす。その場合、生産された二〇ポンドの綿糸は二四マルク（c）＋三マルク（v）＋三マルク（m）=三〇マルクであり、そのうちの一六ポンドの綿糸が不変資本を、二ポンドの綿糸が可変資本を、同じく二ポンドの綿糸が剰余価値を現わすものとなる。

また二〇ポンドの綿糸を生産するのが一二時間の労働であるから、一時間の労働は一ポンド三分の二の綿糸を生産することになる。不変資本の価値を示す一六ポンドの綿糸は九時間三六分の労働によって、可変資本の価値を示す二ポンドの綿糸は一時間一二分の労働によって、そして剰余価値を示す二ポンドの綿糸は同じく一時間一二分の労働によってそれぞれ生産されることになる。

このように計算するならば、剰余価値は以前に仮定したような六時間の労働によってではなく、一時間一二分の労働によって生産されるかのように見える。かくして工場主たちもそのように計算し、「われわれの利潤は最終労働時間に創造されるものであるがゆえに、労働時間が一時間でも短縮されたならば、一切の利潤が不可能となって、産業は衰退してしまう」という議論を精密に展開するのである。実際、すでに一八三六年にシーニアの指導下にあったイギリスの工場主とその学識ある代理人や学識なき代理人たちは、このような計算によって労働時間のいかなる法律的規制にも反対したのであった。だが、この議論の誤りはイギリスでの実際の経験によって決定的に証明されたのである。なぜなら、イギリスでは様々な産業部門の労働日が法律によって短縮されたけれども、それは産業を壊滅させることもなければ、工場主の利潤をそれほど削減することもなかったからである。それにもかかわらず、当時と同じような議論がドイツやオーストリアでも標準労働日に反対するために持ち出されているのである。（この議論については、われわれはもっと後で再び検討するつもりである。）

この最終労働時間論の議論全体は、使用価値と価値との混同に基づくものである。二ポンドの綿糸という使用価値は最終労働時間に生産されるけれども、その価値はそうではない。なぜなら、二ポンドの綿糸は無から作られるのではないからである。実際、二ポンドの綿糸には紡績工の一時間一二分の労働が含まれているばかりでなしに、原料の二ポンドの綿花の価値もまた含まれているのである。そしてわれわれの仮定（一ポンドの綿花＝一マルク＝二労働時間）にしたがえば、二ポンドの綿花には四労働時間が結晶している。その他に、社会的に必要となる四八分間の労働時間で作り出される紡錘その他の価値が、二ポンドの綿糸に移転する。したがって、一時間一二分の間に製造される二ポンドの綿糸の生産には、実際には六時間の労働時間が不可欠となる。われわれの例の労働者が実際に一時間一二分の間に、六時間の価値生産物を示す全剰余価値を生産するものとすれば、一二時間の労働によって六〇労働時間に相当する価値の生産が可能になるということになってしまう。その種の愚論を、工場主は今なお信じているのである。

この最終労働時間論は、今日なお多数の人々の支持をえられているものであるから、その重要な一面を明らかにしておこう。たとえば労働日を一二時間から一一時間に短縮する場合、すでに所与となっている前提条件のもとで剰余価値率がどのようになるのかを計算してみよう。

今や、われわれの不変資本は二四マルクではなく、二二マルクにすぎなくなる。なぜなら、労働時間短縮の結果、不変資本の消費が減少する（一八ポンド三分の一の綿花＝一八マルク三分の一と紡錘その他の摩滅分＝三マルク三分の二）からである。それに、三マルクの可変資本（労働時間が一二時間から一一時間になっても、労賃は以前と変わらないとする）と二マルク二分の一の剰余価値とが加わる。それゆえ、この場合の剰余価値率はもはや一〇〇％ではなく、八三・三分の一％になる。

かくて、この場合の総生産物は二七マルク二分の一の価値をもつ一八ポンド三分の一の綿糸ということになる。そのうち不変資本は一四ポンド三分の二の綿糸に、可変資本は二ポンドの綿糸に、剰余価値は一ポンド三分の二の綿糸にそれぞれ実体化されている。そして一四ポンド三分の二の綿糸は八時間四八分の労働で生産され、二ポンドの綿糸は一時間一二分の労働で生産され、そして剰余価値分の綿糸は一時間の労働で生産される。したがって、労働時間を一時間短縮することによって剰余価値を含有する剰余生産物を生産する時間は、一時間ではなく、一二分間だけ減少するにすぎない。工場主の計算例は、一二時間労働を一一時間労働に短縮しても、生産物は一二分の一減少するとしながら、生産手段（原材料その他）は一二時間労働の場合と同じだけ消費するというとんでもない仮定を基礎としているのである。

# 第4章　労働日

労働日を構成するのは、必要労働時間と剰余労働時間の二つである。

必要労働時間は、所与の状況――労働の生産性や労働者階級の欲望等々の一定の発展程度――のもとでは一定の大きさである。われわれの例では、この大きさを六時間と仮定した。言うまでもないことだが、労働日はいかなる生産様式のもとでも必要労働時間よりも短いということがない。とりわけ資本主義的生産様式のもとでは、労働日は必要労働時間よりも長くなければならない。つまり労働日は、必要労働時間と剰余労働時間から構成されていなければならない。後者の剰余労働時間が長くなるにしたがって――その他の諸関係が同一であるならば――剰余価値率もまたますます高くなっていく。したがって、資本家は、労働日を可能なかぎり延長させることを志向する。もちろん、資本家にとってもっとも好ましい事態は、労働者が二四時間ずっと労働し続けることである(8)。

だが、資本家にとってきわめて遺憾なことであるが、そうしたことを長期にわたって行うことはできない。労働者に休憩、睡眠、食事の時間を与えなければ、労働者はいつかは衰弱してしまう。だが、資本家は少なくともこのような休憩を可能なかぎり短縮し、労働者がこの休憩時間以外のすべての時間を資本家のために労働することになるよう努める。なぜなら、労働力は労働者から切り離すことができないのであるから、労働力の使用価値が資本家に属している全時間中は、労働者の人格も資本家のものとなっているからである。したがって、資本家は、労働者が労働時間の中で労働者自身のために利用するわずかな時間すらも自分の資本に対する盗みと考えるのである。(9)

だが、労働力と労働者が相互に切り離されることなく結合しているからこそ、労働者は自分の利害の観点から労働時間の可能な限りの短縮を求めるのである。

労働者が生産過程の中にいるかぎり、彼は資本の一部にすぎない。資本主義的生産様式のもとで労働者がようやく人間らしさを取り戻すのは、彼が労働をやめた時だけである。かくして、労働者は人間らしさを取り戻すために労働時間の短縮を要求せざるをえない。

だが、労働時間の短縮へのこうした道徳的動機とならんで、それへの物質的動機も存在している。というのは、資本は商品交換の法則にしたがいつつも、以下のように常にそれ以上のものを奪おうとするからである。

資本家が一日分の労働時間をその価値通りに購入したとすれば、一日分の労働力の使用価値は資本家のものになる。つまり、そのことは、労働力の再生産を妨げないかぎりにおいて、資本家が労働力をまる一日使用してもよいということを意味している。だれかが林檎の木に実った果実だけを購入した場合、この木で一儲けしたいと考えて、林檎の実をすべてもいだ上に、木材にする目的でこの林檎の木を伐採したならば、それは契約違反になるだろう。というのは、次の年にはこの林檎の木は、もはや以前のように果実を実らせることがないからである。だが、資本家が労働者をあまりに長時間労働させる場合にも、これと同様のことが生じる。こうしたことは、労働者の労働能力と寿命を犠牲にして行われるからである。このような超過労働のために、労働者の労働能力の持続期間が四〇年から二〇年に低下したならば、このことは、とりもなおさず資本が毎日平均して二労働日分の使用価値を利用したということを意味するのである。つまり、資本家は労働者に一日分の労働力の対価を支払って、二日分の労働力をせしめたということになる。資本家は労働者に節約しろと説教し、分別をもって行動せよと指示しながら、同時に労働者の唯一の所有物である労働力を浪費することを労働者に強制しているのである。[10]

ちなみに、ここでわれわれが言う資本家とは、私的個人としての資本家ではなく、資本主義的生産様式を体現する者としての資本家、すなわち個人的貪欲さからにせよ、また競争に強いられた結果からであるにせよ、資本主義的生産様式の命令を遂行する資本家のことである。この点に注意されたい。

さて、われわれが労働日の問題の中に見るのは、労働者階級と資本家階級の利害対立である。労働者階級は労働日を可能なかぎり短縮させようとし、資本家階級は労働日を可能なかぎり延長させようとする。この二つの階級の利害対立が引き起こす結果は、今日なお継続している闘争(その闘争はすでに数世紀も前に始まり、歴史的にきわめて大きな意義を有するものとなっている)にほかならない。この闘争を通じて、労働するプロレタリアは自らの利害の連帯を認識するにいたっている。その意味で、この闘争は労働者の階級形成を促進し、労働運動が政治運動に発展するための主要な推進力となったのである。他方、労働者の政治的闘争が獲ち取ったこれまでの実践的成果の中でももっとも重要なものは、労働日の長さを国家によって規制すること、すなわち標準労働日の制定にほかならない。

近代工業の母国であるイギリスでは、この闘争の諸条件と原因がもっとも早くかつもっとも明確に発展した。それゆえに、この闘争はイギリスでもっとも早く出現することとなった。マルクスは、その点を次のように述べている。「イギリスの工場労働者は、単にイギリス労働者階級の代表選手であるばかりでなしに、近代労働者階級全体の代表でもあり、彼らの理論家も、また最初に資本の理論に挑戦した者であった」(マルクス『資本論』第一巻、三八八頁)、と。かくして、イギリスほど労働日の長さをめぐる闘争とその原因を明白に追跡できるところはない。イギリスの新聞、議会の審議、調査委員会ならびに官庁報告、とりわけ工場監督官の報告などは、他の諸国では考えられないほど豊かな資料を提供してくれる。そしてこの資料こそ、マルクスが一八六六年に『資本論』第一巻を完成させた当時に存在した唯一の資料なのであった。

それだからこそ、マルクスはイギリスにおいて展開された標準労働日をめぐる闘争だけを詳細に論述したのである。この彼の論述を補うものとして、エンゲルスの著書『イギリスにおける労働者階級の状態』がある。このエンゲルスの著書は一八四四年までを対象としているにすぎない。同様に、マルクスの著書もまた一八六六年までを対象とするものでしかない。それにもかかわらず、標準労働日をめぐる闘争についての彼らの分析は、今日なお歴史的意義を有するばかりか、それをはるかに越えた現代的意義をも有するものになっている。実際、彼らによって描写された次のような事態、すなわち労働日を可能なかぎり延長させるための資本の策謀はもとより、やむをえず労働日の短縮を約束した場合にもその約束を反古にするための資本の策略や言い逃れ、そしてこれらの策謀に対する各政党や労働者階級の態度などは、いずれも典型的なものであって、後年ヨーロッパ大陸に現れた当該問題の展開がイギリスの模倣としか思われないほどである。このようにエンゲルスが四〇年前に書き、マルクスが二〇年前に書いた状態、それは、今日なおわれわれの真っ直中に生き生きと見いだすことができるのである。近年のドイツとオーストリアの産業状態を明らかにした民間の研究や官庁報告などのわずかな資料は、こうした『資本論』の論述の明白な例解以外の何ものでもない。マルクスはこの点を『資本論』の序文で次のように述べている。――私が『資本論』第一巻において「イギリスの工場法の歴史、内容とその結果についての詳細な叙述」を行ったのは、一国民は他国民の経験から学ぶことができるし、また学ぶべきであると考えたからであり、さらに労働者階級の発展を妨害するあらゆる法律的な規制を除去することが結局は支配階級自身の利害になるということを、支配階級に示すことができると考えたからであった、と。このマルクスの論述は、まったく成果がなかったというわけではない。マルクスが提出した事実は適切かつ反論しがたいものであったので、労働者階級ばかりでなしに、支配階級の中の良識ある人々にも感銘を与えたのであった。事実、スイス、オーストリア、ドイツの工場法の進歩は『資本論』の影響に負うところが少なくないのである。

だが、ブルジョアジーの中の、良識をもち、階級的偏見に囚われていない人々や労働者階級の政治的影響を受けた人々の人数は、依然として少数である。したがって、われわれが工場法を扱った『資本論』の論述を読む場合、われわれわれがまず感じるのは、その成果についての満足ではなく、今日なおわれわれのもとで支配的な、工場法についての驚くべき無知への恥辱感である。それだからこそ、「マンチェスター主義の国」と軽蔑されてきたイギリスではずっと以前に事実によって否認されたために、すでに時代遅れのものとされているような見解が、今日なおヨーロッパの議会において叫ばれているという状況が可能になっているのである。

ここで労働日を扱った『資本論』の論述を詳細に紹介することは、不可能である。労働日が法律的に無制限であった時代のイギリスの産業部門の状態、夜間労働、交代勤務制度、そして最後に標準労働日をめぐる闘争などの詳細については、できるだけ読者自身が直接『資本論』にあたって学ぶことをお勧めする。なぜなら、『資本論』の第8章と第13章ほど労働者保護立法支持の有力な武器を提供するものは他にないからである。

こうしたイギリスにおける労働日の国家的規制の歴史を辿るならば、おおむね二つの対立的な局面が認められる。すなわち一四世紀から一七世紀の末にいたるまでの、労働日を延長させるための法律が支配的である局面と一九世紀の初頭以降の、労働日を短縮させる法律が支配的である局面である。以下、その点を簡潔に説明しよう。

資本主義的生産様式の発展の初期には資本がなお弱体であったために、経済的諸関係の力だけでは労働者から大量の剰余労働を奪い取ることができなかった。一八世紀においてすら、イギリスの工業労働者は一週に四日労働すれば、一週間分の生活費を十分に稼ぐことができたために、労働者は一週に四日しか労働していないという資本家の不満が巻き起こったほどであった。したがって、当時、労賃を引き下げ、労働時間を延長させるという目的のために、浮浪者や乞食を強制労働所に収容した上で、この強制労働所をその収容者に毎日一二時間の労働を義務づけるという「恐怖の館」にすべきであるという提案がなされたのであった。

それから百年後の一八六三年という「人道主義の世紀」にあっても、イギリスの調査委員会は、スタッフォードシャー州の製陶所では七歳の児童が毎日一五時間も仕事をしているという事実を確認したのである。

だが、資本は、もはや労働者に剰余労働を強いるのに強制立法や刑務所を必要としなくなった。なぜなら、資本がプロレタリアを無意志に服従させる経済的権力になったからである。こうして一八世紀の七〇年代以来、イギリスでは剰余労働を求める真の競争が開始され、資本家はわれがちに労働時間の際限なき延長に走ったのである。

その結果、労働者階級は驚くほど急速に肉体的にも道徳的にも年々目立って衰弱するにいたった。工業地域への農村労働者の流入という工業労働者の新たな供給も、この労働者階級の衰退過程を食い止めることができなかった。一八六三年にイギリスの下院でフェランド議員が演説を行い、次のように叫んだ。「イギリス綿工業は九〇年を経過したが、イギリス人の三世代の間に綿工業は綿工業労働者の九世代を食い尽した」、と。

こうした危機的事態に立ちいたっても、工場主は平然としていた。なぜなら、こうした人間の生命の急速な摩滅にもかかわらず、工場主が自由に使える労働力は一向に減少しなかったからである。つまり、スコットランド、アイルランド、ドイツなどの農村から多数の死の予備軍が、土着の産業の衰退、農地の牧畜地への転換などのために故郷を離れ、イギリスの工場地域やロンドンに大量に流入したからである。

かくしてイギリス国民が衰退してしまうのではないかという不安な将来展望も、工場主階級が労働日の延長を行うことを止めることができなかった。だが、この不安な将来展望は、工場主階級に所属していないイギリスの政治家、否、この工場主階級の中の先見の明のある人々すらをも憂慮させたのである。もしイギリス国民がこのまま資本主義のために疲弊し続けていくならば、イギリスやイギリス工業はどうなってしまうのか、と。

したがって、すべての資本主義国では資本による森林の荒廃化を可能なかぎり制限することが必要となったように、国民的労働力の疲弊に導くような搾取を制限することの必要性もまた緊急のものになってきた。このような必要性を理解した政治家は、近代的労働運動の先駆をなすイギリスの労働運動から大きな刺激を受けたのである。

ロバート・オーウェンは、すでに一九世紀の初頭に労働日の制限を要求し、自分の工場で一〇時間半の労働日を実行して大きな成果をあげていた。一九世紀の二〇年代頃から大きな成長を遂げ、そして一八三五年以来チャーチスト派として組織されたイギリスの労働運動は、イギリスの支配階級から次々に譲歩を獲得する一方で、他方では自らの主要な目標として普通選挙権と一〇時間労働日を掲げたのであった。

この闘争がどれほど頑強に、そして激烈に行われたのか、資本家と法律家が労働者の獲得した譲歩を無効にするために、どれほどの知恵をしぼったのか、工場監督官、とりわけすべての労働者によって記念されてしかるべきレオナード・ホーナーがいかに勇気と力をふりしぼって国務大臣に反対し、労働者階級に味方したのか、また自由貿易論者が、労働者の支持を必要としている間は労働者に一〇時間労働日を約束しておきながら、輸入関税の廃止がなされるや否やきわめて冷やかな態度を取り、どのようにしてこの約束を反古にしたのか、最後に、その成果が一定の労働者範疇に制限されたものであるとはいえ、労働者が戦闘的態度をもっていかに一〇時間労働日を獲ち取ったのか、こうした事実は『資本論』の中に詳細にかつ生き生きと、豊富な例証をもって描かれている。

だが、一九世紀の五〇年代初頭以来、イギリスの労働運動は沈滞状態にあるといってよい。それは、第一に、イギリスの労働運動もまたパリでの労働者階級の敗北ならびに大陸での革命の一時的挫折などの反作用を受けるざるをえなかったこと、第二に、チャーチスト運動の目標が本質的な点においてますます達成されるようになってきていること、そして第三に、イギリスの労働者階級もイギリス工業が他国の工業を犠牲にして驚異的な発展を遂げた渦の中に巻き込まれたために、彼らはイギリスの資本とイギリスの労働の間には外国の資本や労働とは異なり、利害の一致が存在していると錯覚するようになったこと、こうした理由による。

それにもかかわらず、イギリスの工場法はこの沈滞の時代にも絶え間のない進展を遂げた。一八七八年五月二七日の法律により、一八〇二年から一八七四年までに公布された一六種もの異なった工場法が整理され、簡潔に編纂され直された。この法律のもっとも進歩した部分は、工場と作業場の区別を廃止した点にあった。それ以来、労働者保護は工場ばかりでなしに、比較的小さな作業場、否、ある程度まで家内工業にも適用されるようになったのである。だが、この法律の保護範囲は成人男子にまで拡大されず、児童、青年男女と婦人に限定されていた。それにもかかわらず、こうした法律が施行された後では、一〇歳未満の児童が工業労働に従事することは完全に禁止された。また一〇歳から一四歳までの児童は、青年（一四歳から一八歳）と婦人の一日の労働時間の半分を限度として労働が許された。そして青年と婦人の労働時間は、一週五六時間だけしか許されなかった織物工場を例外とすれば、一週六〇時間を限度とした。そればかりか、日曜日には被保護者の労働が禁止され、復活祭やクリスマスにも同様の措置が取られた。その他に年間八日の半休と四日の全休（土曜日は不休）が認められ、これらの休日のうち少なくともその半分は、三月一五日から一〇月一日までの期間に与えられなければならなかった。

当然のことながら、成人男性が婦人や児童と一緒に働いているところでは、この改正法によってほとんどの場合彼らの労働時間が一〇時間に制限されるようになった。だが、この保護範囲を成人男性にまで拡大することがどれほど必要なことであるのか、このことを端的に示すものは、不利な事情の併発のために労働貴族という特権的階級になれず、依然として無保護の労働部門にとどまっているイギリス労働者の一部が陥っている悲惨な境遇であるだろう。ちなみに、イギリス労働者が達成した最新の成果は、労働者が工場監督官を指名できる権利の獲得であるだろう。

いずれにしても、標準労働日制定の諸結果はイギリスにとって驚くほど有利なものとなった。イギリスの労働者階級は、この標準労働日の制定によって実際に衰退の危機から救われるとともに、イギリス工業もまた衰退の危機から救われたのである。なぜなら、一〇時間労働日制は工業の発展を妨害するどころか、むしろイギリス工業の未曾有な大躍進をもたらしたからであった。こうして標準労働日は、マンチェスター主義の国の国民的制度となり、もはやだれこの制度を転覆させようなどとは考えていない。たとえば工場主は、当初全力で標準労働日の制定やその実施に反対したが、後には胸を張って、この制度こそイギリス工業がヨーロッパ大陸の工業よりも優れている根拠のひとつであると説明するようにすらなっているのである。

こうしたイギリスの前例ならびに大陸諸国における資本主義の発展とその諸結果によって、大陸諸国でも労働時間の規制が必要であることが明らかとなった。そしてこうした労働日の規制は、労働運動の力が強まり、政治的支配政党が愚昧な工場主の観点を放棄するような見識をもつにしたがって、多少とも広範囲に実施されるようになっている。

それに対し、大陸諸国で「労働の自由」にまったく手を付けていないのは、ベルギーとイタリアだけにすぎない。

大陸の労働者保護立法の中でももっとも大規模なものは、疑問の余地なく、スイス共和国のそれであるだろう。一八七七年三月二三日に発布された連邦工場法は、――それまで存在していたかぎりの――様々なカントン［州］の工場法を廃止し、工場に雇用されているすべての労働者に一一時間労働日を適用するものにほかならない。この法律は成人男性を無保護においたイギリスのそれよりも一歩進んでいる。だが、この法律は、労働時間の最大限を一〇時間ではなく、一一時間に定めた点で、また相対的に小さな作業場と家内工業をその適用範囲外とした点で、イギリスの法律に一歩後退している。[11] その際、一四歳未満の児童の工場労働は一般に禁止され、一四歳から一六歳までの児童の工場労働については学校の授業時間を含めて一日一一時間を超過してはならないとされた。

フランスでの最初の工場法は一八四一年に制定された。この法律は八歳から一二歳までの児童の一日の労働時間を八時間に定め、一二歳から一六歳までの児童の一日の労働時間を一二時間に定めた。だが、この貧弱な法律すらもほとんど順守されなかった。また一八四九年革命の圧力のもとに法律化されたすべての作業場と工場での一二時間標準労働日制度も、同様にほとんど順守されなかった。その主たる理由は、このような法律の実施を監視する監督官がいなかったからである。一八七四年五月一九日の法律が本格的な労働者保護立法の端緒になった。その法律は、一二歳未満の児童が一定の産業部門で労働することを禁止し、一〇歳未満の児童がいかなる産業部門でも労働することを禁止した。そして一〇歳から一二歳までの児童の労働日は六時間に制限され、一二歳から一六歳までの青年の労働日は一二時間に制限された。この法律を実施するために、国家公務員としての工場監督官が置かれ、その活動を地方委員会が助けるものとされた。

オーストリアは一八八五年六月一一日以来、工場での一一時間労働日を採用している。もとよりそれには、一定の産業部門にかんするかぎり、商務大臣が認めた場合には一時間の延長が可能であるという留保条項が付されている。[12] またこの法律では、一二歳未満の児童は通常の産業活動に（相対的に小規模な作業場でも）使用してはならないと定められている。それに対し、「青年の補助労働者」——オーストリアやその他の国々の議会の専門家にとっては児童の年齢は一二歳までであり、それ以上の年の児童は「青年」となる——の場合には、一日の労働時間の最大限は八時間に定められている。

ドイツの保護立法は、これまで考察してきた国々の労働者保護立法よりもかなり劣悪である。なぜなら、工場で労働している一二—一四歳の児童と一四—一六歳の「青年」だけが保護されているにすぎないからである。それでも、前者の場合の労働時間は六時間、後者の場合の労働時間は一〇時間と定められている。さらに後者のうち就学義務のある場合には六時間となっている。また一二歳未満の児童の場合には、工場での労働が禁止されている。

この規定は、マンチェスター主義の国イギリスやスイスの規定に比べた場合、きわめて貧弱なものでしかない。合衆国では、多数の州が工場における児童や青年、また多くの場合婦人を保護する法律を有している。メイン、ニュー・ハンプシャー、ベルモント、マサチュセッツ、ロードアイランド、コネチカット、ニュー・ヨーク、ニュー・ジャージー、ペンシルヴァニア、メリーランド、オハイオなどの各州がそうである。これらのほとんどの州法は被保護者の労働時間の最大限を一〇時間と定めているが、ロードアイランドだけは、それを八時間労働日と定めている。ペンシルヴァニアでは一三歳未満の児童労働が禁止され、ロードアイランドでは一二歳未満の児童労働が禁止され、ニュー・ハンプシャー、ベルモント、マサチュセッツそしてニュー・ジャージーでは一〇歳未満の児童労働が禁止されている。その他の州では、いかなる年齢制限も規定されていない。一般的に、八時間労働日は法律上ではないにしても、実際には合衆国ではますます地歩を占めるようになっている。この点はオーストラリアでも同様である。

最後に、近年労働日の規制をこれまでの国民的問題からすべての資本主義国の共通の国際的問題にしようとする運動がますます強力に生じている。最初はスイス、フランス、ドイツ、オーストリアその他の国々の労働者がこのような観点で発言していたけれども、時の経過とともに各国政府もまた、次第にこの問題を考慮するようになってきた。たとえば、スイス連邦政府は国際的労働者保護の支持を表明した最初の政府となった。けれども、この問題で他国政府に働きかけたスイス連邦政府の努力は、ドイツ帝国政府の拒絶的態度によって水泡に帰してしまった。

だが、労働日の更なる短縮は、状況によって差し迫ったものになっており、またそうした国際的協定の方法はすべての当事者にとってきわめて有益なものとなるであろう。イギリスの工場主が当時イギリスに制限されていた標準労働日に反対したように、資本家とその教養のある、そして教養のない擁護者たちが国際的労働立法と熱心に闘っているということ、また大陸、とりわけドイツ人がこのような主人のもとで部分的にはすでに半世紀前に片付けられたのと同じような見えすいた口実を持ち出しているということ、こうしたことはなんら驚くべきことではない[13]。だが、労働者はいかなる場所でも労働時間の広範な国民的かつ国際的短縮の支持を妨害してはならない。同様に、労働者は自らの階級的利害と自らの国民全体の利害から労働時間の短縮を必要とする。なぜなら、彼らの日々の労働時間の短縮は、彼らが労働の道具としての代わりに人間として自己を感じそしてそのように活動できる時間を延長し、彼らの文化的かつ政治的発展への関与を促進するものとなるからである。

# 第5章　「小親方」の剰余価値と資本家の剰余価値

労働力の価値、したがって、労働者を維持するのに必要な労働時間が所与のものと前提される場合、剰余価値率が与えられるならば、個々の労働者が生産する剰余価値量もまた決定される。たとえば、労働力の価値が三マルクで、剰余価値率が一〇〇％であるとすれば、この労働力が創出する剰余価値量は同じく三マルクである。だが、このような場合、資本家の所有に帰する剰余価値の総量はいったいどれくらいになるのだろうか。資本家は、前述の諸条件のもとで三〇〇人の労働者を雇用していると仮定しよう。そしてこの資本家が一日に使用する可変資本が九〇〇マルクであり、剰余価値率が一〇〇％であるとしよう。この場合には、資本家が取得する剰余価値量は同じく一日九〇〇マルクとなるだろう。つまり、「生産された剰余価値の量は、前貸しされた可変資本の大いさに剰余価値率を乗じたものに等しい」（マルクス『資本論』第一巻、三九四頁）ということになる。

このような諸要因のひとつ（可変資本の量）が減少しても、他方の要因（剰余価値率）が高まれば、剰余価値量は同じ高さに維持することができる。逆に、一方の要因が増大しても、他方の要因が低落するならば、剰余価値量が不変であることもある。そのことを若干の例で明らかにしよう。

今、資本家が雇用している労働者は三〇〇人、必要労働時間は六時間、労働力の日価値は三マルク、一日の労働時間は一二時間と仮定しよう。この場合、一日に生産される剰余価値量は九〇〇マルクとなる。さらに、労働者が従順であるために資本家は労働者の労働時間を一五時間に延長することができたと仮定しよう。この場合その状況が同一であるならば、剰余価値率は九時間の剰余労働／六時間の必要労働＝一五〇％となる。したがって、以前と同じ剰余価値量（九〇〇マルク）を産出するには、今や資本家は九〇〇マルクの可変資本を前貸しする必要がなく、六〇〇マルクの可変資本を前貸しすればよいことになる。そして雇用労働者も、もはや以前の三〇〇人の代わりに二〇〇人で十分となる。

だが、労働者が従順でなく、反対に、たとえばストライキなどの特別な成功によって労働時間の一二時間から九時間への短縮を闘い取った場合には、剰余価値率は三時間の剰余労働／六時間の必要労働＝五〇％にすぎなくなってしまうだろう。したがって、以前と同じ剰余価値量を産出するには、今や資本家は六〇〇人の労働者を使用し、一八〇〇マルクの可変資本の前貸しを行わなければならなくなる。

資本家にとってより好ましい事態が前者の場合であるということは、わかりきったことであるだろう。なぜなら、資本家は剰余価値量を可能なかぎり増大させることを志向するからである。だが、この目的を達成するには、可変資本の増加、すなわち雇用労働者数の増加によるよりも剰余価値率の増大による方が、資本家にとってより好ましい事態になる。

けれども、剰余価値率は勝手に決めることができない。それは、一定の状況のもとでは多少とも固定的な大きさである。このように剰余価値率を所与のものとして前提するならば、剰余価値の一定量を生産するには、剰余価値を生む可変資本の一定量の充用ならびに剰余価値を吸収する不変資本の一定量の充用とを必要とするのである。

こうした事態は歴史的意義を有するものである。

資本主義が発展する以前にも賃金労働者は使用されていたし、また剰余価値も生産されていた。とりわけツンフト手工業の場合には、そうであった。だが、中世の手工業親方が使用した労働者の人数は少なかったために、親方が手にする剰余価値の量も僅かなものであった。その上、この剰余価値量だけでは親方に相応しい収入とならないのが、通例であった。そのために、親方は自ら労働しなければならなかった。したがって、「小親方」は賃金労働者ではないけれども、資本家でもなく、その中間形態にすぎなかった。

このような賃金労働者の雇用主が現実の資本家となるには、多数の労働者を雇用することが必要だった。というのも、この多数の労働者が生産する剰余価値量が、彼に「身分に相応しい」生活を行うことを保証するとともに、たえず彼の富を増加させることを可能としたからである。したがって、多数の労働者を雇用するということは、われわれが後に見るように、資本主義的生産様式のもとでは資本家にとっての必要条件になるのである。

ところで、いかなる貨幣所有者も資本家になれるわけではない。貨幣所有者が産業資本家となるには、彼の貨幣蓄蔵が手工業経営の規模をはるかに越えた多数の労働力と大規模な生産手段とを購入できるほど膨大なものでなければならない。それと同時に、貨幣所有者は、また労働者の人数を必要なだけ、あるいは必要以上に増加させることを禁止しているあらゆる制限に束縛されることなく、生産を行うことができなければならない。それに対し、中世のツンフト制度は個々の親方が雇用する賃金労働者の人数を厳しく制限することによって、手工業親方が資本家に転化するのを阻止しようとする制度だった。

実際、「近代的（資本家的）作業場の主人になったのは、商人であり、旧来のツンフト親方ではなかった。」（マルクス『哲学の貧困』、一三五頁）

つまり、ツンフト親方は剰余価値の獲得者であるけれども、なお資本家としては完成された存在とはなっていない。またツンフト職人も剰余価値の生産者であるけれども、なおプロレタリア的賃金労働者としては完成された存在とはなっていない。

ツンフト親方は、依然として自己労働を遂行する。それに対し、資本家は他人の労働の指揮者であり、監督者である。

またツンフト職人もなお生産手段の所有者である。その際に、彼の生産手段は彼の労働を可能にし、そして容易にするものである。その意味で、ツンフト職人は親方の助手ないし協力者であり、しかも通例は彼自身も親方になる意志をもち、またそうなることのできる存在でもある。

それに対し、資本主義的生産様式の賃金労働者の場合、彼らだけが生産過程において労働を行い、剰余価値を生産する。そして資本家がこの剰余価値を取得する。したがって、今や生産手段はとりわけ労働者の労働力を搾取するという目的に奉仕するものとなる。つまり生産手段は、実際上資本家になることのできない労働者を使用する存在となる。かくして、労働手段はもはや労働者の仕事を容易にするためのものではなく、労働者を仕事に縛り付けるものとなる。

われわれは資本家の工場の内部を覗いてみよう。そこにわれわれが見いだすのは、おそらく何千台もの紡錘や何千ツェントナーもの綿花であるだろう。これらすべてのものは、価値増殖を行うという目的で、つまり剰余価値を搾取するという目的で購入されたものである。だが、これらのものは労働の付加なしには、価値増殖に関与することがない。かくして、これらのものは次から次へと労働を求める。たとえば紡績機は、労働者の労働を容易にするためのものではなく、紡績工が価値増殖を行うためのものになる。また紡錘は人間労働力のたえまのない活動を要求する。その結果、紡錘が動き続けるかぎり、労働者は空腹になっても昼食を食べることができないし、また彼が疲労困憊し眠りたいと思っても、眠れないことになる。

つまり、死せる道具が生ける労働者を隷属化させるのである。

# 第6章　相対的剰余価値

必要労働時間、つまり資本が労働力商品に支払ったのと同じ価値を生産するところの、労働日中の一部分が一定の大きさであるならば、剰余価値率の増大は、労働日の延長によってだけ可能となるにすぎない。たとえば、必要労働時間が一日六時間であり、かつそれが不変である（こうしたことは、所与の生産条件のもとではありうることである）とすれば、剰余価値率の増大は、労働日の延長によってだけ可能となるにすぎない。

このような事態の諸結果については、すでに第4章で考察した通りである。

だが、労働日を無制限に延長させることはできない。労働日を延長させようとする資本家の志向は、まず労働者の疲労という自然的限界に、また労働者が人間としての自由な活動を要求するという道徳的限界に、そして最後に様々な事情の必要性から実施される労働日の国家による制限という政治的限界に、それぞれ直面することになる。

労働日が所与の状況のもとで延長不可能な限界に到達したと仮定し、このような労働日の限界が一二労働時間、また必要労働時間が六時間、つまり剰余価値率が一〇〇％であるとしよう。

この場合、剰余価値率を増大させるには、どうしたらよいのだろうか。きわめて簡単なことである。必要労働時間を六時間から四時間に短縮させるならば、剰余労働時間は六時間から八時間に増加するだろう。労働日の長さが同じままであっても、その二つの構成部分である必要労働時間と剰余労働時間の比率が変化するならば、剰余価値率も変化する。たとえば一二時間労働日の場合、必要労働時間が六時間から四時間に短縮されたならば、剰余価値率は一〇〇％から二〇〇％に増大し、二倍となる。労働日とその各構成部分の長さを一定の長さの線に譬えてこの変化過程を考察するならば、その理解はきわめて容易になるだろう。その際、この図のＡ―Ｂ線は一二時間労働日、Ａ―Ｃ線は必要労働時間、Ｃ―Ｂ線は剰余労働時間をそれぞれ示す。

〈第一図〉

Ａ―Ｂを延長させることなしに、Ｃ―Ｂを二時間延長させるにはどうしたらよいのだろうか。そうするのには、Ａ―Ｃを次のように短縮すればよい。

〈第二図〉

第一図ではＣ―ＢはＡ―Ｃと同じ長さである。それに対し、第二図ではＣ―ＢはＡ―Ｃの二倍の長さである。したがって、剰余価値を増加させるには、労働日の絶対的延長によってだけではなしに、必要労働時間の短縮によっても可能となる。

前者の労働日の絶対的延長によって生産される剰余価値を、マルクスは絶対的剰余価値と名づける。それに対し、後者の必要労働時間の短縮とその結果としての労働日の二つの構成部分の量的比率の変化から生まれる剰余価値を、マルクスは相対的剰余価値と名づける。

後者の方法で剰余価値を増加させようとする資本家の志向の露骨な形態は、賃金を切下げようとする彼の試みである。なぜなら、労働力の価値は所与の状況のもとでは一定の大きさであるために、こうした志向は労働力の価格をその価値以下に引き下げる方向に向かう以外にはないからである。こうした事態が実際にどれほど重要であるにしても、ここではこの問題にこれ以上立ち入ることができない。というのも、ここで問題となるのは経済的運動の基礎であって、その外的現象形態ではないからである。

したがって、われわれはさしあたりすべてが正常に進行し、すべての価格と価値は一致している、つまり労働力の賃金はその価値に一致しているという仮定から出発しなければならない。それゆえに、ここでわれわれが研究しなければならないのは、労賃がいかにして労働力の価値以下に引き下げられるのかとか、それはいかなる結果をともなうのかといった問題ではなく、労働力の価値はいかにして低落するのかという問題なのである。

労働者は、所与の状況のもとでは一定の欲望を有し、労働者本人とその家族の生命と生活を維持するために一定量の使用価値［生活手段］を必要とする。この使用価値［生活手段］は、商品である。したがって、その価値は、この商品を生産するのに社会的に必要な労働時間によって決定される。このことは、われわれにはすでに周知のことであり、これ以上の説明を必要としないだろう。かくして前述の使用価値［生活手段］を生産するのに平均的に必要となる労働時間が短縮されるならば、この生産物の価値は低落するとともに、労働者の労働力の価値も低落し、そしてこの価値を再生産するのに必要な労働日部分も、労働者の慣習的な欲望を制限することなしに、短縮される。換言すれば、労働の生産力が増大するならば、一定の状況のもとでは労働力の価値が低落するということである。こうしたことは、一定の状況のもとでだけ、とりわけ労働の生産力の増大が労働者にとって慣習的に必要とされる生活手段の生産に必要な労働時間を短縮させる場合にのみ、またそのかぎりにおいてだけ、言いうることなのである。つまり、労働者が裸足で歩かずに、長靴を履く習慣がある場合、この長靴を生産するのに必要な労働時間が一二時間から六時間に短縮されたならば、労働力の価値は低落することになる。だが、ダイヤモンド研磨工やレース編み工の労働［贅沢品生産の労働］の生産力が二倍になったとしても、それは労働力の価値に何の影響も及ぼさないのである。

しかるに、こうした労働の生産力の増大は、生産方法の変更、すなわち労働手段や労働方法の改善によってだけ可能となるにすぎない。したがって、相対的剰余価値の生産は労働方法の変革を条件としているのである。

かくして、生産様式のこうした変革とたえざる改善は、資本主義的生産制度にとっての自然必然性になる。もちろん、個々の資本家はこの事実を、すなわち安価に生産すればするほど、それだけいっそう労働力の価値が低落し、その他の状況が等しいならば、剰余価値もそれだけいっそう増加するという事実を意識することがない。だが、資本家は競争のためにたえず生産過程における新たな改善を強制される。つまり、資本家は自分の競争相手に勝ちたいという努力からこれまでと同じ商品をより少ない［社会的かつ］平均的に必要となる労働時間［抽象的人間労働時間］で生産することができる方法を導入せざるをえない。こうした競争のために、彼の競争相手も同じ改善された生産方法を導入しなければならなくなる。その際、この改善された生産方法が一部の資本家の所有であるかぎり、それは特別利潤［特別剰余価値］を生む。だが、この改善された生産方法が全般的に導入されるや、この特別利潤［特別剰余価値］は消滅する。しかし、この生産方法が生活必需品の生産に影響を及ぼす程度に応じて、労働力の価値が多少とも低落するならば、その長期的結果として相対的剰余価値の増大が引き起こされるのである。

こうした過程は、資本主義が生産様式のたえざる変革を行いながら、相対的剰余価値をますます増大させていく原因のひとつになる。

その際に、労働の生産力が増大するならば、相対的剰余価値率が増大するのに対し、生産された商品の価値は、それに照応して低落する。かくしてわれわれは、資本家がますます多くの価値を手に入れるために、ますます安価な商品を生産し、ますます自己の商品の価値の低落にたえず努めるという、一見すると矛盾しているかのような現象に直面する。だが、われわれは、なお別の不条理のように見える現象にも直面する。すなわち資本主義的生産様式の支配のもとでは労働の生産性が増大するにしたがって、剰余労働、すなわち労働者の剰余労働時間がそれだけいっそう増大するという現象が、それである。つまり、資本主義的生産様式は労働の生産力を飛躍的に増大させ、必要労働時間を最小限に短縮させるとともに、労働日を可能なかぎり延長させるということをも同時に志向するのである。

資本主義的生産様式がいかに労働日の延長を行うのかを、われわれはすでに第4章において見た。今やわれわれは、資本主義的生産様式がいかにして必要労働時間の短縮を行うのかを考察することにしよう。

# 第7章 協業

資本家という概念を厳密に規定する場合、賃金労働者を雇用している者と言うだけでは不十分である。そのことは本篇の第4章で見た通りである。賃金労働者を雇用する者が直接自分で労働する必要がないばかりか、賃金労働者によって創造された剰余価値が彼に「身分に相応しい」収入を与えるとともに、彼の富の増殖をも可能にさせるほど膨大なものになった場合に、初めて彼は資本家になる。このことは、ツンフト手工業のもとで許されていた労働者の人数をはるかに上回る人数の労働者の雇用ということを前提とするものである。「比較的大きい労働者数が、同じ時間に、同じ空間で（あるいはこう言ってもいい、同じ労働場所で）、同じ商品種類の生産のために、同じ資本家の指揮のもとで働くことは、歴史的にも概念的にも、資本主義生産の出発点をなす。」（マルクス『資本論』第一巻、四一七頁）

したがって、資本主義的生産様式と手工業的生産方法の間の相違は、なによりもまず量の相違でしかなく、質の相違ではないのである。かくして同じ空間で、同じ時期に三台の織機を操作する三人の毛織工を雇用するのか、それとも三〇台の同一の織機を操作する三〇人の毛織工を雇用するのかどうかということは、なによりもまず後者の場合には前者の場合の一〇倍の価値と剰余価値とを生産するという結果をもたらすものでしかないように見える。

だが、比較的多数の労働者数を雇用するということは、なお別の相違をも引き起こす。なによりもまず人数の法則、すなわち対象となる個人の人数が少なければ少ないほど、それだけいっそう個人的特徴が顕著に現れるのに対して、対象となる個人の人数が大量になればなるほど、それだけいっそう個人的特徴が消滅するようになるという事情を想起されたい。たとえば、人間の平均寿命を知ろうとする場合、五―六人の寿命からそれを算出すれば、おそらく大きな錯誤を犯すことになるだろう。だが、たとえば百万人の寿命からそれを算出すれば、まず間違いなく事実に接近できることになるだろう。

同様に、三〇人を雇用する場合よりもわずか三人を雇用する場合には、各労働者の個人的相違がいっそう顕著に現れるだろう。だが、三〇人を雇用する場合には、優秀な労働者のより大きな労働給付と劣等な労働者のより少ない労働給付が相殺されて、平均的労働が提供されるだろう。バークによれば、五人の作男を同時に雇用するならば、あらゆる個人的相違が消滅するために、任意にこの五人の作男のひとりを取り出しても、通例その労働給付はその他の四人と偶然にも一致するとのことである。

小親方の場合、彼のもとで働く労働者が社会的平均労働を遂行するのかどうかということは、偶然のことでしかない。彼が資本家になった場合に初めて、彼の指揮する労働は通例社会的平均労働になる可能性をもつ。

多数の労働者を同一の場所で同時に雇用する場合、それは労働の平均化とはなお別の利益をも生む。たとえば三〇人の毛織工が織る労働場所の建設には、三人の毛織工が織る労働場所の建設の一〇倍の費用が必要とされるわけではない。同様に、一〇〇ツェントナーの羊毛を収納する倉庫の費用には、一〇ツェントナーの羊毛を収納する倉庫の一〇倍の費用が必要とされるわけではない。したがって、生産物にその価値をそのまま移転させる不変資本部分の価値は、その他の状況が同じであるならば、一定の労働過程で働く労働者の人数が多くなるのにしたがって、雇用労働者の人数との比率の点でますます小さくなっていく。それとともに、剰余価値は前貸総資本との比率においてますます増加する。だが、生産物の価値はもとより、労働力の価値も前章で論究したような一定の事情のもとではますます低落する。この場合、剰余価値は可変資本との比率においてもますます増加することになる。

労働の一定の成果をえるために多数の労働者を同一の場所で、しかも同時に使用することは、彼らの計画的協働、つまり協業に導く。この協業は、個々人の生産力の総和以上の、しかもそれとはまったく異なった種類の新たな社会的生産力を創出する。

この新たな生産力は最初から集合力となって、――相対的に――僅かな人数の力ではまったく遂行できないか、不完全にしか遂行できない多数の労働過程を可能にする。たとえば、三人の男では一日かかっても如何ともしがたい巨木は、三〇人の男ならば軽々と瞬く間に持ち上げてしまうだろう。また協業は、集合力を必要としないけれども僅かな時間内にできるかぎり大きな労働給付の集中を必要とするような種類の労働の遂行をも可能にする。たとえば、穀物の収穫などの場合がそうである。

大量の力や空間的ないし時間的な力の密集と集中とを必要としないところでも、協業は有利に作用する。なぜなら、協業は労働の生産性を向上させるものとなるからである。たとえば家屋を建築する際の煉瓦を足場まで運ぶ方法、すなわち労働者が列を成して次々に煉瓦を順次渡していく方法については、だれもが知っているだろう。このような計画的協働による煉瓦の運搬の方が、個々の労働者が足場まで煉瓦を運搬する場合よりもずっと迅速に煉瓦の運搬を遂行できるのである。

最後に、人間が社会的動物であるということ、すなわち集団で活動する場合には活気にみち、名誉心や競争心が生まれるということもまた見逃すことができないだろう。このように社会的労働は孤立的労働者よりも急速に仕事を遂行し、その労働給付も相対的に大きなものになるのである。

しかるに、資本主義制度のもとで賃金労働者が協働できるのは、彼らの労働力が同一の資本家によって購入された場合だけである。だが、労働力の購入が多ければ多いほど、それだけ多くの可変資本を必要とする。また雇用される賃金労働者の人数が多ければ多いほど、この賃金労働者が使用する原材料、道具の量、つまり不変資本の必要量もまたそれだけいっそう多くなる。それゆえに、一定の規模の協働を実施するには一定量の資本が前提とされる。かくして、こうした一定量の資本が今や資本主義的生産様式のひとつの前提になるのである。

けれども、協業は資本主義的生産様式に特有なものではない。われわれは、すでに原始的形態の協働をインディアンの狩猟のもとに見た。その際、こうした計画的協働に必要となるのは計画的指導である。実際、計画的指導はどのような形態の社会的労働にあっても必要である。けれども、とりわけ資本主義的生産様式の場合、この生産の指導は必然的に資本が遂行すべき一機能となる。

ここでの研究の場合にも、商品を生産する労働の二重的性格というマルクスの区別づけが必要になる。

すでに見たように資本主義的生産様式のもとでは、商品を生産する労働の二重的性格に対応し、その生産過程も労働過程と価値増殖過程との統一として現われる。その際、生産過程を労働過程として見るかぎり、資本家は生産の指揮者として現われる。そこで彼が果たす機能は、どのような社会的労働過程であっても多少とも必要不可欠となる機能にほかならない。だが、資本主義的生産過程を価値増殖過程として見るかぎり、その過程はすでに労働日を論じた際に明らかとなったように、資本と労働の利害対立をその基礎とするものである。したがって、価値増殖過程が資本家の望む通りに順調に遂行されるには、労働者の隷従と資本家の専制的支配とがその条件となる。だが、価値増殖過程と労働過程は、資本主義的生産過程という同一の過程の二つの異なった側面をなすものであるから、生産の指揮と労働者に対する資本の専制的支配とは同一のものとして現象する。かくして、前者が技術的に必要なものであるという理由から、ブルジョア経済学はわれわれに次のように語るのである。「労働に対する資本の支配は、経済的諸関係が要求する技術的必要性である。したがって、生産が社会的性格をもつかぎり、資本の支配を廃絶させることは生産そのものの破滅をもたらすだろう。それゆえに、資本の支配は文明の自然必然的な条件なのである」、と。

ロードベルトゥスもまた、生産の指揮者としての資本家は社会の官吏であり、俸給を受ける権利があると説明した。だが、資本家が使用価値を生産するのは、これ以外の方法では価値［剰余価値］をえることができないからである。

それと同様に、彼が生産の指揮をするのも、そのことが彼の資本の価値増殖と不可分に結び付いているからである。それゆえ、彼にとって生産の指揮は、やむをえずしなければならない必要悪にすぎない。もし資本家が生産の指揮をしないでも、彼が取得する剰余価値に損害が生じることがなければ、彼は喜んでこのような必要悪を行うことを避けるだろう。そして彼の企業が非常に大きいならば、彼はその「官吏としての役職」を雇用人、重役、下級管理職などに委託するだろう。あるいは彼は、この生産の指揮を免れるためにそれとは異なった方法を利用することもあるかもしれない。たとえば、一九世紀六〇年代初頭の綿花恐慌の時期にイギリスの綿紡績業者たちが自分たちの工場を閉鎖した上で綿花取引投機を行い、そこで自分たちの「俸給」を獲得しようとした試みなどが、それである。

したがって、私は、資本家には生産の指揮の報酬を受ける権利があるという主張を耳にする時、いつも次のような挿話を思い出す。それは、大きな林檎が豊かに実っている木を見たけれども、高い塀があるためにそこに行かれない少年の話である。彼は林檎欲しさのために苦労しながらようやくこの塀を乗り越えることができた。そして彼が林檎をもぎ取り、これから食べようとしたその時に、この庭の所有者がやって来て、「お前はどのような権利があって林檎をとろうとするのか」と彼に質した。「私が林檎を受けとるのは正当なことです。なぜなら、林檎は塀を越えた私の労働の報酬なのですから」と、少年は答えた。この少年が林檎のところに辿り着くことができたのが塀を越えることによってだけであったように、資本家が剰余価値のところに辿り着くことができるのは、通例生産の指揮者としてだけなのである

経済学の教科書の中に見いだされる奇妙な見解に、ここで反論しておく必要があるだろう。その奇妙な見解とは次のようなものである。

前段で仮定したように、資本家が労働力をその価値通りに購入するのは事実であるけれども、資本家が購入した全労働力の計画的協働を行う場合、新たな生産力が発展する。つまり、この全労働力を計画的に協働させる場合、同じ労働力を個別的に使用する場合よりもより多くの生産を行うことになる。だが、資本家はこの新たな生産力の増加分

を支払う必要がない。なぜなら、それは労働力の商品価値とは何の関係もなく、労働力の使用価値の一特性だからであり、しかも労働過程の中で、したがって、労働力商品が資本家によって所有され「資本になった後で」、初めて現われるからである、と。

この見解が明確に示しているように、資本家やその弁護者から見れば、労働の生産性のこうした発展は労働によるものではなく、資本によるものであるかのように見えるのである。マルクスはこの点を次のように述べている。「労働の社会的生産力は、資本にとって、何らの費用をも要しないのであるから、また他面では、労働者の労働そのものが、資本のものとなる前には、労働者によって展開されないのであるから、この生産力は、資本がほんらい具有する生産力として、資本の内在的生産力として現われるのである」（マルクス『資本論』第一巻、四三二頁）、と。

協業は、すでに言及したように、資本主義的生産様式に特有なものではない。人類の揺籃期の原始共産主義はすでに社会的共同生産であったし、また農耕も最初からいたる所で協働的に営まれていた。土地を個々の家族に割り当てるようなことは、後の時代になってからようやく行われたものにすぎなかった。この点を、われわれはすでに第一篇におけるインディアンとインド人の協業の事例によって示した。

だが、商品生産の発展がこのような原始的な協業を破壊した。他方、商品生産の発展とともに相互依存関係の中で労働する人々の範囲が拡大したにもかかわらず、意識的な協働は主人のための奴隷労働、農奴や臣下の労働といった強制労働以外には本質上存在しなくなってしまったのである。

ところが、農民経済や手工業経営などの孤立的経営やその力の分散状態に対抗しながら資本が誕生するや、再び協業、すなわち社会的共同労働が発展してきた。だが、この新たな協業は資本主義的生産様式の基本形態として商品生産に特有な歴史的形態を帯びたものである。かくして、資本は社会的生産をますます発展させようとし、マニュファクチュアそして大工業という協業のより高度な形態を発展させる。その目的は、当然のことながら剰余価値を増加させることである。だが、資本自身はそのことを望んだわけではないにしても、このような方法によって生産の新たな、より高度な形態［社会主義的生産］の基礎を準備するのである。

手工業的商品生産が経営の分散と相互隔絶の状態を基礎としたのに対して、資本主義的経営は労働者の結合と社会的共同生産を基礎とする。また手工業的商品生産が通例多数の独立的な小商品生産者を前提としたのに対して、協業に基礎をおく資本主義的経営は、個々の労働者に対する資本家の無条件の権威を基礎とするのである。

われわれは第一篇で原始的協働と分業を二つの例で考察しながら、商品生産の発生史を辿ってきた。そして今やわれわれは、商品生産であると同時に協業的生産でもある資本主義的生産様式をそれ以前の生産形態と比較するならば、その特徴を次のように要約できるだろう。

資本主義的商品生産が経営の集中と社会的共同労働の組織化という点で、手工業的商品生産から区別されるとすれば、他方資本主義的協業は、資本家――彼は、生産の指揮者であると同時に生産手段の所有者であるばかりでなしに、原始的協業のもとでは労働者自身のものとなっていたところの、協業的労働生産物の所有者にもなる――の無条件の権威を基礎としているという点で、原始的な共産主義的協業から区別される、と。

# 第8章　分業とマニュファクチュア

## （1）マニュファクチュアの二重の起源とその要素（部分労働者と彼の道具）

第一篇でのわれわれの説明では、マルクスの『資本論』とともに、とりわけ彼の『経済学批判』、更に部分的には彼の『賃労働と資本』をその基礎として利用することができた。分業とマニュファクチュア［工場制手工業］、機械制度と大工業とを論じる本章と次章の説明では、マルクスの『資本論』とともに、彼の『哲学の貧困』、とりわけ「分業と機械」という表題の付いたその第2章第2節が利用される[14]。『哲学の貧困』では資本主義的マニュファクチュア［工場制手工業］における分業が労働者にいかに不利益を及ぼすのかという問題を扱った文献が『資本論』におけるよりも詳細に論じられていること、その点で、上記の第2章第2節は『資本論』における当該する二つの章――この当該する二つの章は、われわれの考えによれば、マルクスの著作中でもっとも素晴らしいもののひとつであるけれども、遺憾なことに、これまでに『資本論』を読んだほとんどの者によってそれほど大きな注意を払われることがなかった箇所である[15]――に先行しているばかりでなしに、その補足をなすものになっているということ、こうした理由による。

　ここでまず最初に考察しなければならないのは、ほぼ一六世紀中葉から一八世紀末までの間資本主義的生産過程として支配的であったマニュファクチュア[16]［工場制手工業］、すなわち「なお機械を有する近代的大産業には達していないけれども、もはや中世の産業や家内工業の域を脱している産業」（『哲学の貧困』、一二二頁）である。

　このマニュファクチュアの起源は二重である。一方で、資本は完成にいたるまで様々な種類の手工業者の手を経なければならない生産物に直面した。たとえば馬車は、車大工の手から鞍職人、椅子張り職人、塗装職人、ガラス職人などの手を経て完成にいたる生産物であった。そこで資本家は様々な種類の独立の手工業者をこの労働部門の賃金労働者に代替し、彼らをひとつの共同の作業場で計画的に馬車生産に協働させたのであった。

　他方、マニュファクチュアはそれとは反対の方法でも発展した。資本家は、たとえば針金職人のような、全員が同じ生産物を生産する若干の労働者をひとつの作業場に集めた。当初は、各人が生産物の完成に必要となる全作業を順次ひとりで行っていたが、このような方法で従事する労働者が多数になってくると、当然のことながら、様々な作業が様々な労働者に分割されて行われるようになった。

このようにマニュファクチュアは、一方では様々な種類の独立的手工業を統合することによって、また他方ではひとつの手工業の様々な諸作業を様々な労働者に分割することによって誕生したのであった。

だが、その際にマニュファクチュアの労働者に割り当てられた各作業は、――それが以前にはひとつの特有な手工業の独立的作業であったのか、それともひとつの手工業の作業の分化から生まれたものであったのかという問題は別にしても――、歴史的にばかりでなしに、技術的にもたえず手工業の基礎をなすものであった。したがって、あらゆる作業が人間の手によって行われるということが、マニュファクチュアの免れがたい条件となっていた。かくして手工業におけるのと同様に、マニュファクチュアにおいても労働の成果は、本質的には個々の労働者の熟練、信頼度、仕事の速度などに依存していたのである。

だが、マニュファクチュアの労働者と手工業の労働者の間には、ひとつの大きな相違が存在する。その相違とは、手工業の労働者の作業が複雑多様であったのに対し、マニュファクチュアの労働者の日々の作業は単純かつ単調なものになったことである。その理由は、マニュファクチュアの労働者がもはや目的意識的な独立の生産者ではなく、大規模な労働組織の非独立的な部分、いわば全体労働者の一構成分子にすぎなくなったからである。

その結果、当然のことながら労働者の作業能力はその活動領域の制限にもかかわらず、著しく高められる。彼は一連の技巧を発見し、それを自分の仲間に伝えると同時に、仲間からも他の技巧を教えてもらう。また、多種多様な作業をするための場所や道具の変更は、時間や労働力の浪費の原因になるが、流れ作業の中で同一の場所で同一の道具をもって絶え間なく労働し続けるマニュファクチュアの部分労働者には、もはやそのような浪費への恐れがなくなる。他方、この部分労働者から活動の変更にともなう気晴らしや刺激などが奪われる。

マニュファクチュアにおける分業は、こうした労働者の作業能力の発展を引き起こすばかりでなしに、道具の改善をも引き起こす。(しかるに、きわめて多様な作業に役立つようなひとつの道具は、いかなる作業にも完全に適合するものとはならない。唯一の作業だけに利用できる道具が、当該作業に完全に適合するものとなる。それだからこそ、そのような道具は、以前の道具よりもはるかに能率的なものとなるのである。）

これらすべての事情によって、マニュファクチュアの労働生産力は手工業のそれよりも著しく増大することになる。

## （2）マニュファクチュアの二つの基本形態

われわれは、これまでマニュファクチュアの二重の起源ならびにその基本的要素である部分労働者と彼の道具とを考察してきた。今やマニュファクチュアの全体的形態に眼を転じよう。

マニュファクチュアは、二つの本質的に異なった基本的形態を有しているが、それは製品や生産物の性質の差異（このマニュファクチュアの製品や生産物は、多数の独立的な部分生産物から構成されたものか、あるいは一連の相互に関連した技術や作業――それらはすべて同一の労働対象に順次加えられていくのだが――によって生じたものかのどちらかである）に基づくものである。

このマニュファクチュアの二つの基本的形態については、周知の例でそれぞれ説明することができる。サー・ウィリアム・ペティは、マニュファクチュアの第一の基本的形態に属する時計製造の例によってマニュファクチュアの分業を説明している。手工業経営では、時計は本来一人の労働者が最初から最後までを製造する生産物であった。だが、時計製造が資本主義的経営で行われるようになるや否や、時計の各部品の生産はそれぞれ特殊な労働者の仕事となり、その組立ても同様に特殊な労働者の仕事になった。かくして時計のぜんまいを作る人、文字盤を作る人、時計盤を作る人、時計の針を作る人、栓を作る人等々、そして最後に、その全体を組み立て、その正常な進行をセットする仕上げ職人が生まれることとなったのである。

マニュファクチュアの第二の基本的形態のひとつの例を、当時行われていたピン製造についての周知のアダム・スミスの説明がわれわれに与えてくれている。彼は次のようにいう。

「ある者は針金を引き伸ばし、次の者はそれをまっすぐにし、三人目がこれを切り、四人目がそれをとがらせ、五人目は頭部をつけるためにその先端をみがく。頭部を作るのにも、二つか三つの別々の作業が必要で、それをとりつけるのも特別の仕事であるし、ピンを白く光らせるのも、また別の仕事である。ピンを紙に包むのさえ、それだけで一つの職業なのである。このようにして、ピン作りという重要な仕事は、約一八の別々の作業に分割されていて、ある仕事場では、そうした作業がすべて別々の人手によって行われる。もっとも、他の仕事場ではそれらの二つか三つを、同一人が行うこともある。」(アダム・スミス『国富論』第一巻、邦訳、中央公論社版大河内一男監訳、一一―一二頁)

各針金は、順次様々な部分労働者の手を通過するけれども、これらの労働者はいずれも同時に働いている。ひとつのピン製造マニュファクチュアでは、針金を引き伸ばしたり、まっすぐにしたり、切ったり、頭部を作ったりすることが同時になされる。手短にいえば、手工業の労働者の場合には一人の労働者が順次行わなければならなかった様々な作業が、マニュファクチュアでは同時平行的になされているのである。このために、同一時間内により多くの商品を生産することが可能となる。また手工業に比べると、マニュファクチュアは生産力の点でも利益をえることが多い。こうした利益は、その協業的性格に基づく利点のひとつである。だが、マニュファクチュアには、依然としてひとつの制約がまとわりついている。それは、マニュファクチュアでは、時計製造の例で説明された第一の部類に属するものであれ、またピン製造の例で説明された第二の部類に属するものであれ、いずれにしてもその製品とその部品を次々に人の手を経過して運搬しなければならないために、時間と労働とが余計にかかることである。この制約は、大工業において初めて克服されることになる。

だが、マニュファクチュアの場合、こうした一方の手から他方の手への手渡しでの運搬によって一方の労働者は他方の労働者にその原材料を提供し、後者の仕事を可能にするのである。たとえば、ピンの頭部を作る労働者は、適切に調製された針金片が十分な数与えられていないならば、自分の仕事をすることができない。したがって、全体の労働がスムーズに進行し、停滞する部分がないようにするには、各部分の労働部門における一定の生産物の生産に必要な労働時間が固定し、各労働部門に使用される労働者の人数が相互に適切な比率で配置されなければならない。たとえば、針金を切断する労働者が一時間に平均一〇〇〇本の針金を切断することができるのに対し、頭部を作る労働者が同じ時間内に二〇〇本しか作れないとすれば、一〇人の頭部を作る労働者全員を十分働かせるためには、二人の針金を切断する労働者が働いていなければならない。他方、針金を切断する一人の労働者を雇用している資本家は、この労働力を十分に活用するためには五人の頭部を作る労働者を使用しなければならない。したがって、資本家が自分の企業を拡大しようとする場合、彼が増加させようとする雇用労働者の人数は、その労働力を可能なかぎり活用したいと思うかぎり、随意に決められないのである。われわれの例でいえば、針金を切断する労働者を一人増した場合、頭部を作る労働者を三人または四人ではなく、五人に増やすことが、資本家にとってもっとも自分の目的に合致した利益になるのである。

周知のように、商品を社会的に必要な労働時間内で生産することは商品生産一般の要請であり、また競争の強いるところのものである。実際、資本主義的マニュファクチュアが発展するや、一定の生産物量を社会的に必要な労働時間内に生産することが技術的にも必要になってくる。なぜなら、手工業者が社会的に必要な労働時間よりも早くまたは遅く労働しても、そのことは彼の労働の稼ぎに影響を与えるけれども、彼の労働を不可能なものにしないのに対し、資本主義的マニュファクチュアの場合部分労働のひとつの部門で生産が規則通りにいかなくなると、全労働過程が停滞してしまうからである。またわれわれが上で見たような、多数の労働者を同一の作業場で同時に使用する場合その労働は平均的労働になるというこうした単純な協業の利点を、マニュファクチュアもまたその生産の必要条件としているからである。

つまり生産が資本主義的になる時に初めて、個々の商品生産者（資本家）は通例社会的に必要な平均労働をもって生産するようになり、またそうせざるをえなくなる。その結果、商品の価値法則は資本主義的生産様式のもとで初めて全面的に展開されることとなる。

またマニュファクチュアの台頭とともに、機械の利用がいたる所で始まる。けれども、この時期には機械の利用はまだ副次的役割しか演じていない。なぜなら、マニュファクチュアの主要な機構となっているのは、個々の部分労働者がその相互に組み合わされた歯車をなしながらひとつの全体労働者を形成するという関連のままだからである。

かくして、マニュファクチュア制度のもとにいる労働者は実際にはひとつの全体的機構の一部にすぎない。そして彼はそのような存在として規則的かつ不断に働かなければならない。機械にも多少とも複雑な部分が存在しているように、様々な部分労働も多少とも修業を積んだ労働者［専門的熟練労働者］を必要とする。その結果、労働者の労働力は多少とも異なった価値を有するものとなる。たとえばピン製造がなお手工業的に経営されていた時期には、すべてのピン製造職人の修業は同一であったがゆえに、彼らの労働力の価値は大体において同一であり、しかも比較的高い水準にあった。だが、ピン製造がマニュファクチュア制度のもとで遂行されるようなった時、ピン製造は高い熟練度を必要とする部分労働［熟練労働］と容易に修得できる他の部分労働［不熟練労働］とに分割された。高い熟練度を必要とし、その修得に長い時間のかかる部分労働［熟練労働］の労働力は、もちろん、比較的容易な操作を行う部分労働［不熟練労働］の労働力よりもはるかに高い価値を有するものである。こうして「労賃の等級に対応した労働力のヒエラルキー」が誕生することになる。(17) その際、この等級の最下位に立つのは、特別な熟練度や職業教育がなくてもすべての人間がただちに行うことのできる仕事に従事している労働者である。このような単純な仕事は、すべての生産過程に存在する。だが、手工業の場合には、それはひとりの人間が複雑な仕事の合間に行うものであった。それに対し、マニュファクチュアの場合には、そのような単純な仕事は今や専門の職業教育を受けていない労働者として、専門的教育を受けた労働者から区別される特別な階級の人々によって継続的に行われる職業的仕事になったのである。

それとともにマニュファクチュアで働くほとんどすべての労働者の修業期間は、当該営業部門の手工業者のそれよりも短くなっている。なぜなら、手工業者が自分の営業用生産物を完成させるのに必要なすべての作業を習得しなければならなかったのに対して、マニュファクチュアの労働者はこれらの作業の中のひとつないし若干の作業を習得すればよいからである。不熟練労働者にいたっては、修業費がまったくいらなくなっているのである。

このようにマニュファクチュアにおいては労働力の価値が低落するとともに、労働力の維持に必要な労働時間もまた短縮されるのである。したがって、労働日が同一のままであるならば、剰余労働時間の延長、つまり相対的剰余価値の増大という事態がそこに生じることになる。

だが、労働者は身体的にも、また精神的にも奇形的になる。そして労働は彼にとって無内容なもの、すなわち無関心なものになる。こうして労働者自身が資本の付属物になってしまうのである。

# 第9章　機械装置と大工業

## （1）機械装置の発展

マニュファクチュア内部の分業は、手工業的労働を変容させたけれども、それを廃棄するものとはならなかった。手工業的熟練は、全体として見ればマニュファクチュアの基礎であり続けたために、修業を積んだ部分労働者「専門的熟練労働者」が資本家に対して部分的であるとはいえ、一定の独立性を保持することを可能にさせた。ピン製造の例でもわかるように、この修業を積んだ部分労働者の労働給付がその経営の継続に不可欠である間は、彼を一朝一夕に置換させることができなかった。また労働者もこの強みをよく知っていたので、たとえば徒弟制度などのような手工業的習慣を可能なかぎり保持することによって、マニュファクチュアのこうした手工業的性格の保持に全力を尽くしたのであった。

今日なおマニュファクチュア的に経営されている多数の産業の中に、このような努力を依然として見ることができる。労働組合運動が多数の成功を成し遂げた秘密も、実にこの点にあるといってよい。

マルクスは次のように書いている。一方の人の喜びは、他方の人の悲しみである。「それゆえ、全マニュファクチュア時代を通じて、労働者の訓練の不足にかんする苦情がつづく。そして、当時の著述家の証言はなくとも、一六世紀から大工業の時代にいたるまで、資本はマニュファクチュア労働者の利用しうべき全労働時間を、占領することに成功しないということや、マニュファクチュアが短命であって、労働者の来往とともに、その所在地を一国から引き上げて、他国に移植するという簡単な事実が、これを雄弁に物語っている。」(マルクス『資本論』第一巻、四七二—三頁)したがって、一七七〇年に刊行された小冊子の匿名の著者が、「労働者は彼の主人から独立しているものと考えてはならない。……秩序は、何らかの方法によって確立されねばならない」と、悲痛な叫びをあげていたこともまた理解できるのである、と。

かくして秩序が確立される必要があった。だが、そのための前提条件を生み出したのは、マニュファクチュアそれ自体だった。なぜなら、マニュファクチュアは複雑な労働用具の生産のために、ヒエラルキー的に編成された作業場を誕生させると同時に、「このマニュファクチュア的分業の所産である作業場が機械を作り出した」からであった。この機械こそ、手工業的労働に止めの一撃を与えるものとなった。

ところで、この機械が手工業の道具と異なっているのは、いかなる点であるのだろうか。また労働手段は、いかにして道具から機械へと転変するのだろうか。機械装置は適当な運動が伝えられるならば、「その道具だけで、以前には労働者が類似の道具をもって行ったのと同じ作業を行う」という点に、手工業の道具との相違点がある。

その際、その動力が人間から出てくるのか、またはそれ自体さらにひとつの機械から出てくるのかということは、事態の本質を変えるものではない。「機械が道具と異なるのは、動物の力、水力、風力のような、人間とは異なった自然力によって動かされる点にある」とする誤った見解に対して、この点はもっと強調されてもいいだろう。実際、そのような動力の使用は、機械生産よりもはるかに古い。牛馬によって犂をひくことだけを想起すれば、そのことがただちに了解されよう。動物の力、風力、水力などは、周知のようにすでに早くから人間によって粉ひきやポンプの動力として利用されてきた。だが、それらは生産様式の革命を引き起こすことがなかった。一七世紀の末に発明された蒸気機関すらも、なお産業革命を引き起こすことができなかった。しかしながら、「紡績機」という最初の重要な作業機が発明されるや、産業革命が到来した。偶然に鉄瓶が沸騰するのを見て、蒸気力が発見されたというおとぎ話ほど、馬鹿げたものはない。蒸気の力は、すでに二千年前のギリシア人にも知られていたと思われる。だが、彼らはそれを利用する方法を知らなかっただけである。その後、蒸気は各種の機械玩具に利用された。蒸気機関の発明は、こうした以前の試行錯誤を基礎として生まれたところの、目的意識的な精神的努力の所産にすぎない。つまり蒸気機関の発明は、マニュファクチュアがその生産のための技術的前提条件、とりわけその生産に必要な十分な人数の熟練機械製造労働者を提供したからこそ、また同時に生産上の必要が新たな動力への関心を引き起こしたからこそ、初めて可能となったのである。(18) 作業機の発明の場合にもそうだった。

この作業機の利用には、それまでに存在したものよりもより強力で、より規則的に動く動力を必要とした。人間は、連続的（絶え間のない）かつ均質的な運動を起こす道具としてはきわめて不完全な存在であり、しかも余りにも力が弱すぎる。より力の強い馬はきわめて経費がかかり、しかも工場の中では制限された範囲でしか使用できないし、また時として強情を張るという欠点をも有している。風力は余りに変化しやすく、制御しがたい。そしてすでにマニュファクチュア時代を通じて利用されることが多くなっていた水力も随意にその力を高めることができず、一定の季節ごとに繰り返し使えなくなるばかりでなしに、とりわけ場所的な制約を受けるという理由からも、もはや十分なものとはいえなくなっていた。こうした状況の中でジェームス・ワットは、自らの計画の実現に必要な「技術上の力と財源」(『発明記』を参照のこと)をえた後に、多大な苦労を重ねた結果、彼の協力者であるマシアス・ブールトンの「最高度に拡大された」大工場でいわゆる第二の複動蒸気機関を発明した。ここにようやく「石炭と水を消費して自らその動力を生み出し、その力がまったく人間の統御に服し、可動的でかつ移動の手段であり、都市的であって、水車のように田園的でなく、水車のように生産を田園に分散させないで、都市に集中することを可能にし、その技術的応用において、普遍的である」(マルクス『資本論』第一巻、四八一頁)発動機が発明されたのであった。こうして人間の力から解放された動力が、作業機のいっそうの発展に反作用を与えることとなったのは、当然のことである。「すべての発達した機械装置は、三つの本質的に異なる部分からなる。動力機、配力機構、最後に道具機、または作業機がそれである。」(マルクス『資本論』第一巻、四七六頁)

全機構の原動力としての動力機については、すでに述べた通りである。また配力機構(伝導機構)は、節動輪、動軸、歯輪、渦輪、回転軸、綱、調帯、小歯輪、各種各様の連動装置から構成され、運動を調節し、必要な場合には運動の形態を、たとえば垂直運動から円形運動に変じ、それを道具機に分配し、伝達する。「機構のこの両部分は、道具が労働対象を捉えて、これを目的に合致するように変化させうるように、道具機に、運動を伝えるためにのみ存在する。」(マルクス『資本論』第一巻、四七六頁)さらに道具機は、すでに述べたように、一八世紀の産業革命の出発点となったものである。それは今なお、手工業経営またはマニュファクチュアが機械経営に移行するときには、いつも出発点をなしている。この道具機の中には、力織機のように古い手工道具に多少の変更を加えて誕生したものもあれば、紡績機における紡錘、靴下編み機における針、機械鋸における鋸、切断機における刃などのように、旧来の道具を新たな機体に取り付けて誕生したものもある。だが、同一の道具機によって同時に動かされる道具の数は、「最初から一人の労働者の手工道具に加えられていた制限を突破するものになる。」

また動力機が配力機構の適切な配置(「動力の特別な細分化」)によって多数の作業機を同時に運転させることが可

能となった結果、個々の作業機は機械制的生産の単なる一要素の地位に低下することになった。たとえば、力織機のように同一の作業機によって全製品が製造される場合、機械制的経営に基づく作業場、つまり工場の内部では多数の同種作業機が同一の場所で、同時に相並んで協働する結果（ここでは、労働者のことは度外視する）、いずれの場合にも単純な協業が再び出現することになったのである。けれども、ここには技術的統一が存在している。今や、同一の動力機という心臓の鼓動が多数の作業機を均等に動かす結果、これらの作業機は同一の動力機の器官にすぎなくなる。

だが、一系列の相関連する種々の段階過程（それぞれ種類を異にするが、互いに補足し合う一連鎖をなした道具機によって行われる）を労働対象が通過する場合、したがって、マニュファクチュアに特有な、分業に基づく協業が部分作業機の組合せとして再現される場合、初めて本来の機械体系が個々の独立の機械に代わって登場することになるのである。各部分機械は次の部分機械に原材料を提供するのであるから、マニュファクチュアにおける部分労働者の協業におけるのと同様に、組織された機械体系においても各部分機械が相互にたえず協働し続けなければならない。そのためには、それらの数、それらの規模、それらの速度の間に一定の比例関係が存在していなければならない。このように結合された作業機は、その総過程が連続的であればあるほど、すなわち、その最初の段階から最終段階への原料の移行過程において中断が少なければ少ないほど、したがって、人間の手のかわりに機構そのものが、原料を一生産段階から次の生産段階に運ぶことが多ければ多いほど、ますます完全なものとなる。この作業機が原料の加工に必要な一切の運動を人間の助力なしに行ない、ただ人間の付添いだけを必要とするにすぎなくなった時、そこに機械装置の自動的体系が生ずる。だが、この体系もその細部においては、不断の改良の余地を残すものである。そのことは、たった一本の糸が切れても、自然と紡績機の運動が停止してしまうそうした装置が示すところである。しかるに、「近代の製紙工場」はこのような「生産の連続性、ならびに自動原理の実施」の一例と見なすことができる、こうマルクスは述べている。

ところで、ワットが発明した蒸気機関と同様に、機械制度の領域の他の発明が実施可能なものになったのは、マニュファクチュアがかなりの人数の熟練機械製造労働者、すなわちマニュファクチュアの部分労働者はもとより、それとならんで機械製造の独立手工業者をも供給することができたからである。実際に、最初の機械は手工業者やマニュファクチュアによって製造されたのであった。

だが、機械の存在がなお工芸家の余地を残す労働者の個人的技能や個人的能力に依存していた間は、機械はきわめて高価であったばかりでなしに（この点については、資本家はたえず注目すべき的確な理解を有している）、その利用の拡大、したがって大工業の発展も長いこと機械製造工の増加――これらの機械製造工が一人前になるには長期にわたる修業を必要としていたがゆえに、その人数を飛躍的に増加させることができなかった――に左右されたままだった。

けれども、大工業が発展してくると、大工業は生産技術の点でも自らの手工業的かつマニュファクチュア的基礎と対立するようになった。つまり、機械利用の範囲の拡大、機械の手工業的型からの脱却、またたとえば木材に代わる鉄のような、より適切なものであるけれども、取り扱いの難しい原材料の利用などといった産業的進歩に、マニュファクチュアで実施されているような分業制度ではもはや対応しえないという重大な困難が生じたのであった。そればかりか、「マニュファクチュアは、たとえば近代的印刷機、近代的蒸気織機、近代的梳毛《そもう》機のような機械を供給できなかった。」

他方、ひとつの産業部門の変革はこれと関連している一連の産業部門の変革を引き起こす。たとえば、機械紡績機の発明が機械織機の発明を必然的にする。そしてこの二つの機械が晒布《さいふ》業、捺染《なっせん》業、染色業における機械装置上の革命や化学上の革命を必然的にする。その後、工業と農業におけるこうした生産様式の革命が交通手段と輸送手段の革命を必要とした。なぜなら、大工業は生産の熱病的な迅速性を特色とするから、大工業は原料を急速に購入し、生産物を急速に、しかも大量に市場に供給しなければならないし、また必要に応じて多数の労働大衆を吸引し、排出することができなければならないからである。したがって、船舶建造における革命、蒸気船による帆船の置換、鉄道による馬車の置換、電報による飛脚の置換などが生じた。「しかし、今や、鍛造され、溶接され、切断され、穿孔され、成形されることが必要になった恐ろしく大量の鉄は、またそれ自体巨大な機械を必要とし、このような機械を作るには、マニュファクチュア的な機械製作では間に合わなくなったのである。」（マルクス『資本論』第一巻、四八九頁）

　このようにして大工業は、自らの本質に適した基礎を創出するために機械による機械生産を確立することが必要となった。「技術は、道具機によって初めて、機械製造が課した大問題を克服することが可能となった。」（『発明記』）だが、その克服には、線、円、円筒、円錐、球などの幾何学的な諸形態の機械部分を機械によって生産できることが必要であった。そしてこの問題もまた、ヘンリー・モーズリが一九世紀の最初の一〇年間にスライド・レスト（旋盤滑台）を発明するに及んで解決された。これはやがて自動化され、旋盤から他の工作機械にも転用されることとなった。このような機械の発明の結果、個々の機械部分の幾何学的形態を「もっとも熟練した労働者の手が、いかに経験を重ねても到達することができなかった程の容易さと正確さと迅速さとをもって生産すること」ができるようになったのである。[19]

　機械の製造に使用される機械装置の大きさについては、多言を費やす必要がないだろう。苦もなく花崗岩を粉石するかと思えば、ほとんど誤差もないほど正確な一撃を加えることのできる一〇〇ツェントナー以上の重さのある蒸気槌を備えた機械製造工場の巨大な仕事場のことを耳にしなかった者がいるだろうか。そして機械体系の新たな進歩、その領域の新たな拡大については、日々報じられているのである。

　マニュファクチュアのもとでの分業は圧倒的に主体としての人間が主導するものであり、その個々の過程は労働者の人格を優先するものであった。それに対し、大工業の機械体系は最初から労働者に対峙するまったくの客体的な生産システムであるために、労働者の側からこれに適応していかなければならない。かくて協働、すなわち社会化された労働者による個別的労働者の駆逐はもはや偶然的なものではなく、労働手段の性格によって命ぜられた技術的必然性になるのである。

## （2）生産物への機械装置の価値移転

簡単な道具と同様、機械は不変資本の一部である。それはいかなる価値も創造せず、ただ自分自身のもつ価値を生産物に移転させるだけである。その際、一回の生産において生産物に価値移転するのは、生産手段の価値中の摩滅部分の価値だけである。

機械装置は労働過程の中につねに全部入るが、価値増殖過程の中にはつねに一部分ずつしか入らない。道具の場合も同様であるけれども、その相違は、本来の総価値と生産物に移転する価値部分との差が道具の場合よりもはるかに大きいという点にある。その理由は、以下の三点である。第一に、機械はより耐久的な材料で出来ているために道具よりも長持ちするからである。第二に、機械は厳密な科学的法則に規制されているために、その構成部分の消耗分そして石油や石炭のような補助材の消費を相当な程度節約することができるからである。そして最後に、機械の生産範囲は道具のそれよりも比較にならないほど大きいからである。

以上のような機械装置の価値と一日の生産物に移転される機械装置の価値部分との差が与えられているならば、後者の価値移転部分が生産物の価値に占める比率は生産物の量に依存する。ブラックバーンのベインズ氏は、一八五八年に行った講演の中で「実際の一機械馬力は、四五〇個の自動ミュール紡錘と準備装置を、または二〇〇個のスロットル紡錘を、または一五台の四〇インチ幅織機を運転する」と見積もっている。したがって、一蒸気馬力の一日の費用とそれによって運転される機械装置の摩滅とは、第一の場合には四五〇個のミュール紡錘の一日の生産物、第二の場合には二〇〇個のスロットル紡錘の一日の生産物、第三の場合には一五台の力織機の一日の生産物に配分されていく。かくして一オンスの撚糸または一エレの織物に移転される価値部分は、きわめて微小なものとなる。

その際、作業機の作用範囲、つまり道具の数あるいは——蒸気槌のように力が問題となる場合には——その力の大きさなどが与えられている場合には、生産物の量はその機械の運動速度に依存する。それに対し、機械装置の価値が生産物に移転する比率が与えられている場合には、この価値部分の大きさは機械自体の価値量に依存する。したがって、機械そのものに含まれている労働［価値］が少なければ少ないほど、機械が生産物に移転する価値はそれだけ少なくなる。

また、機械の生産がこの機械の使用によって節約されるのと同じ量の労働を要する場合、機械の使用は単に労働の位置変換を行うだけであって、労働の生産性を増進することにはならない。機械の使用が労働の生産性を増進するか否かは、機械の使用によってどの程度の人間労働力が節約されるのかによって判定されるにすぎない。それゆえ、機械によって生産された商品を手工業またはマニュファクチュアで生産された同一商品と比較する場合、全体として前者の労働手段の価値構成部分が相対的に、つまり生産物の総価値との比率においては増大するけれども、絶対的には減少するということは、機械制生産の原理と少しも矛盾するものではないのである。

生産物の低廉化の手段として見れば、機械装置の使用の限界点は、機械装置自体の生産に要する労働がこの機械装置の使用によって節約される労働よりも少なくなる点にある。だが、以前に述べたように、資本が支払うのは充用された労働に対してではなく、充用された労働力の価値に対してなのであるから、資本による機械の使用は機械の価値と機械使用中にその機械によって節約される労働力の総価値との差によって限界づけられる。しかるに、労働者の現実の賃金は、時には労働力の価値以下に下がることもあれば、時にはそれ以上に上がることもある。それゆえに、機械装置の価格と機械によって節約される労働力の価格との差も、国や時代そして労働部門が異なれば、異なったものにならざるをえない。それにもかかわらず、この差だけが資本家にとって決定的なものであり、競争の強制手段によって資本家を機械装置の導入へと突き動かす動因ともなるものである。かくして、今日、ある国で利益を生むことが明らかとなった機械も、他の国では使用されないということが時には起こりうるのである。たとえば、アメリカで石を砕く機械が発明されても、ヨーロッパでこの機械が使用されないとすれば、それは、ヨーロッパではこの労働を遂行するプロレタリアが労働力の価値以下の賃金しか受け取っていないために、この機械を生産に使用すると、労働の節約分よりもその費用が高くついてしまうからなのである。

まさに安価な賃金は機械導入の妨げになるというこの観点からも、安価な賃金は社会発展にとっての不利益にほかならないのである。

したがって、資本と労働の間の対立を廃棄した社会だけが機械制度を十分に発展させる余地を与えるものとなるだろう。

## （3）機械経営が労働者に及ぼす直接的影響

「機械が人間の筋力を不要なものとするかぎりでは、それは、筋力のない労働者、または肉体の発達が未熟ではあるが、四肢の柔軟性に富む労働者を使用するための手段となる。労働および労働者のこの強大な代用物は、たちまち、性と年齢との区別なく、労働者家族の全成員を資本の直接の命令下に編入することによって、賃金労働者の数を増加させる手段に転化した。」（マルクス『資本論』第一巻、五〇二頁）機械の導入とともに資本家のための強制労働が、児童の遊戯に取って代わったのみでなく、家族自身のための自由な家内労働にも取って代わったのである。こうして「婦人労働と児童労働とは、機械装置を資本主義的に使用した際の最初の言葉になったのである。」（マルクス『資本論』第一巻、五〇二頁）

だが、その反作用は経済的、社会的、倫理的な点で労働者階級にとって等しく災い多いものにならざるをえなかった。

すでにこの時期までには、労働力の価値は成人労働者本人を維持するのに必要な労働時間によってだけではなく、彼が扶養する労働者家族の全成員を維持するのに必要な労働時間によっても規定されるようになっていた。だが、今や、婦人や児童も労働市場に引き入れられ、共稼ぎをする機会をもつようになったために、成人男性の労働力の価値は次第に彼の家族の全成員の間に配分されるようになった。こうした労働力の価値の運動は、ただちに労働力の価格、つまり労賃の運動に正確に反映されざるをえない。かくして生活のために、父に代わって家族の全員が漸次賃金労働者にならざるをえなくなる結果、家族全員の労働ばかりでなしに、彼らの剰余労働もまた資本に提供されることになる。このような方法で機械は搾取対象を拡大するばかりでなしに、搾取度をも高めるのである。

その際に、労働者家族の名目上の収入が一定程度増加するということは、決してありえないことではない。父だけではなく、父と母そして二人の子供が労働するようになるならば、その総収入が以前のような父だけの賃金収入の場合よりも多くなるだろう。だが、同様に生計費も多くなるだろう。それと同時に、工場における経済的節約の増進を意味する機械制工業は、労働者の家庭における経済的節約に終止符を打つものとなる。なぜなら、女工が家庭の主婦を兼務することは不可能であるため、家庭において生活手段を合目的的に、かつ節約しながら使用することが不可能になるからである。

以前には、労働者は少なくとも形式的には自由な人格として彼自身の労働力を自由に販売した。今や、労働者は奴隷商人となり、自分の妻や子供を工場に販売する。こう資本家的パリサイ人［資本家の立場に立脚した偽善的博愛主義者］が公然とこの「非道な行為」を非難する時、彼ら自身がこの「非道な行為」を作り出し、利用し、しかも「労働の自由」という美名のもとにこの「非道な行為」を永久化させようとしている者であるということを忘れているのである。だが、「労働者の両親は非道な行為をしている」という彼らの非難に対する反証となるのは、イギリスの工場において婦人労働や児童労働の制限を資本から闘い取った者たちが成人男子労働者であったという偉大な事実にほかならない。

マルクスは、婦人と児童が工場労働に従事する結果生じる有害な作用についての多数の証拠を提出している。ここではその指摘だけにとどめ、パウル・ジンガーの著書『ベーメン北東部の工場地域における社会状態の研究』（ライプツィヒ、一八八五年）からえられた最新の一例を指摘することにしたい。この著書が提供するデータによって、われわれは大工業のまったくない国であるノルウェーの児童死亡率と大工業が高度な発展を遂げているけれども、ジンガーがこの著書を起草した当時には、労働者保護立法による制限がなされていなかったベーメンの諸地域（われわれはこの諸地域をベーメン北東部とよぶ）の児童死亡率とを比較することが可能となる。

ノルウェーでは、一八六六年から一八七四年までの生後満一歳未満までの男女幼児一万人中の死亡数は一〇六三人であった。それに対し、工業が高度な発展を遂げたベーメン北東部の諸地域では、生後満一歳未満までの男女幼児一万人ごとの死亡数は、以下の通りであった。

| | |
|---|---|
| ホーヘンエルベ | 三、〇二六人 |
| ガブロンツ | 三、一〇四人 |
| ブラウナウ | 三、二三六人 |
| トラウテナウ | 三、四七五人 |
| ライヒェンベルクとその周辺 | 三、八〇五人 |
| フリードランド | 四、一三〇人 |

したがって、このベーメン北東部の工業地域の幼児死亡率は、「文化」の遅れたノルウェーにおける幼児死亡率の三倍ないし四倍であった。前者の工業地域における高い死亡率は、マルサス主義者の主張するような住民の出産過多に基づくものではなかった。なぜなら、出生数はむしろ顕著な減少傾向を示していたからである。ジンガーが研究した諸地域では、住民一〇〇〇人ごとの年出生数は三五人にもならなかった。それに対し、ドイツ全体では住民一〇〇〇人ごとの年出生数は四二人、オーストリア全体で四〇人であった。

また、未成熟な人間を剰余価値生産を行う単なる機械にしたことは、身体的かつ道徳的な不具化とならんで、「精神の発展能力やその自然的創造性そのものを腐敗させることなしに、遊ばせたままにするその素朴な無知とは大きく異なった知的無知」をも生んだ。

だが、児童や婦人が機械装置によって労働者の中に編入されることには、もうひとつの「有り難い」作用がある。それは、資本の専制に反対したマニュファクチュアの成人男性労働者の抵抗力を最終的に打破するのに役立ったことである。

いったいこの機械装置導入の目的とは何か。つまり、資本家はいかなる理由から機械を導入するのか。労働者の労働を軽減するためであるのか。そうではない。機械装置の導入は、労働の生産力の増進を通じて商品の価値の低下をはかりつつ、労働日中の労働力価値の再生産に必要な時間部分の短縮ならびに労働日中の剰余価値を生産する時間部分の延長とを実現させることをその目的としているのである。

だが、われわれがすでに見たように、機械装置はそれ自身の価値のうち一定量の生産物に移転する価値部分が小さくなればなるほどますます生産的となる。そして機械装置によって生産される生産物量が大きくなればなるほど、この価値移転部分はますます小さくなる。他方、機械の運転期間が長くなればなるほど、機械によって生産される生産物量もますます大きくなる。ところで、この「労働時間」が毎日八時間ずつ一五年間にわたるのか、それとも毎日一六時間ずつ七・五年間にわたるのかという問題は、資本家にとってどうでもよいことなのであろうか。数学的に計算すれば、両者の利用時間は同じである。だが、わが資本家はそれとは違った計算をする。

資本家はまず次のように言う。「毎日一六時間ずつ七・五年間運転する場合、機械が総生産物に付加する価値量は毎日八時間ずつ一五年間運転する場合のそれよりも大きくはない。だが、前者の場合、機械は後者の場合よりも二倍の速度で自己の価値を再生産し、かつ労働日の延長が引き起こすその他の利益を度外視しても、一五年間にえられるのと同じ剰余労働を七・五年間でえられるという快適な状態を私にもたらしてくれる」、と。

次いで資本家は次のように言う。「私の機械は使用によって摩滅するばかりでなしに、使用しないまま自然の影響に晒されている場合にも摩滅する。つまり、機械は休ませておくと錆びてしまう。後者の摩滅は、休止時間を短縮すれば避けられる純粋な損失である」、と。

さらに資本家は次のように言う。「技術的変革が絶え間なく続くわれわれの時代にあっては、私の機械がより安価に製造される機械や技術的に改善された機械などの、ライバルとなるような機械の登場によってその価値を失ってしまう事態を、私は毎日覚悟していなければならない。したがって、機械の価値を回収する速度が迅速であればあるほど、私がこのような運命に晒される危険は小さくなる」、と。

ちなみに言うと、このような危険はいずれかの生産部門に初めて機械装置が導入された場合に最大となる。なぜなら、こうなると次々に新しい機械装置が登場することになるからである。したがって、この場合には労働日の延長への志向もまたきわめて強力に発動することになる。

わが資本家はさらに発言を続ける。「私の機械、私の建物等々は何千マルクもの資本を示すものである。だが、機械が停止してしまうならば、私の全資本は無価値な存在となってしまう。したがって、機械の運転期間が持続すればするほど、私はそれだけいっそうより良く機械を利用しているだけでなく、建物などに投資した資本部分をもより良く利用しているのである」、と。

このような資本家の主張のほかに、なおひとつの動機、すなわち資本家の意識にはもとより、その弁護者である政治経済学者の意識にものぼらないけれども、大きな影響を及ぼしているひとつの動機が加わる。

本来、資本家が機械を導入するのは、労賃（可変資本）を節約し、この機械によって一人当りの労働者がこれまでは三―四時間で生産していた商品を今後は一時間で生産できるようにするためである。だが、機械は労働の生産性を増進させることを通じて、必要労働を犠牲にした剰余労働の増大、つまり剰余価値率の増大を可能にする。その際、このような結果が生じるのは、この機械が所与の資本に充用されている労働者の人数を減少させる場合だけである。

かくして機械制経営は、以前には可変資本であった資本の一部、換言すれば生きた労働力に投下された資本の一部を機械装置、すなわち不変資本に転化することになる。

だが、われわれにはすでに周知であるように、剰余価値の量は、第一に剰余価値率、また第二に雇用労働者の人数によって規定される。したがって、機械装置を資本主義的大工業に導入する試みとは、剰余価値量を規定する第二の要因を減少させることによって、その第一の要因を増大させようとする試みにほかならない。かくして、剰余価値の生産を目的とする機械装置の利用には、ひとつの内的矛盾が含まれることになる。この矛盾のために、資本は相対的剰余労働の増大に満足することなく、絶対的剰余労働の増大ないし労働日の可能なかぎりの延長という試みによって、搾取対象である労働者の人数の相対的減少という事態の克服をはかるように駆り立てられるのである。

したがって、機械装置の資本主義的利用は労働日を際限なく延長させようとする一連の強力な新しい動機を作り出すばかりでなしに、実際に労働日延長の可能性をも増大させるものとなる。機械は絶え間なく運動し続けることができるということから、労働日を延長させようとする資本の志向は、機械の助手になっている労働者の自然的疲労とその抵抗によって制約されるにすぎない。だが、その制約すらも、資本は従順な婦人や児童といった分子を生産過程に引き入れたり、機械のために生産過程から遊離された労働者から成る「過剰」労働者人口を創出したりすることによって、この制約を打破してしまう。かくして、このような方法で労働日のあらゆる倫理的かつ自然的制約を打破した機械は、本来は「労働時間を短縮させるための強力な手段」であったにもかかわらず、労働者とその家族の生活時間を資本家が自由に使用できる労働時間に転化させる確実な手段となってしまうのである。

マルクスは以上の説明を行った上で、この一節を次の言葉で終えている。「古代の最大の思想家アリストテレスは、こんな夢想をしている。『もし、ダイダロスの作品がおのずから動き、あるいはヘパイストスの三脚台が、みずから進んで聖なる仕事についたように、あらゆる道具が、命令または予感によって、そのなすべき仕事を果たしうるとすれば、かくて、梭《ひ》がおのずから織るとすれば、親方にとって職人を要せず、主人にとって奴隷をも要しないであろう。』また、キケロの時代のギリシアの詩人アンティパトロスは、穀物を挽《ひ》くための水車の発明を、このあらゆる生産的機械装置の原初形態を、女奴隷の解放者および黄金時代の再建者として賛えた！『異教徒よ、然り、異教徒よ！』彼らは、賢明なバスティアが、また彼よりも前に、さらに賢明なマカロックが発見したように、経済学とキリスト教とについては、何も知らなかったのだ。ことに彼らは、機械が労働日延長のためのもっとも確実な手段であることを、理解しなかった。おそらく彼らは、ある者の奴隷状態を、他の者の完全な人間的発展の手段として、是認したのであろう。しかし、わずかばかりの野卑な、あるいは教養の浅い成上り者を、『優れた紡績業者』や『大規模な腸詰業者』や『有力な靴墨商』とするために、大衆の奴隷化を説教するには、彼らは特別にキリスト教的な器官を欠いていたのである。」（マルクス『資本論』第一巻、五一八―九頁）

こうした機械制度の発展とともに熟練の機械制労働者という独特の一階級が発展するにしたがって、労働の速度とともに労働の緊張度、すなわち労働の強度もまたそれだけいっそう自ずから増大するようになる。けれども、労働の強度を増大させることが可能になるのは、労働日が一定の限界を越えない場合だけである。同様に一定の発展段階では、労働の強度を増大させることが可能になるのは、労働日がそれに応じて短縮される場合だけである。なぜなら、毎日規則的に繰り返される労働が問題になる場合、自然が命令する。「ここまでであり、これ以上は無理である」、と。

初期工場生産時代のイギリスでは、労働日の延長と工場労働の強度の増大とが同時に進行した。だが、その後労働者階級の反抗によって労働日の法律的制限が強いられるや、資本は労働日の延長による剰余価値生産の増大方法を行うあらゆる可能性を奪われたのであった。その瞬間から資本は方向を一転し、機械体系の発展の促進と生産過程の大規模な節約の実施とによって自らの目的の達成に全力を傾注するようになった。これまでの相対的剰余価値の生産方法は、全体として見るならば、労働の生産性の増進によって労働者が同一時間内に、同一の労働支出をもってより多くの生産物の生産を可能にするという点にあった。だが、今や、それは同一時間内により多くの労働支出によってより多くの労働量を獲得するということを意味するようになった。そして労働日の短縮も、労働力の緊張と「労働時間の気孔のより濃密な塡充」に、つまり労働の凝縮の強化に導くことを意味するようになった。かくして、労働者は、今日の一〇時間労働日の一時間に以前の一二時間労働日の一時間においてよりもはるかに多くの労働を支出しなければならない。このことが意味するのは、一定の時間内にこれまでよりも多くの労働が凝縮されるということなのである。

われわれは、このような「労働の凝縮」という結果を達成できる二つの方法をすでに指摘した。その二つの方法とは、労働過程の節約の増進と機械制度の発展の促進である。前者の方法の場合、資本は賃金の支払方法、とりわけ後に述べるような請負賃金――それは、労働の規則性、斉一性、秩序、力を高めるように作用する――の導入によって、労働者が以前よりも短時間により多くの労働を支出せざるをえないように努める。したがって、資本が後者の方法によって、すなわち動力機の回転速度を高めたり、または監督すべき機械の範囲を拡大したりする方法によって労働者により多くの労働を行わせる手段をまったく採用できないところでは、もはや「労働の凝縮」は不可能であるという、これまで流布されてきた見解が間違いであることが明らかになる。

たとえば、工場主は労働時間の短縮を行う場合は大抵次のように説明する。「自分たちの工場では労働を厳格に監督しているので、労働者の注意力は著しく高い。したがって、労働者の注意力をさらにこれ以上高めることによって、大きな利益を期待することは無理である」、と。だが、それでも労働時間の短縮を行うや否や、同じ工場主はすぐに次の事実、すなわち、これまでと同じ労働手段を使用しても、労働者はより短時間内にこれまでと同一量の労働を遂行するばかりでなしに、時にはこれまでよりもより多くの量の労働を遂行するという事実を認めざるをえなくなる。機械装置の改善の場合にも同様である。機械の発達はずっと以前からすでに限界に達しているとしばしば主張されてきたが、その都度この限界はしばしば短時間に克服されてしまったのである。

事実、イギリスでは労働日が短縮されたにもかかわらず、労働の強度が著しく強まったのであった。たとえばイギリスの工場監督官は「一八四四年および一八五〇年の工場法の好結果を、倦むことなく賞賛した」が、一八六〇年代には労働日の短縮がすでに労働者の健康を破壊するほどの労働の強度を引き起こしているということを認めたのである。

したがって、標準労働日の導入によって資本と労働の間に調和が生まれると考える人々は、大きな錯誤に陥っているのである。

この点について、マルクスは次のように述べている。

「労働日の延長が、法律によって最終的に禁止されるや、労働の強度を組織的に高めることによって埋合せをし、あらゆる機械装置の改良を、労働力をより大きく吸い取るための手段に転ずるという資本の傾向が、やがて再び、労働時間の再度の減少を不可避にする、一転回点に達せざるをえないということ、それはまったく疑う余地のないことである。」（マルクス『資本論』第一巻、五三〇頁）

一〇時間標準労働日が導入されたところでは、以上述べたような工場主の努力の結果、あまり遠くない将来に八時間標準労働日の採用を必然的にするだろう。

われわれの見るところによれば、こうした事実は標準労働日の導入に反対するものではなく、むしろそれに賛成するものである。あらゆる真剣な社会改良と同様に、標準労働日もまた自分の限界を越えて進み、そしてそれは、更なる社会発展の一要素になるのであって、社会の沈滞の一要素になることがない。

### （4）労働者を「教育するもの」としての機械

これまでわれわれが論じてきたのは、なによりもまず機械装置導入の経済的作用であった。今や、われわれが論じなければならないのは、機械装置が直接労働者に及ぼす道徳的作用である。

機械を設置した近代的な生産設備としての工場の全体をマニュファクチュア的経営や手工業的経営と比較するならば、われわれが即座に気付くことは、マニュファクチュアや手工業の場合には労働者が道具を利用したのに対して、工場の場合には労働者が機械に仕えているという事実である。つまり、労働者は彼から独立的に存在している死んだ機構の「生きた付属物」になっているということである。たとえば、工場の「哲学者」であり、マルクスが機械制度の叙情詩人とよんだアンドリュー・ユア博士は近代的工場を「ひとつの同じ対象を生産するために、一致して間断なく作用し、したがって、いずれもひとつの自動的に運動する動力に従属している、無数の機械的器官および自己意識的器官から構成された、巨大な自動装置」（マルクス『資本論』第一巻、五三三頁）とよんだ。他の頁で、彼は「蒸気の仁愛な権力」の臣民について語っている。この「仁愛な権力」の背後には、もちろん、その執行者、すなわち自分自身に対してだけ仁愛である資本家が立っているのである。

いかなる工場にもわれわれが見いだすことができるのは、作業機を操作する多数の労働者やその助手とともに、全機械装置の管理と補修を管轄する少数の人々の存在である。彼らは、一部は科学的教育を受けた労働者（技師）、また一部は手工業的教育を受けた労働者（機械修理工、指物職人等々）である。こうした人々は工場労働者の範疇に含められないがゆえに、ここではわれわれの考察外に置かれる。またその仕事が単純なものであるため、ほとんどの場合機械によって容易に置換されてしまうような人々（こうした人々は、工場法がもっとも安価な児童労働の工場での使用を禁止しているところではどこでも見いだされる）やだれもがただちにその仕事を遂行できるような助手についても、ここではわれわれの考察外に置かれる。ここでの考察対象として問題となるのは、作業機を操作する労働者という本来の工場労働者だけである。

ところで、こうした本来の工場労働者が操作する作業機は、以前の労働者の道具（針、紡錘、鑿《のみ》）とともにそれらの道具を取り扱う彼らの特殊な熟練をも受け継ぐ。したがって、作業機が導入されたならば、［工場］労働者に必要となるのはひとつの熟練、とりわけ自分の運動を機械の均一の、連続的な運動に適合させるというひとつの熟練である。だが、このような熟練をもっとも早く修得できるのは、若年期の人々である。それゆえに、作業機を操作する労働者は若年期から労働をしなければならない。その結果、工場主はもはや機械制労働の訓練を受けた労働者カテゴリーだけに頼る必要がなくなり、たえずその代用品を若年労働者の中にただちに見いだすことができるようになるのである。

　たとえば、プルードンは彼の著書『貧困の哲学』の中で、機械とは「細分された殺人的な労働に対する工業的天才の抗議であり、労働者の再興である」と特徴づけている。実際、機械装置は、旧来の分業制度はもとよりその技術的前提条件をも打破してしまう。それにもかかわらず、われわれは工場の中に分業を、しかもなおいっそう屈辱的な形態の分業を見いだすのである。確かに、労働者が生涯にわたって部分道具を取り扱うようなことはなくなった。だが、その代わりに、搾取の増大をはかる観点から資本は、労働者を幼児の時から部分機械の一部に転化させるために機械装置を乱用するようになった。このようにして工場全体への、換言すれば、資本家への労働者の絶望的従属が完成したのである。その結果、労働は一切の精神的内容を剝奪され、単に機械的な、神経の疲れる苦役にすぎなくなるし、労働者の特殊な熟練などといったものも機械体系に体化された科学、巨大な自然力そして社会的集団労働などの前では些細な事になる。こうして労働者は機械装置の自動的進行に無意志に服従しなければならないばかりか、工場所有者によって課された訓練一般にも無意志に服従しなければならない存在になるのである。

　機械装置の使用などの、大規模な協働と共同の労働手段の使用を実行する場合、社会組織がどのような形態をとるにせよ、たえず労働過程が個々の労働者のむら気に依存しないように、労働過程の規制を行うことが必要となる。つまり、機械による生産の利点を放棄したくないならば、労働者全員が服従しなければならないような訓練を導入することが不可欠になる。

　その際、こうした訓練には二つの種類がある。第一の種類の訓練は自由な共同体のもとでの訓練である。この場合には、訓練が全員に課されても、それは押し付けとはならない。第二の種類の訓練は、一部の人々の利益のために強制的に課せられる訓練である。この場合には、訓練は奴隷制度のもとでの訓練、すなわち訓練に対する一切の反抗が徒労に終わった後に、不承不承したがわざるをえないような訓練を意味する。ここで問題となる資本による労働者の訓練は、当然ながら第二の種類の訓練である。それゆえに、資本は機械が課す強制労働への労働者の抵抗を完全に打破するまで、激しい闘争を必要としたのであった。

ユアは、上述の著書の中で次のことを強調している。すなわち、アークライトよりもはるか以前にワイアットによって人造紡指が発明されていたけれども、その主要な困難は自動装置の発明よりも、この自動装置に必要とされる訓練規則の発見とその実施にあった。それゆえに、勝利の栄冠はこの「ヘラクレスに相応しい」事業を完成させたこの「気高い」理髪師アークライトの頭上に輝いたのであった、と。

近代の資本家が導入した訓練規則、すなわちドイツ語で言う工場条例は、ブルジョアジーによって尊重されている憲法上の「権力の分割」とも、またそれ以上に彼らによって尊重されている代議制度とも何の関係もないものである。むしろそれは、労働者に対する企業家の絶対的専制を表明したものといってよい。この点を、マルクスは次のように述べている。「奴隷酷使の鞭のかわりに、監督の処罰簿が現われる。もちろんすべての処罰が罰金と賃金減額とに帰するのであり、しかも工場リュクルゴスの立法者的明敏は、彼らの法律の順守よりもその違反の方が、彼らにとって、できればいっそう利益をもたらすように定めるのである。」（マルクス『資本論』第一巻、五三九頁）このようにして、労働者の反抗と自己意識とが打破されることになる。それに加えて、労働者は一局部の筋肉だけを活動させているために身体を奇形化させるばかりでなしに、工場の劣悪な空気と労働中の喧騒のために衰弱してしまう。これが、機械装置の高貴な教育的作用なのである。

われわれは、たった今機械装置の導入に対する労働者の反抗について語った。このように労働者が機械装置の導入に反抗する決定的な力となるのは、機械が労働者の自由に最後の止めを刺すものになるという本能的感情である。したがって、労働者の反抗はなによりもまず人間労働を不要なものにする手段としての機械に向けられる。ダンツィヒの市会が一六世紀の中頃に初めて同地で発明されたリボン織機を禁止したのも、このような観点からだった。その後バイエルンやケルンにおいてもリボン織機は禁止され、ついには一六八五年に皇帝の勅令によって全ドイツでも禁止されたのであった。他方、機械の導入に反対するイギリス労働者の反抗は一九世紀にいたるまで継続されたが、これと同一の現象はその他の国々でも繰り返された。フランスでは一九世紀の三〇年代に、またドイツでは一八四八年にいたっても、このような反抗が出現したのである。

新時代の最大の進歩［機械装置］に反抗するこのような乱暴な方法をパリサイ人のように嘆くことは、当然のことであるように思われるかもしれない。だが、事実はこうである。機械はいたる所でなによりもまず労働者の敵として現われ、労働者の駆逐を使命としていたのである。マニュファクチュアの時代には、作業場内部の分業や協業が雇用労働者を生産的にするという積極面がより多く現われたが、同時に機械はただちに労働者の競争相手としても現われたのであった。それに対し、次のような主張、すなわち一方では機械によって駆逐された労働者の苦悩は「一時的」なものでしかないということ、また他方では機械はただ漸次的にだけ生産部面全体に浸透するものであるから、その破壊的作用の範囲と強さはそれほど大きくはならないということ、こうしたことが彼らにとっての大きな慰めになるはずであるという主張がなされた。マルクスはこの主張に次のように答えている。「一つの慰めは他の慰めを犠牲にする」。後者の場合、機械は競争相手となる労働者層の中に慢性的窮乏を生みだす。また機械制度への移行が急激であるところでは、機械は大量の、そして急性的な窮乏を引き起こすように作用する。「数十年にわたって徐々に進行し、ついに一八三八年にいたって終りを告げたイギリスの木綿手織工の没落は、世界史上に例のない悲惨な光景を呈した。彼らのうちの多くの者が餓死し、多くの者が、家族とともに長いあいだ一日二ペンス半（二〇ペニヒ）で命だけをつないだ。これに反して、イギリスの木綿機械装置によって急激に影響を受けたのは東インドで、その総督は、一八三四―一八三五年にこう確言した。『この窮乏は、商業史上にほとんど類を見ない。木綿織工の骨は、インドの野を真っ白にしている。』、と。」（マルクス『資本論』第一巻、五四七頁）さらにマルクスは、次のような皮肉の一語を加えている。「確かに、これらの織工が、一時の生に別れを告げたかぎりでは、機械は彼らに、『一時の難儀』を与えただけである」、と。

かくして労働手段が労働者を撲殺する。そのことをもっとも明確に示すのは、新たに導入された機械装置が伝統的な手工業経営やマニュファクチュア経営と競争する場合である。だが、大工業の内部でも機械装置の絶え間のない改善は、手工業経営やマニュファクチュアとの競争と同一の結果を引き起こすことになる。マルクスは、この命題を論証するためにイギリスの工場監督官の報告中から多数の証拠を挙げているけれども、ここでは、その点にこれ以上立ち入る必要がないと考える。なぜなら、この事実を完全に否認することは、もはやだれもできないからである。

むしろわれわれは、労働者の競争相手としての機械からもう一度労働者を「教育するもの」としての機械に立ち戻ろう。資本主義の支持者の見解によれば、労働者階級が実際に陥りやすい多数の「悪徳」（不従順、怠惰、不節制など）にとって機械ほど有力な敵となるものはない。事実、労働者が資本の権威に反対する場合、また労働者が資本によって与えられる賃金や資本によって課される労働時間に不満をもつ場合、そして労働者がストライキなどの形態で資本に敢えて反抗しようとする場合、機械は労働者に対する資本のもっとも強力な闘争手段になる。この点を、マルクスは次のように言う。「ただ労働者暴動に対抗する資本の武器として生まれただけの一八三〇年以来の発明を集めてみても、その歴史を書くことができるだろう」、と。

だが、産業における「科学」の更なる応用としての機械装置の発展はすべて望ましい進歩であると考える場合には、当の悪徳さえも労働者をこの進歩の不本意の促進者にするという目的で授けられたかの如く見えてくるのである。かくしてわれわれは、資本主義世界ではすべての事物はもとより、労働者の悪徳さえもどのようにして最終的に最良のものに転化してしまうのかを見るのである。

## （5） 機械と労働市場

機械が労働者を駆逐するということは、だれも否定できない事実である。だが、この事実は現存の生産様式をこの世の最良の生産様式と見なす人々にとってはきわめて不愉快な事実である。したがって、この不愉快な事実を曖昧にしようとする多数の企てがこれまで着手されてきたのであった。

たとえば、一連の国民経済学者は次のように主張する。「あらゆる機械装置は労働者を駆逐するけれども、たえずこの駆逐された労働者を再雇用できるだけの資本をも必然的に遊離させる」、と。この立場によると、労働者が機械によって駆逐されない場合に消費したであろう生活手段が資本であると考えられている。つまり、労働者の解雇によって生活手段が遊離されるけれども、この遊離された生活手段を消費することの必要性がこの解雇された労働者の再雇用を喚起するというのである。

だが、労働者が消費のために購入する生活手段は、実際のところ資本ではなく、単なる商品として彼に対峙するにすぎない。彼に資本として対峙するものは、彼が販売する労働力の代価としての貨幣である。この貨幣は機械装置の導入によっても遊離されず、むしろ機械装置の購入に利用すべくその制約をうけているのである。なぜなら、機械が導入されても、それによって駆逐される労働者の賃金支払いに充用されていた全可変資本部分が遊離されるのではなく、少なくともその一部は不変資本に転化されるからである。したがって、新しい機械装置の導入は、充用資本総額が不変のままである場合には不変資本の増加と可変資本の減少とを意味するのである。

そのことを、ひとつの例で説明しよう。

ある資本家が二〇万マルクの資本を用意し、そのうちの一〇万マルクを可変資本として充用していたとしよう。その際、同時にこの資本家は五〇〇人の労働者を雇用していたと仮定しよう。だが、今や、資本家は二〇〇人の労働者でこれまでの五〇〇人の労働者によるのと同じ量の生産物の生産が可能となる機械を導入したとしよう。そしてその機械の購入費は五万マルクであると同じく仮定しよう。

以前の場合には、資本家は一〇万マルクを可変資本に、残りの一〇万マルクを不変資本に充用していた。今や、彼は一五万マルクを不変資本に充用し、そして僅か四万マルクを可変資本に充用しているにすぎない。この場合、遊離された資本は一万マルクでしかない。だが、この一万マルクでは三〇〇人の労働者を再雇用することができず、――一九万マルクの資本が充用されるのと同じ条件の場合には――わずか一〇人に満たない労働者を再雇用できるにすぎない。なぜなら、この一万マルクのうちの約八〇〇〇マルクは機械などの購入に投資されねばならないがゆえに、わずか約二〇〇〇マルクが可変資本として遊離されるにすぎないからである。

駆逐された労働者を再雇用するのに必要な資本はけっして遊離しないということが、このことからもわかるだろう。以上のような論証によって、機械は労働者の遊離とともに、それに照応する資本の遊離をも引き起こすという理論がいかに根拠のないものであるのかを、マルクスは明らかにしたのである。この決定的ともいえるマルクスの論証を曖昧にさせることのできる唯一の可能性は、マルクスが実際には述べていない主張を彼の主張とすることである。

われわれは、マルクスを「科学的に」批判したとする論文を読むと、次のような一節に出会う。

「マルクスにとって、機械は単純労働に置換するものであると同時に、より多くの労働機会を与えることのできるものであり、実際にしばしば与えてきた。その際、後の社会主義的新聞においてしばしば断定的に主張されているように、過剰生産が世界のその他の地域の労働を遊離し過剰にするといったようなことは、決して必然的なことではない。全生産力の増進とそれに伴う消費拡大能力の増進がなされる結果、過剰生産の販路は容易に見いだされるからである。」（『国民経済季報』第二三巻、第二分冊中のレール教授の論文、一一四頁）

実際に、マルクスはそんな主張をしていない。マルクスは「機械は単純労働に置換するものである」などとは主張しておらず、むしろわれわれの知るかぎり、機械は「より多くの労働機会を与えることができるものであり、実際にしばしば与えてきた」という事態を体系的かつ原理的に説明したのであった。この主張は、機械が労働者を駆逐するという主張と少しも矛盾しないのである。

実際マルクスが主張したのは、機械は充用資本総額との比率において雇用労働者の人数を相対的に減少させるということばかりでなしに、機械制度の発展とともに可変資本が相対的に減少し、不変資本が相対的に増加するということである。だが、可変資本、すなわちある労働部門における雇用労働者の人数は、機械の導入の増加またはその改善が行われても、充用資本総額が十分増加する場合には、増加するのである。[20]このような場合、雇用労働者の人数が減少しないとすれば、そのことは機械による資本の遊離によるのではなく、新たな追加資本の流入によるものなのである。だが、労働者を失業させようとする機械の運動はそうした事態によって妨害を受け、一時的には克服されることがあるにしても、完全に廃棄されるにはいたらないのである。かくして新たな追加的資本の流入が緩慢になり、この流入が一定の水準以下に低下するや否や、この運動が再び作動し、労働者の人数の相対的減少がその絶対的減少へと転じることになるのである。

上述の事態を説明するために、再びわれわれの例に立ち戻ろう。資本は二〇万マルクであり、そのうちの一〇万マルクは五〇〇人の労働者の雇用にあてられる可変資本であった。だが、新しい機械が導入された結果、不変資本の額が一五・八万マルクに増加し、可変資本の額が四・二マルクに減少するとともに、雇用労働者の人数も二一〇人に減少し、それと同時に四〇万マルクの新資本がこの企業に投下されたと仮定しよう。この場合、この企業では四〇万マルクの資本の拡大がなされ、雇用労働者の人数も六三〇人に、したがって以前よりも一三〇人も増加することになる。もし機械が導入されないまま資本が三倍に増加したならば、労働者数は五〇〇人から一五〇〇人へと三倍に増加したことであろう。

だが、機械は、通常この機械が導入された労働部門の労働者数の相対的減少を、そして時にはその絶対的減少をも引き起こす。だが、それと同時に機械は、この部門の影響を受けるその他の労働部門の労働者数の増加をも時には引き起こす。

また機械は、機械製造工という新しい種類の労働を引き起こす。

それだけではない。機械がひとつの産業部門に導入されると、この産業部門の生産物総量の増加を引き起こす。このことは、またもやこの増加に比例した原材料の増加を、したがって、その他の事情が同じであるならば、この原材料の生産に従事する労働者の人数の増加をも引き起こす。たとえば、以前には一〇〇エレの糸を紡いだのと同じ速度で一〇〇エレの糸をより少ない人数の労働者で紡ぐことのできる機械が導入されたならば、おそらく紡績工の人数は減少することになるだろう。だが、それと同時に、綿花栽培農場の労働者の人数は増加するだろう。こうした事情のために、イギリスにおける紡績機械の発展がアメリカ合衆国の黒人奴隷の人数を増加させる主要な原因になったのである。

またこのように機械の導入によって糸が安価になるならば、紡績業者（われわれの仮定によれば手工紡績業者）は原材料費の支出を増加させることなしに、より多くの生産を行うことができるようになるだろう。そして彼の所得もまた増加するため、より多くの人間が紡績業に転ずるようになるだろう。この点を、マルクスは次のように述べている。「ある労働対象が、その最終形態に達するまでに通過しなければならない予備的または中間的段階を、機械装置が捉えるならば、この機械製品が入ってゆく、まだ手工業的またはマニュファクチュア的に経営されている作業場の労働材料が増加するとともに、労働需要も増加する」（マルクス『資本論』第一巻、五六三―四頁）、と。

かくして、機械制度の発展とともに剰余価値とこの剰余価値を含む生産物量も増加し、またそれとともに資本家階級とその一味の奢侈も増進することになる。その結果、奢侈品製造労働者、使用人、召使等々に対する需要もまた増加することになる。たとえば、一八六一年のイギリスでは織物産業に従事していた人々の人数が六四万二六〇七人であったのに対して、サービス部門の諸階級に属していた人々は一二〇万八六四八人にも達したのであった。

機械装置の導入の結果生じることになるこうした労働需要増加の諸要因のほかに、マルクスはもうひとつの要因を指摘している。ガス施設、鉄道等々のような新たな労働分野の出現が、それである。

ここで読者は、マルクスの説明から生まれるこうした結論をレール教授殿がマルクスの言としたもの、またそれに対する彼の見識と比較されたい。

マルクスは、機械装置の導入がどうして結果的に労働需要の増加を引き起こすことができるのかについて研究した。だが、彼がそのような研究を行ったのは、もちろん工場制度が労働人口にもたらす苦痛を曖昧にさせるためではなかった。

実際、工場は労働者の家族を破壊し、青年を奪い去ると同時に、労働者の労働量を増加させ、労働のもつ意義を完全に奪ってしまう。その結果、労働者は肉体的にも精神的にも資本家のいいなりになる道具と化してしまうのである。それに対し、ブルジョア経済学者は、機械装置の資本主義的利用にともなって工場の賃金労働者の人数が増加することを論証すれば、それだけでこの機械装置の資本主義的利用への賛美になると信じているのである。

あたかも労働者の人数の増加は彼らの窮乏の増加を意味しないかの如くにである。だが、実際には、労働者の窮乏化とならんで失業という窮乏もまた増加することになるのである。

ところで、機械制度が発展した場合にも、可変資本は絶対的にも増加可能であるけれども、必ずしもそうなる必要がない。実際、大工業の様々な部門ではすでに様々な時期に不変資本の増加とならんで可変資本の絶対的減少、すなわち雇用労働者の人数の減少が確認されているのである。(この点にかんする若干の事実は、第三篇の過剰人口についての章で与えられるだろう。) ここでは、失業、ならびに大工業との競争によって国内外の手工業経営の当該労働部門の内部に引き起こされる窮乏については、考察外とする。前節で述べたように、イギリスの機械織工の人数が何千人も増加している同じ時期に、イギリスと東インドの手織工が何十万人も餓死していたという事実を想起しよう。俗流経済学者は、機械は遊離された労働者のために新たな雇用を創出するということを労働者に信じ込ませようとする。その際、彼らは何千人ものイギリスの新たな機械織工労働者だけを見て、何十万人ものイギリスと東アジアの手織工労働者については狡猾にも沈黙するのである。

またひとつの労働部門における労働者の遊離と同時に他の産業部門における労働需要の増加が生じる場合ですら、そのことは失業者の慰めとはならない。生涯にわたって特定の労働部門で労働してきた労働者が、一朝一夕に他の労働部門に転換できるというようなことがどうして可能になるというのだろうか。

大工業が発展してくると、不変資本の増大と比較した可変資本の相対的減少によって引き起こされる労働市場の運動とともに、別の特有な運動、すなわち労働市場で前者の運動と交錯する運動が発展してくる。その運動とは以下のようなものである。

大工業に特有な生産条件が全般的に生まれるや否や、つまり機械生産、石炭＝鉄生産、輸送制度その他の発展が一定の水準に達するや否や、この経営様式は信じられないほど急速に拡大する。そしてこの拡大を制限するものは、原材料と販路だけとなる。したがって、大工業は新しい原材料や新しい製品購買者を提供する新たな市場の開発に突進する。市場の大きな拡大が行われるごとに、熱病的な生産の時代が続く。だが、市場が過多になるや、沈滞期がそれに取って代わることになる。「産業の一生活は、中位の活況、好景気、過剰生産、恐慌、停滞の諸時期の一系列に転化していく。」（マルクス『資本論』第一巻、五七三頁）このような循環が労働者に意味するのは、過重労働と全生活状態の著しい不安定さ、すなわち失業、雇用、賃金額などの著しい不安定さとの間の恒常的な変動なのである。

こうした運動は、技術上の進歩によって引き起こされるところの、可変資本の相対的減少、しばしばその絶対的減少と絡み合う。この二つの運動は、技術上の進歩が労働者を排除することのない繁栄期には、相互に反発し合う。だが、恐慌期にはこの二つの運動は同一の方向に合流する。なぜなら、恐慌期には失業と同時に競争戦が歯止めのきかない状態となり、価格引下げへの要求が激しくなるために、この要求を一部は新たな労働節約的機械の導入によって、また一部は労働時間の延長によって、さらに一部は労賃の引下げによって実現しようとする志向が強まるからである。けれども、そうした志向はいずれにしても労働者の犠牲の上でなされることには変わりがないのである。

## （6）革命的作用因としての機械

もしわれわれが調和論者のひとりに資本主義的工場制度の実相を提示し、これでもなおあなたは、われわれが最善の世の中に住んでいると信じるのかと問うならば、彼は次のような言明によってこの問いへの回答を回避しようとするだろう。「その通り、われわれはなお過渡期の中に暮らしている。そして今なお中世的残滓によって資本主義的大工業の発展が妨害されているために、われわれはその恩恵を十分に享受できないでいる。だが、工場労働者の境遇を同一部門の家内工業ないし手工業的経営の労働者の境遇と比較すれば、前者の労働者の方が後者の労働者よりもはるかに良い境遇にあるということがわかるだろう。それゆえに、大工業は労働者の境遇を著しく向上させるのであって、劣悪化させるのではない」、と。こう調和論者は言明するだろう。

大工業経営が有力となりつつある地域に伝統的な家内工業、手工業そしてマニュファクチュアがなお残存している場合には、後者の労働者が工場労働者よりもはるかに劣悪な境遇の中で暮らしていることは、否定できない事実である。こうした事実は、資本主義的大工業の優位性を物語っているのだろうか。われわれはそのようには考えない。こうした事実は、単に次のことを、すなわち工場制度が根付いている産業部門では、工場制度によって工場労働者の境遇が劣悪化するばかりでなしに、依然工場以外の所で労働し続けている労働者の境遇もまた、工場労働者以上に劣悪化するということを示しているにすぎない。つまり、資本主義的大工業がもたらす「進歩」とは、この資本主義的大工業が家内工業、手工業そしてマニュファクチュアの労働者に工場労働者に強いる苦痛や貧困を二倍、三倍の強さで強いるということなのである。この点を、マルクスは次のように述べている。

「廉価な未成熟労働力の搾取は、近代的マニュファクチュアにおいては、本来の工場におけるよりも、さらにあつかましくなる。なぜかというに、本来の工場にある技術的基礎、機械をもって筋力に代えることと、労働の容易なこととが、かしこでは大部分欠けていると同時に、婦人または未成熟者の身体が、きわめて非良心的に毒物等の影響に晒されているからである。この搾取は、いわゆる家内労働においては、マニュファクチュアにおけるよりもさらに無恥となる。なぜかというに、労働者の抵抗力は、彼らの分散とともに減少し、多数の盗賊的寄生者が、本来の雇い主と労働者とのあいだに介在し、家内労働は、つねに同一生産部門の機械経営、または少なくともマニュファクチュアと闘い、貧窮は労働者からもっとも必要な労働条件、空間、光線、換気等々を奪い、就業の不規則性は増大し、そして最後に、大工業と大農業とによって、『過剰』化された人々の、この最後の避難所においては、労働者の競争が必然的にその最高度に達するからである。機械制経営によって初めて体系的に形成された生産手段の節約は、同時に初めからもっとも容赦のない労働力の浪費であり、労働機能の正常な前提条件の略奪なのであるが、それは今や、一産業部門において労働の社会的生産力と結合労働過程の技術的基礎の発展が低ければ低いほど、ますますこの敵対的で殺人的な面を表わすにいたるのである。」(マルクス『資本論』第一巻、五八四頁)(21)

かくして家内工業の労働者は、限度一杯まで耐えなければならない。機械と廉価さを競おうと努力する中で、食料、衣服、日光、空気、休息への彼らの要求はますます低くなり、ついにはわれわれが想像しえる最低の水準にまで落ち込んでしまうのである。マルクスは、二歳の幼児を使用した零細レース製造所の存在を指摘した上で、この点を次のように報告している。

イギリス麦藁編み製造業では、三歳以上の子供が一人当り一二―一七立方フィートしかない狭い場所で、時には深夜まで労働していた。イギリス児童調査委員会の委員の一人であるホワイトは、次のように述べている。「これらの数字のうちの小さい方のものが表わす容積は、子供が各辺三フィートの箱に包装された場合に占める容積の、半分よりも小さいのである」(マルクス『資本論』第一巻、五九三頁)、と。

しかるに、人間の性格がどれほど我慢強いものであるにしろ、これ以上は耐えることのできない限界というものがある。この限界に到達したならば、家内労働が機械装置の導入によって急速に没落することを知らせる時の鐘が鳴り響く。その時、家内労働者は他の仕事を見つけるか、それともこれまで以上に急速に餓死するのかという二者択一の前に立たされる。同様のことは、伝統的な手工業やマニュファクチュアについても言えるのである。

さらにマニュファクチュアから大工業への移行は、工場法の施行によって加速化される。家内工業はこうした法律的な制約を受けると、即座にその存立基盤を失ってしまう。なぜなら、家内工業がその余命を維持するには、婦人や児童の無制限といえるほどの極端な搾取に頼らざるをえないからである。

すでに述べたように、機械は工業領域に革命的な作用を及ぼす。その場合、機械は通例農業労働者の相対的な過剰を引き起こすばかりでなしに、絶対的な過剰をも引き起こす。ただし、例外は、以前のアメリカ合衆国のように、機械が農業に導入された場合には、大抵工業領域以上の革命的な作用を及ぼす。他方、機械が農業に導入された場合には、大抵工業領域以上の革命的な作用を及ぼす。

だが、通例機械が農業に導入された地域では、工業における伝統的な手工業経営と同じ運命が農民を襲う。そしてこうした農民の衰退とともに、旧社会のもっとも強固な防塁もまた倒壊することになる。それにともない農村で「過剰」となった農民と賃金労働者が都市に流入する。こうして大都市が膨脹を遂げていくのに対し、農村は過疎化していく。かくして膨大な人口が都市に密集する結果、工業労働者の身体の衰弱化が生じる。それに対し、農村の過疎化は農村労働者の精神的活力を減退させ、彼らの精神生活はもとより、資本に対する彼らの抵抗力をも衰退させる。また大都市の成長にともなって、土地の肥沃度がますます低下する。というのも、食物に奪われた諸成分が土地に返還されず、排泄物やごみの形態となって土地を肥沃にする代わりに、都市を汚染するからである。だが、近代技術が農業に利用されるにともなって、土地から最高度の収穫をえる手段も成長してくる。その結果、土地から奪うものはますます多くなるが、土地に返還するものはますます少なくなる。このようにして機械装置の資本主義的利用は、人間労働力の酷使とともに土地の酷使をも助長するものとなる。そのために、機械装置の資本主義的利用は労働者の身体

的かつ精神的な衰退と同時に土地の荒廃をも引き起こすものとなる

だが、機械装置の資本主義的利用は、それらのことと同時に、新しい高度な文化の胚芽とその推進力とを発展させる。マルクスは窮乏の中に窮乏だけを見たのではなく、その胎内に生まれてくるより良い未来の胚芽をも見たのであった。つまり、彼は工場制度を非難したり、弾劾したのではなく、それを研究したのである。したがって、彼にとって問題なのは道徳的判断ではなく、研究である。それだからこそ、彼は、近代的工場制度の革命的側面を最初に認識した先駆者ロバート・オーウェンにわれわれの注意を促したのであった。したがって、われわれもまた、近代的工場制度の革命的側面を次のように認識しなければならない。

大工業は、それ以前のいかなる生産様式も生み出したことがないような恐るべき窮乏を生み出した。だが、大衆の窮乏は少しも停滞的なものではない。われわれが今日見いだす窮乏は、たとえばローマの帝制時代の社会のそれのように、社会を緩慢かつ無自覚に衰退させるような固定的な窮乏といった泥沼ではない。近代的生産様式は、むしろ社会のあらゆる階層をかき混ぜ混交し、不断の運動状態に置くような渦の如きものである。一切の伝統的な生産関係とともに、伝統的な先入観もまた破壊される。だが、それに代わる新しい生産関係それ自体も少しも固定的なものではなく、たえざる変動に委ねられている。したがって、次々と新しい発明や労働方法が現われ、大量の資本や労働がひとつの生産部門から他の生産部門に、ひとつの国から他の国に絶え間なく移動する。こうして、生産関係の固定性やそれに対する一切の信仰といったものが消滅することになる。また保守的要素は取り除かれ、農民は今日歴史的動力が集中している大都市に追いやられる。だが、彼らはそこで運動を妨害するのではなく、運動に加担する。他方、婦人と児童は工場に引き込まれ、ブルジョア的家族の保守的要素は解体される。そして家事を行う主婦は、生きるために闘う職業的な婦人労働者になる。

今やわれわれの眼前で進行しているこうした古いものの完全な解体の中に、すでに新しいものの胚芽が現われているのである。

長期にわたる一面的に偏った労働の結果、青年労働者の白痴化の増大が生じた。そのために、すべての工業国はこれやあれやの形態で初等教育を労働の絶対的条件と宣言せざるをえなくなった。それ以来、工場で労働する児童もまた正規の通学児童と同様に、否むしろ彼ら以上により良くかつより容易に修学しているという事実が見いだされるようになっている。ある工場監督官は、次のように主張している。「事態は簡単である。学校に半日しかいない生徒たちは、つねに新鮮であって、ほとんど何時でも授業を受けいれることができ、また受けいれようとしている。半労半学の制度は、労働と授業との各々を他方から見れば休息および気晴らしたらしめ、したがって児童にとっては、両者の一方を中断なくつづける制度よりもはるかに適切である」（マルクス『資本論』第一巻、六〇八―九頁）、と。

マルクスはこれに次のように付言している。「詳しいことはロバート・オーウェンを研究すればわかることだが、将来の教育――社会的生産を増大するための一方法としてのみならず、全面的に発達した人間を生産するための唯一の方法として、特定の年齢以上のすべての児童のために生産的労働を知育および体育と結びつけるであろうところの、将来の教育――の萌芽は、工場制度から発生したのである。[22]」（マルクス『資本論』第一巻、六〇九頁）

このような教育上の革命に、もうひとつの革命が合流しなければならない。

様々な職業と専門化が広範に行われるという意味での分業（これはすでに手工業時代に特有なものである）と個々の経営内部の分業（これはマニュファクチュア時代に前者の分業と合体した）とは、労働者諸個人にとってきわめて不利な諸結果をもたらした。実際、生産条件は緩慢にしか発展せず、時には形式的化石化の状態に陥ったほどであった。またすべての人は、終生ひとつの特定の部分作業に縛られる中で驚異的なほどの熟練を達成したけれども、それと同時に一面的な奇形化をも遂げ、古典古代時代の理想美とされた調和的発展を失ったのである。

機械使用部門では、労働者はもはや自らの特定分野の生産能力を向上させるために、長い年月にわたる修業を行う必要がなくなる。それと同時に、機械は労働者を終生一定の部分作業に縛っておくことも不可能になる。というのは、機械はたえず生産条件を変革し、労働者をひとつの労働部門から引き抜いて他の労働部門に投げ入れるからである。

だが、恒常的に何十万人ものプロレタリアートの失業者軍——彼らはどんな仕事にも就きたいと熱望している——のいる現在、前述したような労働者の部門間のたえざる移動運動が、苦悩を生まないとでもいうのだろうか。否である。なぜなら、今日賃金労働者は肉体と精神が青年期に等しく奇形化されたために、近代的大生産の基礎となっている様々な機械的かつ技術的過程への洞察力をもたないばかりか、このような過程に適応する能力もほとんどもっていないからである。

したがって、大工業の労働者は終生ひとつの特定の部分作業に縛られなくなったとしても、実際には数か月、否数年の失業や飢餓の期間をともないながら、毎日それに縛られているのである。

もし彼らが各種の部分作業を一日ごとに、否一時間ごとに相互に交替することによって、白痴化と疲労とを防ぎ、元気になる場合には、また破滅的な失業がなくなり、技術的変革が労働者を犠牲にしないものとなる場合には、事態はまったく違ったものになるだろう。

このような変化を生む多数の前提条件の中には、教育に関係するものがある。たとえば、労働者階級は生産方法のプロセスへの科学的洞察力をもたなければならないし、またきわめて多種多様の生産用具の取り扱い方への実践的能力ももたなければならない。そのことは、今日すでに徒弟学校やそれに類似した機関で試みられている。だが、それはきわめて不十分な方法によってである。マルクスは次のように言う。「資本からやっと奪った最初の譲歩としての工場立法は、初等教育を工場労働と結びつけるにすぎぬとすれば、労働者階級による不可避的な政権獲得によって、技術学的な——理論的および実践的な——教育が労働者学校において然るべき席を獲得するであろうということは、うたがう余地がない」（マルクス『資本論』第一巻、六一三—四頁）、と。

最後に、近代的大工業が引き起こす家族の革命が問題となる。近代的大工業は、今日すでに賃金労働者にかんするかぎり伝統的な家族形態を解体した。そして夫婦の間の関係ばかりでなく、親子の間の関係も工業での婦人労働と児童労働の制度によって変化した。今や両親は、多くの場合子供の保護者や扶養者からその搾取者になっている。

われわれは、すでにイギリスの麦藁編み工業で、三歳の時から悲惨きわまる状態でしばしば深夜まで労働しなければならなかった哀れな児童について述べた。マルクスもそれを次のように述べている。

「窮乏し退廃した親たちは、児童からできるだけ多く搾り出すことしか考えていない。成長すれば、児童たちは当然、親のことなど微塵も気にかけないで、これを見捨ててしまう。」（マルクス『資本論』第一巻、五九三頁）

「だが、親権の濫用が、資本による未成熟労働力の直接または間接の搾取を創造したのではなく、むしろ逆に資本主義的搾取様式こそ、親権を、それに照応する経済的基礎を止揚することによって、ひとつの濫用たらしめたのである。さて、資本主義制度の内部での旧来の家族制度の解体がいかに恐ろしく厭わしく見えようと、大工業は、それが家政の領域の彼方なる社会的に組織された生産過程において婦人、少年少女および児童に割り当てる決定的役割をもって、家族および両性関係のより高度な形態のための新たな経済的基礎を創造する。家族のキリスト教的・ゲルマン的形態を絶対的なものと考えることは、古代ローマ的形態、または古代ギリシア的形態、または東洋的形態――これらは、ともあれ、相互にひとつの歴史的な発展系列をなす――を絶対的なものと考えるのと同様に、もちろん愚かなことである。同じように明らかなことだが、両性および種々さまざまな年齢の個人からなる結合労働員の構成は、なるほど、労働者が生産過程のために存在して生産過程が労働者のために存在するのではないところの、それの自然発生的で野蛮な、資本主義的な形態においては、荒廃および奴隷状態の禍源であるとはいえ、適当な諸関係のもとでは、逆に、人類発展の源泉に急変するにちがいない。」（マルクス『資本論』第一巻、六一六頁）

マルクスがこのような将来展望をわれわれに開示してくれた後では、われわれは機械装置と大工業の制度に和解的な態度で対峙することができる。なぜなら、これらの制度が労働諸階級の上に課した苦痛がどれほど計り知れないものであるにせよ、それは少しも無益ではなく、何百万人ものプロレタリアの屍を肥料とした労働という畑に高度な社会形態［社会主義社会］という新たな種子を発芽させるものであるということ、つまり機械制生産は新たな人類［社会主義社会に生きる人間」を誕生させる基礎をなすということを、われわれが知っているからである。

その際、このように機械制生産によって生まれた新たな人類とは、手工業やマニュファクチュアの一面的制約性を免れているばかりでなく、原始共産主義の人間のように自然の奴隷でもなければ、古典古代のように権利なき奴隷を抑圧することで精神的かつ肉体的な力と美を手にいれようとする人間でもなく、調和的な発展を遂げ、生きる喜びを享受できる、土地と自然力の支配者であり、しかも兄弟的な平等で結ばれた共同社会のあらゆる構成員のことなのである。

# 第三篇　労賃と資本収入

## 第1章　労　賃

### (1)　労働力の価格と剰余価値の量的変動

われわれは、第二篇では主として剰余価値の生産を論じた。今やわれわれは方向を転じ、まず労賃の法則を論じることにしよう。その序論をなすと同時に、第二篇から第三篇への移行領域、すなわちある程度までこの二つの篇に跨がる領域をなすのは、第二篇ですでに認識するにいたった三つの要因、すなわち一、労働日の長さ、二、標準的な労働の強度、三、労働の生産力の変化によって引き起こされるところの、労働力の価格と剰余価値との量的変動、という三つの要因についての研究である。

この三つの要因は、きわめて多種多様な方法で変化する。ある時にはその一つの要因だけが、またある時には二つの要因が、さらにある時には三つの要因が同時に変化し、同一の要因が変化する場合でもその程度には差異が生じる。その際、こうした変化から生じるこれら三つの要因のあらゆる結合形態を研究するようなことは、もちろん、あまりにも細部に立ち入り過ぎることになるだろう。なぜなら、主要な結合形態が与えられるならば、いかなる結合形態が存在しても、この主要な結合形態を基準にしてそれらを理解することがきわめて容易になるからである。したがって、ここではこの主要な結合形態だけを説明する。つまりわれわれがここで研究するのは、これら三つの要因のそれぞれひとつの要因が変化し、その他の二つの要因が不変のままである場合に生じる剰余価値と労働力の価格の比率における変化なのである。

(a) 労働日の長さと労働の強度とが不変のままであって、労働の生産力が変化する場合

労働の生産力は、一定の単位時間内に生産される生産物量に大きな影響を与える。だが、労働の生産力は、この生産物量の価値の大きさそのものには影響を与えない。たとえば、従来は一時間に一ポンドの綿花しか紡がなかった綿紡績工が、新しい機械の発明の結果、一時間に六ポンドの綿花を紡ぐことができるようになったとすれば、彼は今や一時間に以前の六倍の綿糸を生産することになるだろう。だが、この綿糸の価値は以前と同じである。したがって、彼の紡績労働によって一ポンドの綿花に付加する価値は、今や以前の六分の一になる。このような価値の下落は、たとえば労働者の衣服のような彼の生活手段の価値に反作用を与える。その結果、労働力の価値は下落し、この労働力の価値の下落分と同じ価値量だけ剰余価値が増大することになる。それに対し、労働の生産力が低下した場合には、もちろん、その逆のことが生じる。このように剰余価値の増減は、それに照応した労働力の価値の増減の結果であって、その原因ではないということである。

その際、労働力の価値の低下に照応して労働力の価格が低下するのかどうか、またどの程度低下するのかということは、種々のきわめて様々な状況、とりわけ労働者階級の抵抗力に依存している。

たとえば、労働の生産力が増大した結果、労働力の日価値が三マルクから二マルクに下落したにもかかわらず、労働力の価格が二マルク五〇ペニヒにしか下落しなかったと仮定しよう。この場合、ひとりの労働者が作り出す一日分の剰余価値が以前には三マルクであったとすれば、今や一日分の剰余価値は四マルクに増加するのではなく、資本家

にとって癪にさわることであるが、三マルク五〇ペニヒにしか増加しない。だが、資本家にとって幸いなことに、そのような場合は稀にしか生じない。なぜなら、そのような場合が生じるには、労働者の大きな抵抗力の存在とともに、労働日の長さと労働の強度という、その他二つの要因が不変であることを必要としているからである。リカードゥ派経済学者たちが失敗したのは、彼らがこの二つの要因の変動の影響を見逃したことにある。

次に、われわれは残りの二つの要因の変動の影響を見ることにしよう。

(b)労働日と労働の生産性が不変なままで、労働の強度が変化する場合

労働の強度を増すということは、同じ時間内により多くの労働量を支出するということを意味する。それゆえ、それはより多くの価値を創造することをも同時に意味する。

もし綿紡績工が労働の生産性の変化によることなく、労働のよりいっそうの緊張によって以前のように一時間に一ポンドの綿花を紡ぐのではなく、一・五ポンドの綿花を紡ぐようになったとすれば、彼が一時間に創造する価値は以前に比して一・五倍に増大することになる。つまり、以前には一二時間で六マルクの価値を創造していたのに、今や彼は同じ時間内に九マルクの価値を創造するのである。

この場合、彼の労働力の価格が以前の三マルクから四マルクに騰貴したとしても、剰余価値は三マルクから五マルクに増加する。したがって、しばしば主張される次のような見解、すなわち労働力の価格騰貴は剰余価値を犠牲にしてだけ行われるという見解は正しくないのである。むしろこうした見解は、われわれによって考察された第一の場合［(a)の場合］だけに妥当するのであって、ここで論究している第二の場合［(b)の場合］には妥当しないのである。

ちなみに言えば、第二の場合［(b)の場合］における労働力の価格騰貴は、その価値以上の騰貴を必ずしも意味しないということである。なぜなら、労働の強度が増すならば、その必然的結果として労働力はより急速に消耗することになるけれども、もし労働力の価格がこの消耗を十分補償できるほど騰貴しないならば、労働力の価格は実際にはその価値以下に下落したことになるからである。

このような労働の強度は、国民ごとに異なったものである。したがって、「強度のより大きい一国民の労働日は、強度のより小さい他国民の労働日にくらべて、より大きい貨幣表現でみずからを表示する。」（マルクス『資本論』第一巻、六五七頁）

たとえばイギリスの工場の労働日は、通例ドイツの工場のそれよりも短い。だが、労働の強度という点では前者の方がはるかに大きいので、イギリスの労働者は同一の労働時間内にドイツの仲間よりもより大きな価値を創造しているのである。この点にかんして、マルクスは次のように言っている。「大陸の工場における労働日の法律によるより大きな短縮は、大陸の労働時間とイギリスの労働時間との間のこの差を減少させるためのもっとも確実な手段であろう」（マルクス『資本論』第一巻、六五七頁）、と。

(c)労働の生産性と労働の強度が不変なままで、労働日が変化する場合

この場合には、さらに二つの事態が問題となる。

第一の事態は、労働日が短縮される場合である。この場合には、労働力の価値は影響を受けない。というのは、労働日の短縮が剰余価値の犠牲の上でなされるからである。それゆえ、資本家が剰余価値の減少を阻止したいのであるならば、彼は労働力の価格をその価値以下に下落させなければならない。実際、標準労働日の敵はこのような場合を好んで自らの証拠として持ち出すのである。だが、彼らの議論が妥当するのは、労働の強度と労働の生産性が不変である場合だけでしかない。むしろ、現実には労働日の短縮はいつも労働の強度と労働の生産性の増大の原因になるか、またはその結果であるかのどちらかでしかない。

第二の事態は、労働日が延長される場合である。このような変化の結果が資本家の悩みの種になったことはない。なぜなら、労働日が延長される場合、一労働日中に生産される生産物量の価値総額と剰余価値とが増加するからである。またこの場合には、労働力の価格も騰貴する可能性がある。けれども、この場合でも、労働の強度の増大の場合と同様に労働力の価格騰貴が労働力消耗の増加を補償することがないならば、この労働力の価格騰貴は、実際にはそ

の価値以下への下落を意味しているのである。

以上の(a)、(b)、(c)という三つの場合がきわめて純粋な形で現われるようなことは、稀でしかない。だが、これら三つの要因のひとつに変化が生じるならば、通例他の二つにも変化が生じる。マルクスはこうした事態の中でとりわけ労働の強度と労働の生産性が増大しつつそれと同時に労働日が短縮される場合を研究し、労働日の短縮可能な限界点を明らかにした。このマルクスの研究の結果については、以下の通りである。

資本主義的生産様式のもとでの労働日は、労働者の生存保持に必要な労働時間という限度にまで短縮されることがない。なぜなら、もしその限度まで短縮されるならば、資本主義の基礎である剰余価値が生まれなくなってしまうからである。

それに対し、資本主義的生産様式が廃棄されたならば、労働日を必要労働時間に制限することが可能となるだろう。けれども、その他の状況が同じであるならば、資本主義的生産様式が廃棄されるや否や、必要労働時間を延長させる必要性が生まれるだろう。第一に、労働者の生活欲求が増加するからである。第二に、今日剰余労働の領域に属しているところの、生産の継続と拡大のための蓄積ファンドが必要労働の領域に移るからである。

だが、他方で労働日の短縮とともに労働の強度もまた増大することになるだろう。そして社会的に組織された労働の制度は生産手段を節約し、あらゆる無益な労働を除去することに導くだろう。しかるに、「資本主義的生産様式は、各個の事業内では節約を強要するが、その無政府的な競争制度は、社会的な生産手段および労働力の無際限きわまる浪費、ならびに、今日では不可欠だとはいえ絶対的に余計な無数の機能を生みだす」（マルクス『資本論』第一巻、六六二頁）、と。

マルクスはさらに続けて次のようにも言う。「労働の強度と労働の生産力が与えられておれば、労働がすべての作業能力ある社会成員の間に均等に配分されればされるほど、ある社会層が労働の自然的必要をまぬがれて他の社会層に転嫁することができなくなればなるほど、社会的労働日のうち物質的生産に必要な部分がそれだけ短縮され、かくして、個人の自由な精神的および社会的活動のために獲得される時間部分がそれだけ増加する。労働日短縮のための絶対的限界は、この面からみれば労働の一般化である。資本主義社会では、一階級のための自由な時間が、大衆のすべての生活時間の労働時間への転化によって生みだされるのである」（マルクス『資本論』第一巻、六六二―三頁）、と。

## （2）労働力の価格の労賃への転化

われわれはこれまで労働力の価値とその価格、そしてそれらと剰余価値との関係を論じてきた。

しかるに、労賃が社会の表層に現われてくる時、それは労働力の価格としてではなく、労働の価格という姿をとる。マルクスはこの点を『賃労働と資本』の中で次のように言っている。「労働者に、君の労賃はいくらか、と尋ねるなら、彼らは次のように答えるだろう。ある者は『自分は労働日の代価として私のブルジョアから一マルクを貰っている』と。またある者は『私は二マルク貰っている』というようにである。要するに、彼らの所属する労働部門が異なるにしたがって、彼らが一定の労働時間または一定の仕事、たとえば一エレの亜麻布を織ったり、一頁の印刷をしたりといった仕事の代価として彼らのブルジョアから受け取る貨幣額もまた異なるであろう。彼らの申告が異なっているにもかかわらず、次の一点では、すなわち労賃は、一定の労働時間または一定の労働給付の代価として資本家から支払われる貨幣額であるという一点では、彼らすべては一致しているのである。」（マルクス『賃労働と資本』）

すでに述べたように、商品の価格とは貨幣で表現された商品の価値のことである。それゆえに、労働が価格をもつとすれば、労働は同時に価値をもたなければならないはずである、と経済学者は推測する。だが、この労働の価値の大きさとはいったいどのようにして決まるのか。それは、その他のあらゆる商品と同様に、それを生産するのに必要な労働時間によって決定される。しからば、一二時間の労働を生産するには、どれほどの労働時間が必要になるのか。一二時間を必要とするということは明らかである。

この前提にしたがって、労働がその価値通りに支払われるとすれば、労働者は彼が生産物に付加した全価値を労賃として受け取ることになるだろう。かくしてこの計算の後に、われわれは剰余価値理論を誤ったものと認めるのか、それとも価値論ないしこの二つの理論を誤ったものとして認め、資本主義的生産の謎を不可解なものと見なすのかという二者択一の前に立つことになる。リカードゥにおいてその頂点に達したブルジョア的な古典派経済学は、この矛盾のために坐礁した。そして近代的生産様式を研究することを課題とせずに、この近代的生産様式の正当化とその賛美とを課題とする俗流経済学にいたっては、こうした矛盾を彼らのきわめて立派ではあるが、誤った推論のために悪用しているのである。

マルクスは、この二つの潮流の経済学者たちが混同した労働と労働力の間の相違を明確にすることによって、それらすべての誤った推論を無効なものにしたのであった。

一八四七年には、なおマルクスはこの点にかんしての根本的な発見を行っていなかった。『哲学の貧困』の中でも、また『賃労働と資本』の中でも彼はまだ労働力の価値に気付かずに、労働の価値について語っていた。だが、わが経済学者たちは労働力と労働を区別することの意義を少しも理解していないために、彼らは今日なおこの二つの概念を混同しているばかりでなしに、マルクス＝ロードベルトゥスの価値論といったことを好んで問題にするのである。けれども、ロードベルトゥスがリカードゥ価値論とともに労働と労働力の混同ならびにそこから生じる矛盾を十分な吟味もなしに継承したのに対して、マルクスはこの点においても、また根本的意義を有するその他の点（価値形成労働を社会的必要労働［抽象的人間労働］に限定したことや価値を形成する一般的労働と使用価値を生産する特殊な労働とを区別した点）においてもリカードゥ価値論から矛盾を取り除き、実際に初めて十分かつ強固に基礎づけられた価値論を形成したのであった。

マルクスは、労働は商品ではないということ、それゆえに、労働はあらゆる商品価値の源泉であり尺度であるにもかかわらず、いかなる商品価値も有していないということを初めて立証したのである。こうした労働と労働力の関連は、次のような譬えで簡潔に示すことができる。

市場に登場するのは、労働力を販売しようとする労働者である。それに対し、労働は労働力商品の消費によって生じる。それは、シャンパンという商品の消費によって一定の酩酊状態が生まれるのと同じである。つまり、資本家はシャンパンを購入するけれども、このシャンパンが生み出す酩酊状態を購入するのでない。それと同様に、資本家は労働力を購入するのであって、労働を購入するのではない、と。

だが、労働力は一種特別な商品である。なぜなら、それは消費後に初めてその代価が支払われる商品だからである。つまり賃金は、労働者が労働を行った後に支払われる。

したがって、実際には労働力の購入であるにもかかわらず、それは外見的には労働の代価の支払いであるかのように見えるのである。そのため、労賃は労働力の価格としてではなく、資本家の財布から出てくるまでの間に、労働力の価格が転化した労働の価格としてわれわれの前に現れることになるのである。

このような転化がいかにして行われるのか、またその諸結果はいかなるものであるのかということを、マルクス以前の経済学者たちは科学的に研究することができなかった。なぜなら、彼らは労働力の価格と労働の価格との相違を認識することができなかったからである。その意味で、マルクスは厳密な科学的労賃理論を最初に提出した人と言うことができるだろう。

以上のような、「労働の価格」として現象する労賃の二つの基本的形態は、時間賃金と出来高賃金にほかならない。

## (3) 時間賃金

われわれにとって周知のように、労働力の日価値は一定の状況のもとでは一定したものである。たとえば、労働力の日価値が二マルク四〇ペニヒであり、慣習的な労働日が一二時間であると仮定しよう。本書では、とくに断わりのない場合には、常に労働力の価値とその価格は他の諸商品と同様に一致しているものと仮定する。かくて、一二時間の労働の価格は二マルク四〇ペニヒとして現われ、一時間の労働の価格も二〇ペニヒとして現われる。このようにしてえられた労働時間の価格が、労働の価格の単位尺度として利用されることになる。

つまり、労働力の日価値を慣習的な労働日の労働時間数で割るならば、労働の価格がえられるということである。

ところで、こうした労働の価格の動きは日賃金または週賃金の動きと対立する場合がある。たとえば、今や労働時間が一二時間から一五時間に延長されるとともに、労働の価格が二〇ペニヒから一八ペニヒに下落したと仮定してみよう。この場合、日賃金は二マルク七〇ペニヒになる。このように労働の価格が下落しても、それと同時に日賃金が増加するという事態も生じるのである。というのは、労働の価格は前述したように労働力の日価値と慣習的な労働日の長さとに依存しているからなのである。

今、たとえば恐慌のような異常な出来事の勃発によって自分の商品が売れなくなったために、資本家が労働者の労働時間をたとえば半分に短縮させたとする。その場合、資本家は労働の価格をそれに応じて引き上げようとはしないだろう。したがって、労働の価格が二〇ペニヒであるならば、労働者が六時間の労働をする場合、彼は僅か一マルク二〇ペニヒしかえられない。つまり、彼の労働力の日価値はわれわれの仮定によれば二マルク四〇ペニヒであったにもかかわらず、彼は僅か一マルク二〇ペニヒしかえられないという事態に陥ってしまうのである。[23]

かくてわれわれは、以前に労働日の延長が労働者の苦痛の原因になるということを見たが、ここでは労働日の一時的短縮が労働者の新たな苦痛の原因になるのを見るのである。

労働日を短縮するための法律が問題になるたびに、資本家たちはその法律に反対するために「労働者がかわいそうである」という同情論をもちだし、次のように言うのが常である。「そうでなくとも、われわれは一五時間労働の代価としてきわめてお粗末な飢餓賃金しか払えないでいるのだ。今や諸君は、労働時間を一〇時間に短縮することによって飢えた労働者からさらに賃金の三分の一を奪い取ろうとするのか。そんな野蛮なことに、われわれは激しく抗議せざるをえない」、と。こうした彼らの同情論は、前段でみたような事実に依拠しているのである。

しかるに、このような同情論をもちだす気高き人道主義者が忘れているのは、慣習的な労働日が短縮されるならば、労働の価格が騰貴するという事実、つまり、労働力の日価値が大きくなるにしたがって、また慣習的な労働日の長さが短くなるにしたがって、労働の価格もそれだけ騰貴するという事実――換言すれば、労働日の一時的短縮は賃金を低落させるけれども、労働日の長期的短縮は賃金を騰貴させるという事実――なのである。このような事実は、とりわけイギリスにおいて見ることができる。一八六〇年四月の工場監督官の報告によれば、一八三九年から一八五九年までの二〇年間に一〇時間標準労働日を順守している工場では労賃が騰貴したのに対し、一四―一五時間もの長時間労働をさせている工場では労賃は低落したのであった。それ以来近年にいたるまで、数多くの経験によってこの事実が確証されているのである。

他方、労働時間の長期にわたる延長は、労働の価格を低落させる。逆に、労働の価格が低落している場合には、労働者は僅かばかりの日賃金を確保するために、労働日の延長にしたがうことを余儀なくされる。(したがって、安価な労働の価格と長時間労働は固定する傾向を有している。) ここから、資本家は賃金の引下げと労働時間の延長を行い、自らの利潤を増加させようとする。だがそれにもかかわらず、資本家間の競争のために、資本家は最終的にそれに対応した商品価格の引下げを余儀なくされる。かくて労働日の延長と賃金の引下げとによって獲得された超過利潤は消滅し、今や商品価格は低迷し続けることになる。そしてその状態は、超過労働を行った場合でも賃金を低く維持し続けるための強制手段として作用することになる。したがって、この場合資本家は長期的な利益を享受することがない。他方、労働者は長期的不利益を享受する。かくして標準労働日の法律的制定は、このような事態の展開に強力な制限を加えるものとなる。

ここでは、標準労働日の法律的制定のなお別の有利な作用を指摘しておこう。

たとえば、一定の週賃金や日賃金を支払う義務が資本家になく、労働時間数に応じて労働者に賃金を支払うという方法が一定の労働部門で採用されるようになると、労働者は終日資本家の命令に服さなければならなくなる。その結果、労働者を過度に労働させたり、短い時間しか労働させないようにすることは、資本家の意志次第になる。しかるに労働の価格は慣習的な労働日の長さにしたがって決定されるものであるから、資本家は労働力の全価値を労働者に支払うことなしに、労働の「標準」価格を支払うことで労働者の全労働力に対する命令権を手にできるようになる。この事実は、労働者が標準的労働時間数以下の労働を行う場合に明確となるが、労働者がこの標準的労働時間数を超過して労働を行う場合にも、この事実は妥当するのである。

たとえば、各労働時間ごとに支出される労働力の価値は同一ではない。労働日中の最初の一時間に支出される労働力は、その最後の一時間に支出される労働力と比べるならば、その回復がより容易である。したがって、最初の労働時間に支出される労働力の価値は、一〇時間目ないし一二時間目に支出される労働力の価値と比較した場合（前者の使用価値は後者のそれよりもはるかに大きいものになるとしても）、より小さい。このために、多くの経営では一定の限界点までの労働日を「標準的労働時間」と見なし、それを超過した労働時間を超過労働時間と見なす習慣が生理学的および経済学的観点とは無関係に、むしろ自然発生的に形成されたのであった。そしてこの超過労働時間に対しては、もちろんしばしば雀の涙程度にすぎないにしても、より多くの賃金が支払われるようになっているのである。

だが、時間決めの賃金で労働者を雇用する前記の資本家たちの場合には、超過労働時間の高賃金を支払わなくてすむことになるのである。

その際、前述した「標準」労働日と超過労働時間の間との相違を、たとえば次のように、すなわち標準労働日中の労働の価格が標準賃金を意味するのに対し、超過労働時間には労働力の日価値を超過する割増賃金が支払われるかのように理解してはならない。実際に、毎日超過労働時間が常態となっている工場もある。このような工場では「標準」賃金がきわめて低く設定されているために、労働者はこの「標準」賃金だけでは生活することができず、超過時間労働を行うことを強いられているのである。このように超過労働時間が常態となっているところでは、「標準」労働日は実際の労働日の一部にすぎず、また「標準」賃金も労働者の維持に必要な賃金の一部にすぎないのである。それに対し、超過労働時間の高賃金は、しばしば労働日の延長に労働者を同意させるための手段になる。だが、たとえ超過労働時間の高賃金が支払われようとも、労働日が延長されるかぎり、われわれがすでに見たように、労働の価格は低落することになるのである。

かくて、標準労働日は賃金を低落させようとするこれら一切の策略を力強く撃退するという傾向をもつのである。

## （4）出来高賃金

時間賃金は労働力の価格の転化形態であるのに対し、出来高賃金はこの時間賃金の転化形態である。たとえば、慣習的な労働日が一二時間で、労働力の日価値が二マルク四〇ペニヒであり、ひとりの労働者が一日に平均して同種の物品二四個を生産すると仮定する。（ひとりの労働者が、平均的な熟練度と強度のもとで一労働日にどれだけ生産できるのかということは、資本主義的経営では経験的事実によってただちに確定される。）その場合、一時間当り二〇ペニヒの価格で計算された日賃金で労働者を雇用することもできるし、また物品一個当り一〇ペニヒの比率の出来高に応じて労働者に支払うこともできるのである。後者の場合の賃金を出来高賃金という。

この出来高賃金の基礎になるのは、すでに見たような時間賃金の場合と同様に、労働力の日価値と労働日の慣習的長さである。もちろん外見的には、この出来高賃金は生産者の能率によって決定されるかのように見える。けれども、労働の生産性が増大するのに応じて出来高賃金が下落していくということを知るならば、こうした仮象は消滅する。たとえば機械が改善されたために、ひとりの労働者が前述の例の物品一個を平均的に生産するのにもはや半時間もかからずに、一五分しかかからなくなった場合には、資本家は——その他のあらゆる事情が同一のままであると仮定するならば——もはや一個当り一〇ペニヒを支払わずに、五ペニヒしか支払わないだろう。

かくして、有利な条件が生まれたために個々の労働者や労働者集団が非常に多量の生産物を提供したとすれば、このような特殊な場合が生じることを想定した上で契約されている出来高賃金の場合、賃金総額が慣習的な賃金水準をあまりに超過しているという口実のもとに勝手に切り下げられるような事態がきわめてしばしば生じることになるだろう。(そうした事態は、労働者問題に従事しているすべての者にはすでに周知のことなのである。)そうした事態は、出来高賃金が時間賃金の転化形態、すなわち資本家が転化前の時間賃金よりも出来高賃金を有利であると考えた場合にのみ積極的に利用されるにすぎない賃金形態であるということを明瞭に示すものである。

通例出来高賃金が資本家にきわめて大きな利益を与えるということは、確かである。それはこうである。時間賃金の場合、資本家は労働力の代価を、提供された労働量の形態で支払う。それに対し、出来高賃金の場合、資本家はこの労働力の代価を、生産物の形態で支払う。したがって、出来高賃金を採用する場合、資本家は外的刺激を与えることなしに、労働者が自分自身の利害に基づいて各労働時間内に可能なかぎり多量の生産物を生産するという成果を期待できるのである。そればかりでなしに、資本家は労働者が平均的品質の生産物を提供したかどうかをきわめて容易に監督できる。しかも生産物に僅かな疵があると、それは賃金を引き下げたり、時には労働者をただ働きさせるための原因となり、またしばしばその口実となる。

このように出来高賃金を採用する場合、資本家とその代理人が行う監督は大部分不要となるため、この監督労働とそのための費用とが節約される。その上、出来高賃金を採用する場合、一定の産業部門では労働者の自宅での労働が可能になる結果、資本家は多額の設備費用や経営費用（燃料、照明、地代などの費用）を節約できるとともに、他の場合には固定しなければならなかった資本の一部をも自由に使用できるようになる。他方、家内労働が普及している営業部門、たとえば仕立業や靴製造業で出来高賃金を採用する場合、自宅では労働せず、親方の作業場で労働し続ける職人から、親方は場所代とその付属品の賃料とを要求するといった事態も生じる。この場合、労働者は「主人の監視」を免れる喜びを特別に高い代償で贖わなければならないのである。

かくて出来高賃金制度のもとに置かれている労働者は、日賃金や週賃金を可能なかぎり増大させようとする自分の利害から、可能なかぎり労働の強度を強め、可能なかぎり長時間労働をするようになる。彼らはこうした超過労働が自分の身体を破壊するという事実――まさに諺がいうように、「請負労働は殺人労働である」――ばかりでなしに、自分の労働の価格をも低落させるという事実を見ない。もし彼らがそのような事実を洞察したとしても、彼らは自分の仲間との競争という競争の強制法則から免れることは不可能なのである。むしろこのような労働者相互の競争と請負労働によって与えられる自由と独立という仮象、またしばしば（家内労働の場合に）生まれる労働者相互の孤立状態が、労働者の組織化と団結した行動とを困難にさせるのである。

更に、出来高賃金制度はなお別の不利益を労働者に与える。たとえば、出来高賃金制度は労働者と資本家との間に立つ寄生的な中間搾取者の存在、すなわち資本家が労働者に支払う労賃の中から少なからぬ部分を抜き取ることによって生計を立てている中間的搾取者の存在を許す。だが、労働が集団労働で遂行されている場合には、出来高賃金制度は、資本家が一定の単価と引き換えに総生産物を受け取るという契約をその労働集団の指導者とだけ締結し、部下の労働者への支払いをこの指導者の自由裁量に任せるということをも可能にさせる。「この場合には、資本による労働者の搾取は労働者による労働者の搾取を媒介にして実現されることになる。」

このように出来高賃金は、労働者にとって不利な賃金であるのに対し、資本家にとっては有利な賃金である。したがって、出来高賃金は資本主義的生産様式に適合的な労賃形態なのである。この労賃形態は、ツンフト手工業のもとではまったく未知のものだった。だが、この労賃形態はマニュファクチュア時代に初めて大規模に使用されるにいたり、そして大工業の勃興期には労働時間を延長し、労働の価格を低落させるためのもっとも重要な梃のひとつとして役立ったのである。

## (5) 労賃の国民的差異

われわれは、労働日の長さ、労働の強度そして労働の生産性などの変化によって条件づけられるところの、労働力の価値とその価格、そしてそれらと剰余価値との比率などの一連の結合形態を見てきた。この運動と同時に、この運動と交錯する別の運動とが、労働力の価格を規定する生活手段の分量の変化を引き起こす。これらすべての変化は、労働力の価格の転化形態である労賃の変動を条件づける。かくして一国の労賃は不断の運動状態にあり、異なった時期には異なったものとなる。この時間的相違に対応して、地域的相違もまた生じる。たとえば、アメリカの賃金はドイツの賃金よりも高く、ドイツの賃金はポーランドの賃金よりも高いということ、こうしたことはすでに周知の事実である。

けれども、様々な諸国民の賃金を比較することはそれほど簡単ではない。マルクスは次のように述べている。「国民的労賃の比較に際しては、労働力の価値量における変動を規定するあらゆる要因が、考量されねばならない。すなわち、自然的な歴史的に発達した第一次生活必需品の価格と範囲、労働者の育成費、婦人労働と児童労働の役割、労働の生産性、労働の外延的および内包的大いさが、これである。もっとも外面的な比較でさえも、まず第一に異なる諸国における同じ産業について、平均日賃金を同じ大いさの労働日に還元することを必要とする。このように日賃金を調整したならば、さらに時間賃金を出来高賃金に換算せねばならない。後者のみが、労働の生産性についても、その内包的大いさについても、測度器となるからである」(マルクス『資本論』第一巻、七〇〇頁)、と。

したがって、国民によっては労働の絶対的価格が著しく高いけれども、相対的な労賃（つまり剰余価値ないし総生産物の価値と比較された労働の価格）ならびに実質賃金（つまりその賃金によって労働者が購入できる生活手段の分量）などがきわめて低いという場合がありうるのである。

また資本主義的生産様式が高度に発展している国民の場合には、労働の生産性と労働の強度は、この生産様式の発展が遅れている国々の場合よりもはるかに大きい。それゆえ、世界市場では、より生産的な国民労働はより労働の強度の高い国民労働と同様により大きな価値を形成するものと見なされる。

たとえばロシアの綿紡績工は、第一に栄養不足のために発達が不十分であること、第二に過度な労働を強いられていること、そして第三に劣悪な機械で労働していること、こうした理由のために一時間に平均一ポンドの綿花しか紡げないのに対し、イギリスの綿紡績工は同じ一時間に平均六ポンドの綿花を紡ぐと仮定してみよう。この場合、ロシアの綿糸の一ポンドは世界市場でイギリスの綿糸の一ポンドよりもより大きな価値をもつことはない。したがって、イギリスの紡績労働は同一時間内にロシアの紡績労働よりもより大きな価値を創造するのであって、同一時間内に生産されたその生産物価値は、ロシアのそれよりもより大きな金の量に体化されるものとなる。それゆえに、資本主義の発展した国の賃金の貨幣的表現は未発展な国のそれよりも大きくなるけれども、剰余価値に対する労働の価格の比率という点では後者のそれよりもはるかに低いということになる。なぜなら、資本主義の発達した国の総生産物の価値は労働の価格以上の比率で増大するからである。

だが、労働の生産性が相対的に高い国では、貨幣価値はより小さい。それゆえに、このような国では労働力の価格は相対的に高いけれども、労働者はこの相対的に高い賃金をもってしてもより多くの生活手段を購入することができないといった事態も生じるのである。

イギリスの企業家は自国の外部でなされる大事業、たとえばアジアでの鉄道建設の際に、現地の安価な労働力とならんで賃金の高いイギリス労働者を使用することを余儀なくされた。このように外見的にはもっとも高価に見える労働も、実際には労働給付や剰余価値との比較においてはもっとも安価な労働になるということは、多数の類似の経験が教えるところである。

きわめてみすぼらしい賃金と労働の無制限な搾取とを特徴とするロシアの工業は、保護関税に助けられてのみそのみすぼらしい存在をようやくにして維持しているにすぎない。こうしたロシアの工業は、相対的に高い賃金、相対的に短い労働時間、婦人労働や児童労働の使用への幾多の制限、保健規則その他のもとで生産しているイギリスの工業と競争することができない状態にある。それは、ロシアの労働の絶対的価格、すなわちその貨幣的表現が低い状態にあるにもかかわらず、世界市場ではロシアの、生産物価値と比較した労働の相対的価格が高い状態にあるからなのである。

## 第2章　資本収入

われわれは、貨幣から資本がいかにして生まれるのか、また賃金労働者が労働を行うことを通していかに生産手段に支出された資本部分の価値を保持するのかということばかりでなしに、いかに自己の労働力の価値＋剰余価値との和に等しい新価値を創造するのかということをも見てきた。

けれども、資本の運動は剰余価値を創造することでもって完了するのではない。貨幣に転化していない商品はなお自らの使命を果たしていないように、さしあたり剰余生産物という一定量の商品に体化されている剰余価値も同じくなお自らの使命を果たしていないのである。かくして、剰余価値は剰余生産物の形態で生産された後、その価値を貨幣に実現しなければならない。つまり、生産された商品は販売されねばならない。

このような実現［販売］の過程で、剰余価値はその他のあらゆる価値［不変資本価値と可変資本価値］と同様に、その一部は幸運な、また他の一部は不運な数多くの冒険に遭遇することになる。たとえば、今日商品は法外な高価格で実現され、明日はそれとは比較にならないほどの安価な価格でしか実現されないか、あるいはまったく実現されないといったこともあるだろう。また剰余価値を体化させた商品が、市場に現われる前に購買者によって求められる場合もあれば、数年間にわたって店晒しの状態に置かれ続ける場合もあるだろう。さらにこのような危険な冒険の最中やその後にも、なお別の危険が剰余価値を襲うこともあるだろう。たとえば、一方には商品の販売を代行することと引き換えに剰余価値の一部を商業利潤として手に入れる商人がいる。また他方には土地所有者への地代の支払い、さらには税金の支払いや借金の利子の支払いなどが資本家を待っている。このような部分を控除した残りの部分が、最後に利潤としてわが資本家たちの懐に消えていくことになる。

この過程で剰余価値が経験する一切の冒険と転化の問題を、われわれはここで取り扱う必要はないと考える。なぜなら、これらの問題は部分的にはマルクスが『資本論』の第二巻で取り扱っている資本の流通過程の領域に属するものであり、また部分的にはマルクスが『資本論』の第三巻で企てている資本主義的生産様式の総過程の研究の中で展開されるものだからである。それに対し、本書が考察の対象としている『資本論』第一巻は、総過程の一局面である直接的な生産過程だけを取り扱うのであって、剰余価値がこの直接的な生産過程に影響を及ぼすかぎりにおいてだけ、剰余価値が生産された後の運命を問題とするにすぎないのである。したがって、われわれはこれまでと同じように、資本家は自分の商品を世界市場でその価値通りに販売するものと仮定する。さらにわれわれは、剰余価値は全額資本家の手に還流してくるものと仮定する。われわれがこのように仮定するのは、この仮定と反対の仮定を行った場合でも結論において本質的変化が何も生じず、ただ研究を複雑かつ困難なものにするだけであるという理由からなのである。

しかるに、剰余価値が生産過程に影響を与えることができるのは、再生産、すなわち生産過程が反復する場合だけである。

いかなる社会的生産過程も、同時に再生産過程である。つまり、いかなる社会的形態のもとにあっても生産は中断されることなく進行し、一定の期間ごとに反復されなければならない。それとともに、消費手段ばかりでなしに、生産手段も絶え間なく生産され続けなければならない。

だが、生産が資本主義的形態を帯びたならば、再生産もまた当然のことながら資本主義的形態を帯びる。いかなる社会にとっても必要なのは、絶え間なしに、あるいは規則的に反復する期間に使用価値［労働生産物］を生産することである。それに対し、資本の存続にとって必要なことは絶え間なしに剰余価値を生産すること、すなわち剰余価値を不断に再生産することである。つまり、一度剰余価値を生んだ資本は、その後も二度三度と剰余価値を生むために使用されなければならない。かくして、資本は繰り返し新たな剰余価値を生産すること、つまり剰余価値を再生産することが必要となる。そうなると、剰余価値は運動しつつある資本が繰り返し生む果実として、すなわち資本の恒常的な所得ないし収入として現象してくることになる。

再生産の中で生まれる剰余価値にかんしては、以上の通りである。だが、再生産過程は、剰余価値が再び生産過程に入る機会をも提供する。たとえば、今資本家は一〇万マルクの資本を充用し、この資本によって年々二万マルクの収入をえていると仮定しよう。資本家はこの収入をいかに処分するのか。この場合、二つの極端な場合が考えられる。資本家がその年の剰余価値の全額を消費に回す場合とその全額を彼の資本に加える場合とが、それである。ほとんどの場合、この二つの極端な場合のどちらも生まれることがなく、資本家は剰余価値の一部を消費に回し、その他の部分を既存の資本への追加分に回すようにするだろう。

ちなみに、全剰余価値が消費に回されるならば、資本は以前の規模と同じままにとどまるだろう。その場合には、単純再生産となる。それに対し、剰余価値の全部またはその一部が資本に追加されるならば、資本の蓄積が行われ、再生産も拡大された規模で行われることとなる。

# 第3章　単純再生産

単純再生産は、生産過程が同じ規模で繰り返されることにほかならない。しかしながら、この反復は生産過程に一連の新たな特徴を付与するものとなる。

今、何らかの方法（おそらく労働）によって貨幣を稼いだひとりの貨幣所有者が、この自分の貨幣を資本に転化したと仮定しよう。その際、彼の所有する貨幣は一万マルクであり、その中の九〇〇〇マルクを彼は不変資本に投下し、残りの一〇〇〇マルクを労賃などの可変資本に投下したとする。また彼は、この資本を充用することによって一万一〇〇〇マルクの価値をもつ生産物を生産し、それを価値通りに販売したとする。そしてこの一〇〇〇マルクの剰余価値が資本家によって［個人的に］消費されたならば、再生産はこれまで通りの規模でこれからも進行し、またもや九〇〇〇マルクが不変資本に、そして一〇〇〇マルクが可変資本に投下されることになるだろう。

だが、われわれは今や以前との相違点を見いだす。以前の生産過程では労賃に支出された一〇〇〇マルクは、その企業に雇用されている労働者の労働によって生み出されたものではなく、それとは異なった源泉から生まれたものであった。それは、おそらく資本家自身の労働によってえられたものであるだろう。それに対し、生産過程が繰り返される場合、労賃に支出される一〇〇〇マルクはどのような源泉から生まれてくるのだろうか。この労賃は、以前の生産過程で労働者によって生み出された価値が実現されたものである。それはこうである。

労働者は生産過程で不変資本の価値（九〇〇〇マルク）を生産物に移転させるばかりでなしに、新価値（二〇〇〇マルクの額)、すなわち労働力の価値の一〇〇〇マルクと剰余価値の一〇〇〇マルクをも創造する。

われわれがこの資本主義的生産過程を一回だけの(あるいは資本の投資を行う場合には、最初の)生産過程として考察するならば、労賃は資本家の懐から出た前払金として現われる。だが、この資本主義的生産過程を再生産過程として考察するならば、われわれが見るのは、労働者は彼自身の労働の生産物の一部によって賃金の支払いを受けているという事実である。このような意味で労働者が賃金を受け取ることを自分の労働生産物への分け前に与っていると見ることは、正しいのである。労働者が労賃の形態で受け取る分け前がすでに以前の生産期間に生産された販売済みの生産物にすぎなかったにしても、そうなのである。

ここでわれわれは、先の例に立ち戻ろう。その際、すべての生産期間は半年間であり、また毎年われわれの資本家は二〇〇〇マルクの剰余価値をえてそれを全額消費に回すと、それぞれ仮定しよう。この仮定の場合、五年後に彼は一万マルクを消費することになるが、それは彼の元本である資本と同じ価値額である。だが、彼は依然として一万マルクの価値を有する資本を所有しているのである。

この新たな資本価値は元本の資本の大きさに等しいけれども、その基盤はまったく異なっている。元本の一万マルクは彼の経営に雇用されている労働者の労働から生まれたものではなく、それとは異なった源泉から生まれたものであった。けれども、彼はこの一万マルクを五年間に消費し尽くしてしまった。だがそれにもかかわらず、彼はこの一万マルクとはなお別の一万マルクを所有しているのである。これは剰余価値から生まれたものである。このようにいかなる資本も、それがどのような源泉から生まれようとも、一定の期間が経過した後には単純再生産の作用を通じて資本化された剰余価値ないし他人労働の余剰収益、つまり蓄積された資本に変貌を遂げるのである。

しかるに、資本主義的生産過程の出発点となるのは、労働者が生産手段から切り離され、一方には無産の労働者の蓄積が、他方には生産手段と生活手段の蓄積が行われることである。だが、資本主義的再生産過程ではこの出発点は生産過程の結果として現われる。つまり、資本主義的再生産過程それ自体が繰り返しそれ自身の条件である資本と賃金労働者階級を生産し、それらを保持し続けるということである。

資本主義的生産過程では、賃金労働者によって生産される生活手段と生産手段は賃金労働者の所有になるのではなく、資本家の所有となる。したがって、資本主義的再生産過程では、賃金労働者はたえず生産過程に入ったのと同じ姿で、すなわち無産のプロレタリアとして生産過程から出てくる。それに対し、資本家は各生産期間が終結するたびに労働力の購入に充てられる生活手段ならびに生産者によって使用される生産手段とを繰り返し新たに所有することになる。

このようにして労働者は、自らの隷属と貧困の前提条件を繰り返し作り出すのである。

だが、資本の再生産過程は労働者階級の再生産をも必要とする。

これまでのように生産過程を一回かぎりの、したがって孤立的な過程として研究していたかぎり、われわれは、個別的資本家と個別的労働者だけに関係すればよかった。その場合、労働力はもとより、それと不可分の関係にある労働者も、労働力が生産的に消費されている間だけ、つまり労働日という一定の労働時間内だけ資本家の所有になっているかのように見えた。それ以外の時間は、労働者自身ならびに彼の家族のものであった。彼が食べ、飲み、寝たりするのは、自分自身のためにしているのであって、資本家のためにしているのではなかった。

だが、われわれが資本主義的生産様式を運動状態にあるものとしてその全体的関連の中で、つまり再生産過程として考察するや否や、われわれは個別的資本家や個別的労働者ではなく、最初から資本家階級と労働者階級とに関係しなければならない。とりわけ資本の再生産過程にとって労働者階級は永久に存続することが必要となる。換言すれば、生産過程が繰り返し更新されるためには、労働者は自らの消費した労働力を繰り返し生産するとともに、若い労働者のたえざる形成にも尽力する必要がある。だが、幸いにも、資本は安心してこの重要な任務の遂行を労働者の自己保存本能や生殖本能に任すことができるという恵まれた境遇にいるのである。

労働者は、外見的に見れば労働時間外は自分のための生活をしているかのように見える。だが、実際には労働者は

「遊んでいる」時にも、資本家階級のために生活をしているのである。たとえば労働者が仕事を終えて、食べ、飲み、眠る等々のことをする場合でも、労働者はそうすることで賃金労働者階級ならびに資本主義的生産様式を維持しているといってよい。なぜなら、資本家――彼は家父長的時代には雇い主と呼ばれ、ドイツの講壇経済学では雇用者とよばれているが――が労働者に支払う賃金は、資本家階級のために労働者自身と労働者階級を維持するための手段でしかないからである。それはこうである。

　労働者は自らの労働力を資本家に販売し、その代価として賃金を受けとる。そして労働者はこの賃金と引き換えに生活手段を購入し、自らの労働力を再生産するために消費する。だが、この生活手段はすぐ消費され尽くしてしまうがゆえに、労働者は繰り返し新たに自らの労働力の販売を余儀なくされる。かくて労働者自身と労働者階級が資本家階級のために維持されることになる。

　このような再生産の観点から見る場合、労働者は労働時間中はもとより、「自由」時間中も資本の利益のために活動しているのである。労働者はもはや自分のために飲み食いしているのではない。彼は、資本家階級のために自己の労働力を維持するという目的のためにそうしているのである。したがって、労働者がいかに飲み食いをするのかということは、資本家にとっては無関心たりえない。なぜなら、労働者が日曜日に自己の労働力を休息させたり回復させることをせずに、飲み過ぎて月曜日の日に二日酔いに苦しめられているならば、そのことは、資本家にとって労働者が自分自身の利害を損なっているにすぎないということを意味せずに、資本への犯罪、すなわち資本に属する労働力の横領そのものをも意味するからである。

　それゆえに、このような再生産過程の観点から見る場合、もはやその時々に購入される労働力ではなく、労働者全体、すなわち全労働者階級が資本の付属物として現われることになる。労働者がこの事実を洞察せず、――たとえば移民などのように――このような境遇から脱する手段があるところでは、資本家は事情によっては、労働者が自分自身のためにではなく、資本のために自己を維持し生殖せざるをえないような法律的強制を行うことに躊躇するものではない。たとえば、以前には熟練労働者の移民はほとんどの国において法律的強制によって禁止されていた。今日そのことはもはや必要なくなっている。なぜなら、資本主義的生産様式が強力になったので、そのような法則的強制は通例政治的援助なしにも経済的強制法則として遂行されるからである。かくして今日労働者は目に見えない鎖で資本に繋がれているばかりか、彼がどこに行こうともいたる所で資本に遭遇することになるのである。

このように労働者階級が資本家階級に全般的に従属しているという事態は、わが「社会改良家」の目にはもちろんなお不十分なものと映じる。したがって、移住の自由の制限、完備された労働者住宅の建設やそれらに類いした「改良」などによって、労働者をさらに個別的資本家に隷属させることが「社会問題を解決する」ための彼らの救済策となるのである。

# 第4章　剰余価値の資本への転化

## (1)　剰余価値はいかにして資本になるのか

資本家が剰余価値の全部を消費に回すような場合は、例外的なことである。通常の場合、資本家は少なくとも剰余価値の一部を資本に再転化させる。このような「資本としての剰余価値の充用、または剰余価値の資本への再転化を、資本の蓄積という。」(マルクス『資本論』第一巻、七二六頁)

この過程についての説明は容易なことである。ここで、われわれは前章の例を想起しよう。その例は、一万マルクの資本がその充用者に年二〇〇〇マルクの剰余価値をもたらすというものであった。今や、資本家がこの二〇〇〇マルクの剰余価値をまったく消費しないで、元本である資本に加えるならば、彼は一万二〇〇〇マルクの資本を所有することになる。そしてこの一万二〇〇〇マルクの資本は、その条件が同じであるならば、年二四〇〇マルクの剰余価値を生む。さらにこの二四〇〇マルクの剰余価値をまたもや資本に加えるならば、資本はさらに一万四四〇〇マルクに増加し、その年の剰余価値も二八八〇マルクに増加するだろう。更に同一の過程が次の年にも繰り返されるならば、資本は一万七二八〇マルク、剰余価値は三四五六マルク、合計二万〇七三六マルクになるだろう。こうして四年後には、資本は剰余価値の蓄積によって二倍強の大きさとなる。

剰余価値の全部が蓄積されるのか、それともその一部が蓄積されるのかということは、ここではなお問題とならない。同様に剰余価値がいかなる方法で蓄積されるのか、つまり元本の資本に追加されるのか、それとも新たな資本を形成するのかということも、現在の研究にとって問題ではない。なぜなら、ここではたとえば紡績工場の所有者は、自分の工場を拡大し、より多くの機械を据え付け、より多くの労働者を雇用し、より多くの原材料を購入するために剰余価値を利用することもできるし、また新たな紡績工場を建設したり、紡織工場や炭坑などのまったくの異業種の事業に投資するために剰余価値を利用することもできると仮定されているからである。だが、剰余価値の利用がどのようなものになるにしても、資本蓄積がなされる場合には、剰余価値は常に資本、すなわち剰余価値を生む価値に転化されるということ、ここで重要なのはこの点なのである。

けれども、剰余価値が資本になるには、剰余価値は商品から貨幣への転化を遂げた後に、再び貨幣から生産に不可欠な商品への転化を遂げなければならない。たとえば綿紡績業者を取り上げてみよう。綿紡績業者は自分の糸を販売した後に、今や元本の前貸資本のほかに剰余価値を貨幣形態で所有している。だが、彼は元本である資本のほかにこの剰余価値をも新資本に転化しなければならない。このことが可能になるのは、彼が市場でこの資本の増加に対応した生産手段商品［ならびに生活手段商品と労働力商品］の一定量を見いだすことができる場合だけである。かくして、剰余価値を追加的資本とするためには、追加的原材料（われわれの例では綿花）、追加的労働手段（機械など）、労働力の増加分を維持するのに必要な追加的生活手段、そして最後に追加的労働力などが存在していなければならない。つまり資本の蓄積が可能となるためには、蓄積以前に、生産を拡大するための物質的前提条件が与えられていなければならないのである。

ところで、剰余価値が転化する追加的生産手段は、どこからえられるのだろうか。この追加的生産手段は剰余価値と同時に生産される。

しかるに、剰余価値は、剰余生産物なしにはまさしく存在不可能となる。同じくこの剰余生産物の全部または一部が生産手段と労働者用の生活手段でないならば、剰余価値はその全部または一部を資本に転化させることは不可能となる。

更に追加的労働者はどこからえられるのか。このことを、資本家は少しも思い煩う必要がない。資本家は、労働者が最低限の生活をしていくことのできる賃金を労働者に与えればよい。そうすれば、労働者は生殖と自らの増殖を自分で行うからである。

つまり、労働者階級は生産の拡大、すなわち拡大再生産に必要な追加的労働者を自ら生産するのである。

われわれがすでに見たように単純再生産という前提条件の場合でも、数年後に各資本は蓄積された資本、すなわち剰余価値だけから成る資本になる。だが、こうした資本は少なくともその誕生期には資本所有者の労働の成果である可能性があった。それに対し、剰余価値の蓄積から生まれた資本の場合には、最初からそのような可能性は完全に排除されている。つまり、こうした資本がその非所有者である人々の労働の成果であるということは、最初から明らかなことなのである。したがって、剰余価値の蓄積は不払労働による不払労働の獲得をより大規模に行うことを意味しているのである。

このことは、商品交換の原則と矛盾していないだろうか。われわれがすでに見たように、商品交換は本来、一方では商品生産者がそれぞれの生産物を私的に所有していることを、また他方では等価交換を行うことをその前提としているために、何人も自己の労働による以外、あるいは等価交換による以外、価値の所有にいたりえないはずである。今や、われわれは資本主義的生産様式の基礎として、一方には労働者と彼の労働生産物との分離を、すなわち生産物を生産する人とこの生産物を所有する人とが異なった別々の人間になるという事態を見いだす。そして他方では同一の価値を譲渡することなしに、価値、すなわち剰余価値を獲得するという事態を見いだす。その上、われわれは剰余価値を今や資本主義的生産過程の結果としてばかりでなしに、その基礎としても見いだすことになる。つまり、資本から剰余価値が生まれるばかりでなしに、剰余価値からも資本が生まれるということ、またその結果として、あらゆる富の大部分は結局のところ対価なしに獲得するにいたった価値から成るということを見るのである。

けれども、商品生産の基礎がその反対物に転変するというこの事態は、商品生産の法則と対立して生じたのではなく、むしろそれを基礎として生じたのである。マルクスは、この点を次のように述べている。

「商品生産が一定の発展段階に達すると必然的に資本主義的商品生産になるように、否資本主義的生産様式の基礎上においてのみ、商品は生産物の一般的、支配的形態になるように、商品生産の所有法則は、必然的に資本主義的領有法則に転変していくのである。したがって、商品生産の永久的所有法則が働くのをそのままにして、資本主義的所有を廃止しようとするプルードン（更にわれわれは、ここにロードベルトゥスを加えるべきであると考える）の狡さに驚かされるのである。」（マルクス『資本論』第一巻、七三六頁）

## （2）資本家の節欲

われわれは、これまで剰余価値が全部消費に回される場合と全部蓄積に回される場合という二つの極端な場合だけを考察してきた。だが、すでに言及したように、通常の場合には剰余価値の一部だけが消費に回され、残りの部分が蓄積に回される。そのうちの前者の部分は、狭義の意味における収入と見なされる。

剰余価値をどの程度消費に回し、どの程度資本に転化させるのかということは、資本家自身の意志次第である。だが、この決定は、資本家の内面的心理に容易ならぬ葛藤を引き起こすものとなる。資本家はファウストとともに次のように叫ぶかもしれない。

「ああわが胸に二つの魂宿り
互いに引き裂かれんとしている。
ひとつは熱愛の腕もて
しかと、この世にあり
他は黄金のしげる野の
あくたの中から超然と聳え立つ。」

否、資本家の胸中では、肉欲と禁欲の葛藤が、異教徒とキリスト教徒の葛藤が特有な方法で繰り返される。資本家はこの世の享楽に秋波を送るけれども、あらゆる享楽は彼の目には罪悪と映じる。なぜなら、いかなる享楽も、無償では手に入れることができないからである。

それにもかかわらず、剰余価値の中で資本家が個人的に消費する部分は、通例、恣意的な大きさではなく、歴史的に規定された大きさである。つまりそれは、労働者の賃金と同様に、当該社会諸層の慣習的な「身分に相応しい」生計によって規定される。

その意味が異なるにしても、資本家も労働者と同様に終生資本に隷属している。というのも、資本家は競争のために資本主義的生産様式の法則を自分の企業の中で順守することを余儀なくされているばかりでなしに、私的生活においてもその法則の要求にしたがうことを余儀なくされているからである。したがって、彼が極端なほど浪費的に生活するならば、彼は浪費家であるといわれ、彼の信用はがた落ちになる。また彼が吝嗇《りんしょく》で、身分に相応しい支出をしないならば、彼の営業が平均的収益を生んでいないかのような評判がたち、同様に彼の信用はがた落ちになる。かくして資本家は、彼の剰余価値の中から一定の時期と交際範囲に規定された一定の部分を個人的に消費することを余儀なくされる。けれども、その大きさは、労賃の大きさに比較すればはるかに弾力的なものである。

それに対し、剰余価値の中の蓄積されるべき当の部分については、剰余価値の総額そのものとある程度弾力的な資本家の生計との他には、いかなる限界も存在していない。その上、資本家にとって蓄積が多ければ多いほど、より良い状態になる。かくして資本主義的生産様式そのものは、たえざる資本の蓄積を必然的なものとせざるをえない。

ところで、生産物が平均的な必要労働の支出によって生産され続けるという条件の場合、一定の労働部門における企業の設備と経営に必要な資本量は技術的発展とともに大きくなっていくということを、われわれはすでに見た。たとえば、今日ある労働部門では一企業の競争能力を維持するのに必要な最小投資額が二万マルクであるとすれば、二〇年後には新たな労働方法やより大規模な新機械などの導入によってこの最小投資額は五万マルクへと増加するかもしれない。最初は二万マルクで企業経営を開始した資本家が十分な量の剰余価値の蓄積を怠った結果、二〇年後には五万マルクではなく、三万マルクしか充用できないとすれば、彼はおそらく競争能力を失い、没落してしまうことだろう。だが、資本家を蓄積へとつき動かすためには、このような強制を必要としない。商品生産の初期の段階に金銀を蓄積し退蔵しようとする熱望が蓄財家の胸中に発展したように、蓄積のための蓄積という衝動が近代的生産様式を通じて資本家の胸中にも発展してくるからである。したがって、財宝の蓄積と同様に、資本の蓄積もそれ自身のうちにいかなる限界ももたず、際限のないものになる。かくして、資本家がどれほど多くのものを所有しているにせよ、また彼の収入がすでに彼の享楽能力をはるかに上回るほどの増加を示しているにせよ、彼はさらに新たな剰余価値の獲得に急ぐのである。だが、それは彼の享楽を大きくするためではなく、彼の資本を増加させるためなのである。

古典派経済学は一方では蓄積の諸結果とその原因を研究し、他方では資本家階級の消費をまったく偏見なしに研究した。そして彼らは資本の蓄積の経済的側面だけを取り扱い、その道徳的側面を取り扱わなかった。そのことは、もちろん非道徳的なことであった。だが、その間にプロレタリアートが覚醒し始め、一定の階級的意識を獲得するにいたった。事実、労働運動はイギリスでもフランスでも一九世紀の二〇年代の末から活発になり始めていたのであった。したがって、今や経済的諸問題を研究することではなく、資本を弁護することが必要となったのである。かくして経済学の中に倫理学が持ち込まれ、古典派経済学はその後期になって道徳的になった。換言すれば、古典派経済学にとって知は副次的な問題となり、感情が主要な問題となったのである。そしてこの「感情」に助けられて、資本家が剰余価値を消費に回すことを自制して蓄積する場合には、彼は賞賛されるべき英雄的精神を発揮したと見なされたのである。この新たな聖者が労働者の側から尊敬と感謝を受け取るのは当然のことであった。だが、この苦行者が大きな自制にもかかわらず、感謝と尊敬だけでは生きていけないということもまた明白であった。そこで、経済学者は満腹の徳と支払能力ある道徳を促進するために、この苦行者に不払労働の蓄積に対する報酬への道徳的権利を与えたのである。その結果、卑俗な感じの「利潤」という言葉は美化され、節約賃金という言葉が誕生したのである。

### （3）蓄積の大きさを規定する労働者の節欲とその他の事情

資本家の「節欲」が大きくなるにしたがって、それだけいっそう蓄積の規模も大きいものになる。しかしながら、資本家にとって幸運なことは、これ以外にも蓄積の大きさに規定的な影響を及ぼすその他の要因が存在していることである。たとえば、剰余価値の量を増加させるすべての要因は、その他の状況が同じであるならば、蓄積の規模を拡大させるものとなる。このような、剰余価値の量に規定的な影響を及ぼす諸原因については、すでにわれわれの知るところである。ここでは、このような諸原因の中で上述した立場から見て新しい観点を提供する若干の原因についてだけ言及するにすぎない。

こうした原因の中でもっとも重要なもののひとつは、労働者の節欲である。たとえば、労働者への支払いが少なければ少ないほど、剰余価値率はますます上昇し、——その際に資本家の消費が同じ水準のままであるならば——剰余価値の中で蓄積に回す部分もまたますます大きくなるということは、明らかであるだろう。それゆえ、労働力の価値を低落させる一切の原因、または賃金を労働力の価値以下に引き下げるのに有効となる一切の原因は、資本の蓄積を促進するものとなる。かくして資本とその弁護者は、労働者が葉巻煙草を吸ったり、ビールを飲んだりして、「国民の富裕」を掘り崩すような「贅沢三昧」をすることに道徳的非難を行うのである。したがって、一八七二年にベルリンの労働者が発奮してシャンパンを飲もうとしたあのシャンパン事件は、労働者階級の破滅的傾向の兆候としてすべての資本家の新聞によって流布されたのであった。

また他方で、資本家世界は驚嘆すべき発明精神をもってルムフォード式スープから庶民料理や菜食主義にいたるまでの労働者の節欲を促進する無数の制度と方法を考案した。マルクスは、『資本論』の中でそのような制度の若干の特徴的例を指摘している。したがって、このテーマをもっと詳細に研究したい者は、『資本論』のその部分を読んでいただきたい。

ところで、事業を拡大するたびに不変資本への投資が相対的に多くなるということは、資本家にとってきわめて不愉快なことである。それにもかかわらず、現実に大工業の機械装置が改良されるにしたがって、不変資本への投資はますます大きくなっていかざるをえない。だが、資本家には甘美な慰めが残されている。それは、経営に必要な不変資本が一度存在したならば、一定の限界内での生産の拡大は、追加的不変資本をこれまでと同一の比率で増加させることなしに、追加的可変資本によるだけで可能になるというものである。実際、ある工場主が営業的に成功し、自らの生産を拡大させようとする場合、彼は労働者を二―三時間長く労働させるだけでそのことを達成できるのである。したがって、彼は新たな機械を購入したり、新たな工場建物を建てたりする必要がなく、単に原材料や補助材を増加させればよいのである。

またたとえば鉱山業のように、いかなる原材料の購入を必要としない産業もあれば、農業用の種子や肥料関連の産業のように、僅かな原材料の前貸しだけしか必要としない産業もある。これらの産業は、いずれも土地から原材料を採取する産業である。こうした産業で生産物量を増加させる場合、しばしば労働の追加だけで十分となる。つまり、こうした産業の生産物の増加は、土地と労働だけに依存しているにすぎない。しかるに資本はすでにこの両者を自分の所有物としているのであるから、「外観上は資本自体の大いさによって置かれた限界を超えて、すなわち、資本が具体的に存在する、すでに生産された生産手段の価値と量とによって置かれた限界を超えて、自己の蓄積の諸要素を拡大しうるのである。」（マルクス『資本論』第一巻、七五七―八頁）

さらに資本は、土地や労働者と同様に科学を自己の所有物とする。資本は科学の発展に何の寄与も行っていないにもかかわらず、労働の生産性を促進する科学の進歩のあらゆる成果を所有する。こうして科学の発達とともに、資本の蓄積が促進されることになる。なぜなら、労働の生産性の増大とともに労働力の価値が低下し、剰余価値率が上昇するからである。だが、それだけではない。労働の生産性が増大するならば、資本家は、これまで通りの剰余価値の支出によって価値の下落した生活手段と享楽手段をより多く獲得できるし、またより少ない剰余価値の支出によって以前と同量の生活手段や享楽手段を獲得できる、つまりより快適に暮らすこともできるし、また個人的消費を制限することなしにより多くの剰余価値を蓄積することもできる。否しばしばこの両者を同時に行うことをもできる。

その際に、充用される資本量が大きくなるにしたがって、労働はますます生産的となる。その結果、剰余価値率がますます上昇するばかりでなしに、剰余価値の量もまたますます大きくなっていく。そしてそれとともに、資本家の享楽や蓄積の規模もまたますます大きくなっていくのである。

以上のことからも、資本は固定的な大きさではなく、伸縮自在であるきわめて弾力的な大きさであるということ、つまり資本は社会的富の一部であって、社会的富の他の部分、すなわち資本家階級や労働者階級の消費ファンドの削減によって増大し、消費ファンドの増加によって減少するということ、こうしたことがわかるだろう。

この資本の規模を大きくするものは、労働時間の延長、労働の生産性の増大、土地開発の進展などである。だが、われわれは、ここではたとえば資本の回転の緩急といった流通過程の諸関係についてはもとより、資本とその作用範囲の伸縮に大きな意義を有する信用制度の諸関係についても完全に度外視した。なぜなら、このような諸問題についての考察は、ここでは不必要だからである。

すでに見たような、生産過程の諸関係だけでもわれわれに資本の伸縮性ということを示すのに十分である。けれども、経済学者たちのもとでは、資本は一定の作用範囲を有する固定的大きさと見なされているのである。また可変資本も彼らには、いわゆる労働基金という固定的大きさと見なされているのである。彼らは言う。「労働者への支払用として利用される資本量は、決まった量である。したがって、労働者の人数が多ければ多いほど、労働者一人当りの分け前はそれだけ少なくなり、反対に、労働者の人数が少なくなればなるほど、それだけこの分け前は多くなる」、と。更に彼らは、可変資本は労働者の生活手段を示すものとした上で、次のように言う。「一国において雇用される労働者の人数と賃金総額とは、現存の生活手段の量に依存している。したがって、賃金があまりに低いか、または多数の労働者が失業しているとすれば、このことはたんに、労働者の人数が生活手段の量よりも急速に増加していることによるものでしかない。労働者階級の貧困に責任があるのは、生産様式ではなく、自然である」、と。

このような前提の上に、いわゆるマルサス理論が築かれているのである。

# 第5章　過剰人口

## （1）賃金鉄則

周知のように、マルサス主義者は次のように説明する。労働者は、「軽率な習慣」のために利用可能な生活手段の量——もっと正確に言えば、可変資本——よりもより急速に増殖する。かくして過剰人口が生じ、資本家の雇用可能となる人数よりもより多くの労働者が供給される。そのため、労働者の増殖の結果、利用可能となる生活手段ではすべての現存の労働者を扶養することができなくなる。その結果、労働者の増殖を制限しないかぎり、失業、飢餓そしてそこから生まれるあるゆる悪徳と貧困とが、少なくとも労働者階級の一部には自然必然的な宿命になる、と。

このようなマルサス主義者の説明に対し、われわれはマルクスの教えるところにしたがい、資本の増殖と労働者階級の増殖の間の相互関係が現実にいかなる形態をとるのかを研究することにしよう。

マルクスは次のように述べている。

「この研究におけるもっとも重要な要因は、資本の構成と、それが蓄積過程の進行中に受ける諸変化である。」（マルクス『資本論』第一巻、七六九頁）

「資本の構成は、二重の意味で解されねばならない。価値の側から見れば、それは、資本が不変資本または生産手段の価値と、可変資本または労働力の価値、すなわち労働賃金の総額とに分かたれる比率によって規定される。

生産過程において機能する素材の側から見れば、各資本は、生産手段と生きた労働力とに分かたれる。この構成は、一方における充用される生産手段の量と、他方におけるその充用のために必要な労働量との、比率によって規定される。私は前者を資本の価値構成と名づけ、後者を資本の技術的構成と名づける。両者のあいだには、密接な相互関係がある。この相互関係を表現するために、資本の技術的構成によって規定されその諸変化を反映するかぎりにおいての資本の価値構成のことを、私は資本の有機的構成と名づける。簡単に、資本の構成と言われる場合には、つねにその有機的構成と解せられるべきである。」（マルクス『資本論』第一巻、七六九頁）

この資本の有機的構成は個別資本ごとに異なっている。だが、われわれは、以下において一国の社会的資本の平均的構成ということを仮定する。

このような前置きの上で、われわれの研究に入っていこう。

最初は、蓄積が資本構成の不変なまま行われるというもっとも単純な場合、換言すれば、一定量の生産手段を動かすにはたえず同量の労働力を必要とするという場合を考察しよう。

今この説明のために、四分の三が不変資本、そして残りの四分の一が可変資本から構成される一〇万マルクの資本があると仮定する。そして剰余価値の中から二万マルクが元本の資本に追加されるとする。この場合、追加的資本は元本の資本構成と同じ比率で分割されるというわれわれの前提のために、今や総資本は九万マルクの不変資本と三万マルクの可変資本とから構成されることとなる。したがって、この場合、可変資本は不変資本と同じ比率で増加した、つまり両者とも二〇％増加したのである。だが、この新しい追加的資本が価値増殖するには追加的労働力が必要となる。われわれの例の場合、蓄積されるべき二万マルクの剰余価値が資本に転化するのは、資本が使用する賃金労働者の人数が二〇％増加する場合だけである。

それゆえ、資本構成が不変なままの蓄積の場合、賃金労働者の人数が資本ほど急速に増殖しないならば、労働者に対する需要はその供給よりも急速に増加し、賃金は騰貴することになる。

マルサス主義者が「社会問題を解決する」ために、労働者の増殖を制限すべしという勧告をするのは、このような場合に注目しているからなのである。その際、彼らは、資本家と賃金労働者の関係は賃金の騰貴によっても廃棄されないということを最初から見逃しているのである。むしろこの場合、資本の蓄積が意味するのは、拡大した規模での再生産であり、一方における資本や剰余価値の量＝不払労働量などの増加と他方におけるプロレタリアートの増加ということなのである。

したがって、資本の蓄積が労働の価格を騰貴させる場合でも、この労働の価格騰貴はプロレタリアートの増加や資本の支配領域の拡大とを同時に引き起こすのである。

けれども、賃金は剰余価値をゼロにするほど高くは騰貴しない。なぜなら、資本主義的生産様式のもとでは、労働力への需要は資本の自己増殖欲、すなわち資本の剰余価値生産への欲求によって引き起こされるがゆえに、剰余価値生産を不可能にするような価格で資本が労働力を購入するような事態は、絶対に起こりえないからである。

ところで、資本蓄積のために労賃が騰貴する場合には、二つの場合が考えられる。第一の場合は、蓄積の進展が労働の価格の騰貴によっても妨害されない場合である。こうした場合が生じるのは、剰余価値率が低下した場合でも、蓄積の結果、剰余価値量の増大が可能になるからである。「この場合には、不払労働の減少が、決して資本支配の拡大を妨げるものでないことは、きわめて明瞭である。」（マルクス『資本論』第一巻、七七八頁）また第二の場合は、「利得の刺激が鈍くなるので」蓄積が衰える場合である。この場合には、蓄積が減退するとともに労賃を騰貴させていた原因もまた消滅することになる。こうして賃金は、資本の価値増殖欲を満足させる水準に到達するまで下落し続ける。「したがって、資本主義的生産様式の機構が、自分で一時的に作り出す障碍を、自ら除去するのである。」

こうした事態の中に、われわれは支払労働と不払労働の間の特有な交互作用を見るのである。その点を、マルクスは次のように述べている。「労働者階級によって供給され、資本家階級によって蓄積された不払労働の量が、支払労働の異常な追加によらなければ資本に転化されえないほどに急速に増加するならば、賃金は騰貴し、そして他のすべての事情が同じであるとすれば、それに比例して不払労働は減少する。しかしこの減少は、資本を養う剰余労働が、もはや標準的な量をもっては、供給されなくなる点に触れるや否や、反動が始まる。資本化される収入部分は小さくなり、蓄積は衰え、賃金の上昇運動は、反撃を受ける。したがって、労働の価格の騰貴は、資本主義制度の基礎を侵害しないのみではなく、増大する規模における、その再生産をも保証する限界内に閉じ込められている」(マルクス『資本論』第一巻、七七九―八〇頁)、と。

このように資本蓄積上の変動は、賃金を一定の限界内に拘束するものであるけれども、それがブルジョア経済学者たちにとっては労働に携わる賃金労働者の量的変動と見えるのである。つまり、資本の蓄積が緩慢になると、それはあたかも労働者人口が通常の場合よりも急速に増殖したかのように見え、反対に、資本の蓄積が急速になると、それはあたかも労働者人口が減少したかのように、または通常の場合よりも緩慢にしか増加していないかのように見えるのである。要するに、ブルジョア経済学者たちは、太陽が地球の周囲を回転するのであって、地球は静止していると信じている人々と同様の錯誤に陥っているのである(24)。

ところで、ほとんどの読者にとってはすでに周知のことと思われるが、賃金が一定の限界内で騰落するという現象、すなわちいわゆる「賃金鉄則」は、実際には次のような論理によって基礎づけられているのである。すなわち、賃金の騰貴は、その結果として労働者人口の急速な増殖と労働力供給の増加とをもたらし、結局のところ賃金を下落に導く。そしてこの賃金の下落は、労働者階級に大きな貧困と大きな死亡率をもたらす結果、労働力の供給を減少させ、再び賃金の騰貴に導く、と。こうした論理である。

だが、だれでも知っているように、賃金は世代の交替ごとに変動するのではなく、きわめて短期間の間に変動するという単純な事実によって、すでに上の論理は否定されているのである。この問題については、後で触れよう。

## （2） 産業予備軍

われわれがこれまで仮定してきたのは、蓄積が資本構成を不変にしたまま進行する場合であった。だが、蓄積の進展にともなって資本構成の変化もまた必然的に生じる。

資本の技術的構成は、労働生産力のあらゆる変化の影響を受ける。たとえば、ひとりの労働者が生産物に移転させる生産手段の量は、その他の事情が同じである場合、彼の労働の生産性の増進とともに増大する。また彼が加工する原材料の量や彼が使用する労働手段の量もまた同様に増加する。かくして、労働の生産性が増進するとともに、生産手段の量はそれに合体される労働力の量の増加以上の比率で増加することになる。換言すれば、充用される労働量は、これによって稼働される生産手段の量との比率において減少することとなる。

資本の技術的構成のこうした変化は、またもや資本の価値構成にも反映される。この場合、それは可変資本部分の相対的減少と不変資本部分の相対的増加として現象する。けれども、資本の価値構成上の変化は、その技術的構成上の変化と厳密に一致するものではない。なぜなら、労働の生産性が増進する場合、労働者が使用する生産手段の量の増加とともに、この生産手段の価値が下落するからである。だが、その価値はその量の増加よりも少ない比率で下落するにすぎない。たとえば前世紀の初めに、紡績業に投下された資本価値の約半分が不変資本であり、残りの半分が可変資本であった。今日ひとりの紡績工が同一の労働量を支出する場合に生産的に消費する原材料や労働手段等の量は、当時の何百倍もの大きさになっている。けれども、不変資本と可変資本の間の価値比率はそれほど著しくは変化していない。おそらく今日の紡績業における不変資本と可変資本の間の比率は、六対一程度であるだろう。

しかし、いずれにしても資本主義的生産様式のもとでの労働の生産性の増進が意味するのは、可変資本の相対的減少ということなのである。

しかるに、労働の生産性と資本の蓄積とは次に見るように、相互にきわめて密接な関係にある。

商品生産は、本来生産手段が個々人の所有であるということを条件としている。だが、労働の社会的生産力の発展は、大規模な協業、すなわち大規模な労働空間、大量の原材料や労働手段などを前提とするものである。したがって、商品生産の支配のもとでこのような巨大な規模の生産手段を個々人が所有できるのは、個々の資本家が十分な規模の蓄積をした場合だけである。「商品生産の地盤は、ただ資本主義的形態となって初めて、大規模生産を担うことができる」。それゆえ、資本の蓄積が一定の高さに達することが、労働の生産力が一定の高さに到達するための前提条件となるのである。だが、労働の生産力を発展させるあらゆる方法は、資本主義的生産様式のもとでは剰余価値の生産を増大させる方法になるとともに、蓄積の増進をも可能にさせるものとなる。またこの蓄積の増進そのものが、またもや生産規模の拡大を引き起こす。そしてこの生産規模の拡大が労働生産力の新たな発展への強力な刺激になるのである。かくして資本の蓄積と労働の生産力とは、相互に促進し合うことによってますます進展するものとなる。

また蓄積が個別資本の成長に及ぼす影響は、たとえば遺産分割によるような旧資本の分裂や新たな独立的資本の群生などによって反対の作用を受けとる。だが、このような蓄積に反対する作用は、とりわけ大資本による小資本の吸収によって引き起こされるような既存諸資本の集中と統合によってますます相殺されるようになる。

こうした資本の集中もまた、蓄積と同じくらい生産性の発展や資本の技術的構成の変化を引き起こす。そして蓄積は集中を促進し、集中もまた蓄積を促進するように作用する。なぜなら、蓄積する資本が大きくなるにしたがって、大資本はそれだけいっそう競争戦において小資本に勝利し、この小資本を吸収することが容易になるからであり、また大資本が小資本をますます吸収するにしたがって、大資本の労働の生産性はそれだけ大きなものになり、蓄積もまたそれだけいっそう膨大なものとなるからである。

だが、莫大な資本量が少数の人々の手に集中するこうした事態の進行は、すでに資本主義的生産様式の支配のもとにある労働部門の生産性の発展を引き起こすだけではない。大工業の支配する部門から駆逐された多数の小資本が、資本主義的経営がなお強固な地歩を占めていないために小資本がなお競争力をもつことのできる労働部門に殺到するという現象をも引き起こす。かくしてこうした事態の進行が、これらの営業部門を資本主義の領域に編入させるための基盤作りをも行うことになるのである。

こうしてわれわれが見るのは、資本主義的生産様式が不断の技術的革命の渦中にあって、その結果が不変資本のたえざる累進的増加と可変資本の相対的減少になるという事実なのである。

その際、可変資本の相対的減少は蓄積とは比較にならないほど急速に進行する。蓄積過程の中で新たに形成された資本は、資本量との比率において追加的労働者の雇用人数をますます減少させる。また蓄積と同時に、既存資本の革命化も生じる。たとえば、ひとつの機械が消耗し尽くした時に技術的進歩が生まれたならば、従来と同じ機械ではなく、改善された機械による置換がなされるだろう。そしてこの改善された機械の利用によって、労働者は以前よりもより多くの生産物を提供することができるようになるのである。その結果、既存資本はますますより生産的形態の資本として再生産されるのに対し、雇用労働者の多くはますます解雇されることとなる。

その際、集中は既存資本がこうした転換を行うためのもっとも強力な梃のひとつになる。

集中と既存資本の技術的革命とがますます急速に生じる中で、雇用労働者の人数の減少が起こらないようにするには、資本の新たな蓄積をますます加速度的に促進することが必要になる。だが、蓄積が急速に進展するにしたがって、集中と技術上の革命もまたそれだけいっそう促進されることとなる。

しかるにマルサス主義者は、われわれに次のように語る。すなわち「過剰人口」が生じるのは、生活手段（もっと厳密に言えば、可変資本）が一、二、三、四、五の比率で算術級数的に増加するのに対して、人口は一、二、四、八、一六のように幾何級数的に増加する傾向を有しているからである。つまり、人口の増加は、生活手段の増加よりも急速である。それゆえに、その自然的結果は悪徳と貧困にほかならない、と。

だが、実際に幾何級数的な変化を遂げるのは、総資本の増加と同時に生じる可変資本の減少である。なぜなら、可変資本が最初総資本の二分の一であったとすれば、それは次第に総資本の三分の一、四分の一、五分の一、六分の一などのように減少していくからである。マルクスは、それを次のように述べている。

「この、総資本の増大とともに促進され、総資本自体の増大よりもさらに急速に促進される、その可変的構成部分の相対的減少は、他面では逆に、可変資本、すなわち労働者人口の雇用手段の増加よりもつねにより急速な、労働者人口の絶対的増加のように見える。そうではなく、むしろ資本主義的蓄積が、しかもその精力とその大きさとに比例して、相対的な、すなわち、資本の平均的価値増殖欲にとって余計な、したがって、過剰な労働者人口、または追加的な労働者人口を、たえず生産するのである」（マルクス『資本論』第一巻、七九一頁）、と。

だが、社会的総資本の構成の変化はあらゆる部門で均等に行われるのではない。蓄積によって資本が増加する場合、最初は所与の技術的基礎を変化させることのない蓄積が行われる。この場合、資本はその増加に比例した追加的労働力を雇用する。また他方では、資本の絶対量を増加させることなしに、ただ既存資本をより生産的な形態に再構成するだけでも、資本構成の変化が生じる。この場合には、雇用労働者の人数は相対的にも、また絶対的にも減少する。この二つの極端なケースの間には、蓄積と集中そして既存資本のより生産的な形態への転換——これらすべての要因は、労働者の直接的解雇を結果的にもたらすか、「あるいは、追加的労働者人口を、その通常の排水口に吸収しがたいという、目立つことは少ないが効力は劣らない形態」をもたらすかのどちらかである——の相互作用によって条件づけられた無数の結合形態が生じる。このようにして労働者人口は一方では吸引、他方では反発という、不断の流動状態のもとに置かれる。そしてこの運動は、資本構成の変化が急速になればなるほど、また労働の生産性が発展すればするほど、そして資本の蓄積が強力になればなるほど、それだけいっそう急激なものになる。

マルクスは、多数の産業部門における雇用労働者の人数の相対的減少、そしてしばしば絶対的な減少を示す多数の証拠をイギリスの統計に基づいて提出している。最近の統計から、われわれは次のような二つの例を取り出そう。

われわれは、労働者の人数の相対的減少を合衆国の綿紡績業の中に見る。最近の統計［A］は、次のような数字を

［A］

| | 1860年 | 1880年 | 増減率 |
|---|---|---|---|
| 創業数 | 1091 | 756 | －30.8 |
| 紡錘数 | 5235725 | 10653435 | ＋103.4 |
| 織機数 | 126313 | 225759 | ＋78.7 |
| 労働者数 | 122028 | 172544 | ＋41.3 |
| 使用資本量 | 1971705380 | 4165606920 | ＋111.2 |
| 労賃支払額 | 478802160 | 840810200 | ＋75.6 |

［B］

| | 1861年 | 1871年 |
|---|---|---|
| 工場数 | 2887 | 2483 |
| 紡錘数 | 30387467 | 34695221 |
| 蒸気織機数 | 399992 | 440676 |
| 労働者数 | 456646 | 450087 |

示している。

この統計［A］によれば、綿紡績業に投資された資本額は、調査できるかぎり、一一一%も増加したのに対し、労賃支払額は七五%増加したにすぎない。雇用労働者数はそれ以上に少なく、僅か四一%増加したにすぎない。その上、創業数は三分の一も減少している。こうした減少傾向は、蓄積とならんで資本の集中が急速に進んだ結果なのである。

また雇用労働者の人数の絶対的減少の例をわれわれに示すのは、大英帝国の綿紡績業である。その統計［B］は以下のような数字を示している。

この統計［B］の中にわれわれは、雇用労働者の人数の減少と同時に工場数の減少ならびに紡錘と機械織機の増加とを認識する。これらの事態は、資本の集中と蓄積とを示すものにほかならない。

われわれは、これまで可変資本の増減は雇用労働者数の増減に正確に一致するものと仮定してきた。けれども、現実はこうした場合だけではない。たとえば、工場主が労働の価格を同一にしたまま労働時間を延長させるならば、彼はより多くの労賃を支出することになるだろう。この場合には、可変資本が増加しているにもかかわらず、労働者の雇用は増加しない。そればかりか、可変資本の増加と同時に雇用労働者の人数の減少とが生じる場合もある。

今ひとりの企業家が一〇〇〇人の労働者を雇用しており、この雇用労働者の労働日は一〇時間そして日賃金は二マルクであると仮定しよう。そしてさらにこの企業家は、自分の経営に追加的資本を投下しようとしていると仮定しよう。その場合、彼はこうした追加的資本の投下を仕事場の拡大、新しい機械の購入そしてより多くの労働者の雇用といった方法で行うことが可能である。だが、この追加的資本をより多くの原材料の購入に利用する必要がないかぎり、彼はすでに雇用している労働者の労働時間を延長させるといった方法でこの追加的資本を利用することもできる。今彼が、すでに雇用している労働者の労働時間を五時間ほど延長させたと仮定しよう。その場合、労働の価格に変化がないとすれば、日賃金は三マルクとなり、可変資本は——その他の事情が同じであるならば——労働者の人数の増加なしに五〇%増加することになるだろう。実際、資本家は労働者数の増加によるよりも労働時間の延長ないし労働の強度の増大とによって労働量を増加させることの方に利益を感じる。というのも、労働者数の増加による場合よりも労働時間の延長や労働の強度の増大による場合の方が、彼が支出する不変資本額の増加の速度がはるかに緩慢となるからである。その際、生産の規模が大きくなるにしたがって、それだけいっそうこの利益はより強力なものになる。したがって、資本の蓄積とともにそうした方向への力が強く働くようになるのである。

たとえば、労働者の労働手段が二マルクの費用を必要とする鋤である場合、企業家は労働量の増加を労働者数の増加によって行うことにそれほど強くは反対しないだろう。それに対し、一〇万マルクの費用を必要とする機械装置を労働者が利用する場合には、そうではない。

だが、資本の蓄積とともに、労働量の増加を労働者数の増加なしに行おうとする資本家の志向が強まるのに対し、このような傾向に抵抗しようとする労働者階級の力は弱体化する。それは、資本の蓄積によって過剰となった失業者集団との競争のために、雇用労働者の抵抗力が弱体化するからである。こうして雇用労働者は、超過労働に同意することを余儀なくされる。そしてこのような超過労働が、またもや過剰な労働者人口の群れを膨脹させるものとなる。

かくして、一方の失業が他方の超過労働を条件づけ、一方の超過労働が他方の失業を条件づけるという関係が、そこに成立することになる。

このように資本の蓄積は、資本の集中、既存資本の技術上の変革、超過労働などといった随伴現象や諸結果をともないながら、充用総資本との相対的な比率において、また時には絶対的にも雇用労働者の人数を減少させる傾向を有しているということを、われわれは認識するのである。

だが、それと同時に資本の蓄積は、資本のいいなりになる労働者の人数を人口一般の増殖率をはるかに上回る比率において増加させる。

われわれはすでに第二篇において次のことを見た。すなわち、マニュファクチュアそしてそれ以上に大工業がその発展過程の中で修業を積んだ労働力に代えて未熟練の労働力を多数使用するようになり、労働者の修業期間が最低限度ぎりぎりまで短縮されることになったこと、つまり労働者は青年期から資本に使用されるようになり、労働力の再生産に要する期間が短縮されたこと、それと同時に成人男子労働者が多数の労働部門において婦人や児童によって無用な存在にされてしまい、労働者軍が膨大な数に増加するにいたったこと、そして少年少女の経済的自立や彼らの協働ならびに早くから児童に共稼ぎをさせる可能性などによって早婚が助長され、これまた労働者階級の再生産期間を短縮させるものになったこと、こうした事実がそれである。

だが他方で、資本主義的生産様式が農業を支配するようになるや否や、労働者軍を急速に膨脹させる別の重要な原因が生じるようになる。農業の場合、生産性の増大は最初から雇用労働者の人数の相対的な減少ばかりでなしに、その絶対的減少をも引き起こす。たとえば大英帝国の農業被雇用者の人数は一八六一年には二二一万〇四四九人であったのが、一八七一年には一五一万四六〇一人となり、その間にほぼ七〇万人の被雇用者の人数の減少が生じたのであった。このようにして「過剰」とされた人々は、移民の可能性がまったくないかぎり、工業地域に移動した。その結果、工業地域で資本のいいなりになる労働者軍の更なる増加が引き起こされたのである。

最後にわれわれは、資本が工業の遅れた地域出身の新たな労働者大衆、すなわちアイルランド人、ポーランド人、スロバキア人、イタリア人、中国人などの労働者大衆を引き寄せることを可能にした鉄道や蒸気船の作用といったものを忘却してはならない。

こうして労働者人口は著しく急速に、すなわち資本の必要とする労働力充用よりも急速に増加する。そしてその結果は、われわれがすでに見たような、資本の蓄積によって生み出される相対的過剰人口である。この相対的過剰人口は、経済学者たちが主張するように労働の不生産性によって生み出されたのではなく、労働の生産性の増大によって生み出されたものなのである。

けれども、いわゆる過剰人口とよばれる産業予備軍の存在は資本の発達を阻止するのではなく、ある点を超えると資本の発達の前提条件になる。

われわれがすでに知っているように、資本は弾力的な大きさのものである。それゆえに、資本主義的生産様式が発展すればするほど、周期的に生ずる資本の拡大と収縮はますます激烈かつ大規模なものとなる。実際、近代的大工業はすでに第二篇で示唆したように、その特有な循環運動——その循環運動は少なくとも一八七三年までは約一〇年の周期で繰り返していた——を行う。それは中位の活況で始まり、その活況が急速化して経済的好景気となり、突如とした生産の巨大な膨脹、生産の熱病的状態が生じる。さらにその次に来るのが恐慌であり、営業状態の沈滞が続く。そして市場が十分拡大し過剰生産物を吸収し尽くすや、中位の活況が回復し、新たな循環がより大規模に始まるのである。

マルクスが、一八六七年出版の『資本論』初版の草稿を起草していた時に、恐慌が勃発した。また彼が『資本論』第二版の後書きを書いていた時（一八七三年一月二四日）にも恐慌が勃発した。そしてその後書きの中で、彼は全般的恐慌が進行中であると書いたのであった[25]。

この予言がまもなくいかに正確に的中したかということを、われわれはみなよく知っている。

けれども、一八七三年に始まった恐慌とともに資本主義的生産様式は新たな段階に突入したように思われる。その当時まで、大工業の生産性が一時的に世界市場の実際の拡大以上の急速な発展を遂げることがあった。だが、今や生産技術の驚異的発展や――ロシア、アメリカ、東インド、オーストラリアにいたるまでの――資本主義生産の支配的地域の異常な拡大との結果、世界市場がもはや一時的にしか、しかも例外的にしか世界工業の生産物を吸収できない時期が到来しているように思われる。そして今や、経済生活の中位の活況、生産の熱病的発作、恐慌、景気の沈滞、景気の回復とが次々に交代する一〇年周期の景気循環に代わって、一八七三年以来慢性的不況、すなわち長期的な景気の沈滞が経済領域に出現するにいたっている。この長期的な景気の沈滞は、いたる所で一時的な景気の上向き傾向によって中断されることがあるだろう。だが、この景気の上向き傾向は、まもなく過ぎ去ってしまうだろう。したがって、景気が顕著な「経済的好景気」になるような時期は、もはや全般的に到来しないかのように思われている。

わが国の経済学者たちは経済についての不動かつ不変の「自然法則」を求め、このような現実の動向に対する有効な分析を行っていない。それに対し、マルクスの『資本論』――この著作はあらゆる経済的著作の中でもっとも現代的である――は、今日の現実の経済発展が著しく急速であるために今日の学校教育を受けている世代にはもはや知られていないような恐慌現象を、部分的ではあっても論じているのである。

けれども、このような関連の中で問題となるのは、資本の一時的な膨脹と収縮であって、そうした現象は、一〇年周期の恐慌と経済的活況との循環の場合と同様に慢性的不景気の時代にも同じく生じることになる。だが、今日では好「景気」は以前ほど長くは続かず、以前ほど全般的にならないだけである。それだけいっそうこの好「景気」を迅速に利用することが資本にとって必要なことになる。

かくてこの種の資本の一時的な拡大が行われるたびに、労働力に対する大きな需要が生まれる。その結果は、いかなるものであるのか。労賃の騰貴である。そして労賃の騰貴の結果は、経済学者の理論によれば、人口の増加にほかならない。つまり二〇年後に労働者人口は、資本が好景気に対応できるのに十分な人数になるというのである。だが、このような好景気は毎回数年間しか続かず、しばしば数か月しか続かないこともある。資本にとって幸運なことに、現実の事態は「賃金鉄則」の理論とは異なったものになる。なぜなら、われわれがすでに見たように、資本主義的生産様式によって人為的に創出された過剰な労働者人口は、資本がいつでも必要なだけの追加的労働者を汲み出すことのできる予備軍となるからである。この予備軍なしには、資本主義的大工業に特有な断続的発展は不可能なものとなるだろう。たとえば、ドイツ工業が七〇年代の初頭と九〇年代の後半期に「自由に」使用できる多数の人手、すなわち鉄道建設、新たな鉱山や製鉄所などに「自由に」投入できる労働者予備軍を見いださなかったならば、このドイツ工業の今日の繁栄はありえなかったであろう。だが、このよう予備軍は資本の突然の膨脹を可能にするばかりでなしに、賃金下落への圧力をも加える。だが、好景気の時期にも、このような予備軍は完全に雇用されることがない。それゆえに、この予備軍は生産がもっとも活況を呈している時期にすら、賃金の一定額以上への騰貴を不可能にさせる梃として作用するのである。

このように、人口数の増減として現象する事態は、実際には資本の周期的な拡大と収縮の投影でしかない。したがって、マルサス主義者が労働者に「お前たちは自分たちの雇用規模にしたがって自らの人口の増殖をはかるべきである」と要求するならば、そのことは、「お前たちは自分たちの人数を資本のその時々の必要に適応させるべきである」と言っていること以外の何ものをも意味しないのである。

つまり、マルサス主義は資本の変動する生産欲求と現存の生産手段の生産力との混同に立脚しているのである。このような混同は常に馬鹿げているとはいえ、そのことがようやく明らかになったのは、最近二〇年来のことであった。それ以来、われわれはヨーロッパの農村では生活手段の過剰に起因する過剰人口、すなわちアメリカ産、インド産、オーストラリア産などの食肉ならびにパンとの競争に起因する過剰人口を有するようになっているのである。

このことがどんなに不条理に聞こえようとも、マルサス主義の要求は、今日資本に対して労働者が占めている地位をそれなりに表現したものにすぎない。すなわちそれは、労働者が資本の付属物にすぎないということ、生産過程では生産手段が労働者を使用するのであって、労働者が生産手段を使用するのではないということ、だが、労働者は、われわれがすでに見たように、労働を行わないときにも資本に隷属しているということ、労働者が消費して自己の維持と繁殖を行う場合でも、彼はそのことを資本の利益にもっとも合致するような方法で行わなければならないということ、こうしたことの表現でしかないのである。つまり、労働者は彼自身の生産物に隷属しなければならないばかりでなしに、自らの労働力でもって、また自らの人間存在のあらゆる活動でもって生産物に奉仕しなければならないというのが、マルサス主義の要求にほかならないのである。

# 第6章　資本主義的生産様式の黎明期

われわれは、資本がいかにそれ自身の前提条件を繰り返し新たに作り出すのかということを、前章で見た。だが、この前提条件がほとんど発展を遂げていなかった間は、資本が古典的形態〔産業資本形態〕において形成されることがなかったということもまた明らかである。この前提条件がいかなる諸関係によって生まれたのかという問題は、今だに解答が与えられていない問題である。われわれが貨幣の資本への転化を研究した際に、われわれは一方では巨額の貨幣が私的個人の所有となっており、他方では労働力が商品となって市場で販売されているという前提条件から出発した。その際に、労働力はいかにして商品になるのか、またどのようにしてこの貨幣額が集積されるのかということを、われわれは未検討のままに残していたのである。

今や、この重要な問題を語らなければならない。

資本の蓄積は、資本存立の前提条件の更新を意味する。それに対し、この資本の発達に先行した資本存立の前提条件の本源的生成［資本主義の成立にいたるための蓄積］を、マルクスは本源的蓄積とよぶ。

資本の起源にかんする問題について経済学者たちがわれわれに与える解答は、彼らが現実の事態を知らないか、または知ろうとしない場合には、いつも彼らが用意している当の解答、すなわちロビンソン物語を語ることにほかならない。その種の物語には二重の利益がある。第一に、その物語を考案するのに予備知識を必要としないということ、第二に、自分に都合よく語れるということ、この二つの利益である。

だが、資本の起源を説明し、これを世間一般の権利観念と一致させようとする当のロビンソン物語は、この種の物語中もっとも平凡なものに属している。これがわれわれの童話から区別される点は、きわめて退屈なものでしかないという点にある。(26)

それは、実直勤勉で、節約を行う労働者が資本家となり、そして目の前の快楽のために一切を浪費し尽くす無頼漢が、その罰として以降子々孫々にいたるまで他の実直な人々とその子孫のために永遠に額に汗して働かなければならないという昔話である。

けれども、われわれが一四世紀以降のヨーロッパの歴史を詳細に研究するならば、本源的蓄積は上の物語とは異なったものに見えてくる。その歴史には二つの側面がある。自由派の歴史家によって人民大衆によく知れ渡るようになった見解は、そのうちの一側面にすぎない。以下、それを説明しよう。

［資本主義の主人公たる］産業資本は、自由な労働者の存在なしには誕生することが不可能であった。この自由な労働者とは、農奴制度、賦役制度、ツンフト強制とは無縁な状態にある労働者のことにほかならない。また産業資本は封建主義の束縛に対立して、生産の自由［営業の自由］を必要とした。したがって、産業資本は封建領主の後見から自己を解放しなければならなかった。このような観点から見るならば、勃興した資本主義の闘争は強制と特権に反対する闘争ならびに自由と平等を求める闘争であったかのように見えるのである。

市民層を弁護する文筆家たちによって人民に繰り返し提示されるのは、この側面である。われわれもこの闘争の意義を軽視するつもりはない。とくにブルジョアジー自身が自らの過去を否定し始めている現在、なおさらそうである。だが、この誇るべき、栄光にみちた歴史の側面のために、プロレタリアートと資本自体を創出したその裏面を忘れてはならない。この裏面についてはなお十分な解明がなされていない。けれども、マルクスは『資本論』の中で、資本主義的生産様式の母国であり本源的蓄積が古典的形態で発生したイギリス一国についてのこの側面を徹底的に究明したのであった。当該する状況にかんする若干の示唆については、『哲学の貧困』第二章第二節の一二一頁にも見いだされる。(だが、ドイツにおける当該する発展については、哀しいかな、不完全にしか論証されていない。なぜなら、オリエントへの通商路が地中海から大西洋に移動し、その後三〇年戦争が勃発し、ドイツが世界市場から数世紀の長きにわたって排除されていたことにより、このような発展が妨害されたばかりでなしに、ついには萎縮するにいたったからである。)それは、次のような内容だった。

資本が発芽しようとする前に立ち現われた最大の障害物は、都市のツンフト組織のほかに村落共同体、時には大規模な協同組合による土地の共同所有であった。この土地の共同所有が存在した間は、プロレタリア大衆は存在することがなかった。だが、資本にとって幸運だったのは、封建貴族がプロレタリア大衆を創出するという仕事を行ったことである。それはこうである。

十字軍以降、交易と商品生産はますます発展しつつあった。したがって、都市の工業や都市の商人が貨幣を獲得するという目的で供給した商品への封建貴族の新たな必要が生まれることになった。だが、封建貴族の富は隷属的農民の物的ないし人的給付を基礎とするものだった。そのため、封建貴族は貨幣をまったく所有していなかった。そこで、封建貴族は購入できないものを略奪しようと試みた。けれども、国家権力が彼ら以上に強力な発展を遂げる一方で、他方では下級貴族から構成されたレーエン制軍隊も豊かな都市や領主の傭兵の抵抗に直面したために、封建貴族の追剝ぎ行為は不可能となった。かくして封建領主は貨幣や土地を農民から奪おうとした。このために農民は自暴自棄の状態――農民戦争を見よ――に陥ったけれども、このような略奪は封建貴族にそれほど大きな利益をもたらすことがなかった。こうして封建貴族も結局新たな利益に与らんがために、都市民のように商品生産者になることによって、すなわち羊毛、穀物その他の農業生産物をこれまでのように自己消費の目的のためではなく、販売の目的で生産することによって、貨幣を獲得しようと決意するにいたったのである。

このような理由から封建貴族の農業経営が拡大され、その経営上の指導も監督者や支配人ないし小作人の手に移った。その際、このような拡大は農民層を犠牲として可能になったにすぎなかった。今や農奴と化していた農民は追放され、換言すれば、彼らの郷土から駆逐され、彼らの土地も領主経営の土地に編入されるにいたった。こうして封建貴族の支配権が依拠していたところの、村落共同体所有が領主の私的所有となり、農民は経済的に衰退することとなったのである。

当時とくに歓迎された農業上の商品は、都市の織物産業が必要としていた羊毛であった。したがって、こうした羊毛生産の拡大とともに農耕地は牧羊地に転換され、合法あるいは非合法の手段によるのであれ、また経済的または直接の物理的強制によるのであれ、多数の農民が農地から追放されたのであった。

かくして都市の織物産業の成長とともに、郷土から追放され、そして無所有となった農民の人数も増加の一途をたどることになった。

それに加えて、貴族は多数の家臣を解雇した。というのは、こうした家臣たちは前述したような新しい状況のもとでは貴族にとってもはやいかなる権力手段ともならず、むしろ財政的圧迫の原因になるものでしかなかったからである。

最後に、この家臣の解雇が資本のための宗教改革を引き起こした。その結果、修道院の住人がプロレタリアートの中に投げ入れられたばかりでなしに、教会領も投機家の手に委ねられることになった。それとともに教会領からも古くからの世襲的借地人が追放されたのであった。

このような方法で多数の農村住民が自らの生産手段である土地から引き離されたために、あの人為的な「過剰人口」、すなわち資本に必要な労働力の日々の販売を余儀なくされる無産のプロレタリアの大群が創出されるにいたったのである。

このように資本が活動できる基盤を創出し、農村の資本や都市の資本にプロレタリアを供給すると同時に、農村での商品生産、すなわち資本主義的農業にとっての自由な活動の余地を与えたのは、封建領主にほかならなかった。こうした封建領主の経済的活動以来、大土地所有のもとでの農業は資本主義的性格を帯びるものとなったけれども、この性格は農奴制度や賦役制度を随伴するものであったにせよ、こうした制度によって消滅させられることがなかった。むしろそれは歪曲されたものとなったのである。

したがって、今日大土地所有者が、自分たちは資本から労働者を保護し、両者の間の調和をはかることを本来の使命としている階級であるかのように振る舞っていることほど、滑稽に見えるものはない。

たとえば、一五、一六世紀の西ヨーロッパ全体に流行した放浪という現象は、多数の農民層の収奪の結果だった。それは社会にとって脅威となったので、社会は鞭や烙印、耳の切取り、場合によっては死刑などの刑罰によって、それを防ごうとしたのである。

だが、資本が吸収できる人数よりも多くの労働者が遊離される一方で、他方では利用可能となる労働者の供給量はしばしば資本の必要量を下回ったままだった。なぜなら、資本主義的生産様式がまだマニュファクチュアの段階にとどまっている以上、この生産様式は部分作業を行う場合でも一定の熟練度――その修得にはしばしば数年間を必要とする――に達した労働者に依存していたからである。それに加えて、この時期資本の可変資本部分は、その不変資本部分をはるかに上回っていたために、賃労働に対する需要は資本の蓄積にともなって急速に増加したのに対し、利用可能な賃労働の供給はその需要に緩慢にしか追いつくことができなかったからである。こうして熟練労働者が相対的に希少であるために歓迎されていたこと、また職人が社会的に親方に近い位置に立ち、しかも親方になることを期待できたところでは、手工業の伝統が労働者の間に息づいていたこと、こうした理由のために当時の賃金労働者は独立心にあふれ、きわめて反抗的であった。それゆえ、彼らは資本主義工業の訓練や労働の一面化にしたがうことができなかったし、またしたがう意志もなかった。そこで、資本に従順な労働者を創出するために、「高度な権力」が干渉しなければならなかった。

かくして放浪者から所有を守る場合や共同所有を私的所有に転換させるのを促進する場合（マルクスはイギリスについてその詳細な論述を行っている）と同様に、労働者を資本主義的訓練に順応させることが必要となった場合にも、国家権力が登場したのであった。こうして国家は厳しい法律を公布して、労賃の最大限を確定し、労働日を延長し、労働者の団結を禁止したのである。

これらすべての事実が、当時「自由」のために闘っていた市民層の精神にどれほど照応するものであったのかについては、フランス革命の時期にこの市民層が政治権力を獲得した場合に示された。すなわち、権力を握った市民層はフランスになお保持されていた土地の共同所有の残滓に対する激烈な闘争を行うと同時に、労働者の団結を厳格に禁止する法令をも発布したのであった。

だが、プロレタリアートの誕生とともに資本の国内市場もまた誕生した。以前には各農民家族は自分たちの必要とするもの、すなわち生活手段や家内工業の生産物を自分たちで生産していた。今やそのようなことはない。つまり、今や生活手段は、共同所有地と個々の農民の所有地を合体させた大農場で商品として生産されるようになり、その市場を工業地域に見いだしている。他方、資本主義的工業の生産物（この時代にあってはマニュファクチュアの生産物）は工業と大農場の賃金労働者のもとに、そして農民のもとにすら販路を見いだすのである。多くの場合農民の土地は農民自身を維持できないほど縮小されたために、農業は彼らにとっての副業となっている。そればかりか、自己需要を目的とした家内工業も衰退し、資本家や商人のために商品生産を行う家内工業に席を譲っている。そしてこの新たな家内工業こそ資本家的搾取のもっとも忌まわしく、もっとも利益の多い形態のひとつにほかならないのである。

以上、プロレタリアートと人為的過剰人口とがいかに創出されたのかを見てきた。その際、この二つのものが資本主義的生産様式の発展を可能にすると同時に、資本主義的生産様式の発展それ自体がプロレタリアートと相対的過剰人口とをたえず増大する規模で再生産することになるのである。

だが、資本主義的生産様式のもうひとつの前提条件である、少数者の手に集中された富はどのようにして生まれたのか。

二種類の資本が古代から中世に伝えられた。その二種類の資本とは、高利貸資本と商人資本である。十字軍以来、オリエントとの交易が著しく発展し、それとともに商人資本とその少数者の手への集中もまた著しく発展した。ここでは、アウグスブルクのフッガー家を指摘するにとどめる。これは、一五世紀と一六世紀におけるドイツのロスチャイルド家ともいうべき存在であった。この点に関連して、マルクスは次のように述べている。

「だが、近代的仕事の原理となったのは商人であって、古いツンフト親方ではなかった。ほとんどいたる所で、マニュファクチュアと手工業の間の激しい闘争が支配したのであった。」（マルクス『哲学の貧困』、一三五頁）

けれども、高利貸と商業は一五世紀以来ますます大規模に産業資本に転化されるにいたった貨幣量をもたらした唯一の源泉ではなかった。マルクスは、別の源泉についても『資本論』の中で述べている。この叙述は「本源的蓄積」にかんする輝かしい歴史的議論の貴重な結論をなすと思われるので、その詳細については原文を参照されたい。ここでは、この蓄積の様々な方法の概略だけをマルクスの含蓄のある言葉で再現するにとどめたい。

「アメリカにおける金銀産地の発見、原住民の、掃滅、奴隷化、坑山内への埋没、東インドの征服と略奪との開始、アフリカの商業的黒人狩猟場への転化、これらのものによって、資本主義的生産時代の曙光が現われる。これらの牧歌的過程は、本源的蓄積の主要要素である。地球を舞台とするヨーロッパ諸国民の商業戦がこれに続く。それはスペインからネーデルランドが離脱することによって開始され、イギリスの反ジャコバン戦争において巨大な規模をとり、中国に対する阿片戦争等においてなお続行される。」（マルクス『資本論』第一巻、九三八頁）

「いまや本源的蓄積の種々の契機は、多かれ少なかれ時間的順序をもって、ことにスペイン、ポルトガル、オランダ、フランス、イギリスのあいだに、分配される。イギリスでは、それらが一七世紀末には植民制度、国債制度、近代的租税制度および保護貿易制度において、体系的に総括される。これらの方法は、一部はもっとも凶暴な強力に基づいて行われる。たとえば、植民制度の如きはそれである。しかし、封建的生産様式の資本主義的生産様式への転化過程を、温室的に促進して過渡期間を短縮するためには、いずれの方法も、社会の集中され組織された強力である国家権力を利用する。強力は、新しい社会をはらむ、すべての古い社会の助産婦である。それ自体がひとつの経済的な力なのである。」（マルクス『資本論』第一巻、九三八頁）

前述の第二の文章は、きわめてしばしば引用されるけれども、ほとんどの場合その引用は前後の関連を無視したものである。その文章を前後の文脈との関連の中で考える者だけが、その文章を正しく理解できるのである。

その際、資本主義的生産様式の助産婦として役立った強力の中には、「社会の集中され組織された強力である国家権力」も属していたが、それは、力強く台頭する一階級の道具としての国家権力であって、階級対立の上に超越して立っている「国家それ自体の権力」ではなかった。

かくして、住民、とりわけ農村民のプロレタリア化の増大、ならびに一方における国内市場の誕生と他方における多大な富の蓄積と集中、それと同時に通商戦と植民政策の結果としての外国市場の誕生、これらは一五世紀以来西ヨーロッパに併発したものであり、その生産全体をますます商品生産に、そして単純商品生産を資本主義的商品生産に転化させるための条件になったものだった。この時期以降、農民と手工業者の分散的小経営はますます破滅し駆逐され、資本主義的大経営と交代するにいたったのである。

# 第7章　資本主義的生産様式の終焉

われわれは、カール・マルクスの資本主義的生産様式論の最後に辿り着いた。

われわれがすでに見たように、原始的生産様式は計画的に組織された社会的労働に基づくものであって、生産手段と生産物の社会的所有を条件とする。この生産様式のもとでは、生産物は分配を通して個人的所有になるけれども、それは生産物が個人の使用対象となるかぎりにおいてである。むしろ社会的労働の直接的成果として見れば、生産物はなによりもまず社会の所有に帰するものである。

だが、この原始的生産様式は相互に独立的に活動する私的労働者が営む単純商品生産によって駆逐される。後者の場合、各私的労働者は自己の所有する生産手段をもって生産物を生産する。そして生産物は、いうまでもなくその生産者によって私的に所有されることになる。

けれども、単純商品生産から資本主義的商品生産が発展してくると、相互に独立的に生産する個別的労働者に代わって大規模に集中された労働経営、すなわち各経営自身は相互に独立しながら商品生産を行うけれども、その経営内部では計画的な社会的生産を行うように組織された資本主義的大経営が登場する。だが、こうした資本主義的大経営は相互に商品生産者として対峙するために、その相互の交通においては依然として商品交換とともに単純商品生産の所有権、すなわち生産手段と生産物の私的所有とが認められることになる。

だが、資本主義的商品生産とともに、私的所有はその反対物に転化する。

単純商品生産のもとでは、私的所有は自己労働の結果であり、その成果であった。なぜなら、労働者は自己の生産手段と自己の労働の所有者だったからである。だが、資本主義的生産はこの労働と所有の間の結合を引き裂く。労働者はもはや自己の生産物の所有者ではない。なぜなら、生産手段と生産物は労働しない者の所有だからである。かくして、生産が資本主義的基礎に立脚する社会的生産に転換した結果、非労働者はますますあらゆる富の所有者となり、労働者はますます無産者となる。

だが、支配的生産様式と支配的領有様式の間の矛盾はこれだけではない。

われわれは、原始的共産主義のもとでの生産がいかに単純かつ見通しのよいものであったのか、また社会がいかに自己の意志と必要にしたがって生産を指揮したのかということを見てきた。

商品生産の制度のもとでは、社会的生産条件が個々の生産者の頭上に聳え立つひとつの権力になる。そのために、個々の生産者はその権力の無意志な奴隷となる。だが、この新たな主人は個々の生産者にそのなすべきことを指示することもなければ、その必要を個々の生産者に告げることもなく、これらのことを個々の生産者の判断に任す。それゆえに、彼らの地位はますます哀れなものになる。今や、生産は生産者の意志から独立する。その上生産は、しばしば生産者の意志に反して作用する自然法則の如き法則にしたがうことになる。その際、この法則は価格の騰落のような異常状態の周期的出現を通して実現される。それに対し、単純商品生産のもとでは、これらの異常状態は社会的原因に基づくものであるかぎり、例外的であり、しかも狭い領域に制限されたままである。こうした事態は、個別的労働者の分散的経営が示す低い生産性に照応するものである。

他方、資本主義的生産様式は労働の生産性を著しく増大させる。というのは、資本主義的生産様式は科学によって征服された諸種の自然力を利用するばかりでなしに、目的意識的に組織された社会的労働に特有なあらゆる生産力を解放して、これを著しく高度に発展させるからである。その結果は以下のようなものである。すなわち、以前にはその克服が容易であり、しばしば一時的な地方的な不愉快な事件でしかなかった異常状態が周期的に出現し——それを通して商品生産の法則が貫徹するのだが——数年間にわたって持続するものとなる。しかもその状態は、全国や全大陸を襲い、恐るべき荒廃をもたらす周期的カタストロフィとなって現われるのである。今やこの周期的カタストロフィは、資本主義的生産様式の発展とともにその規模と強度とを拡大しているばかりでなしに、今や慢性的疾患になりつつあるかのようである。

いまひとつ指摘すべき点がある。それは、社会的労働の生産物が社会の所有に属し、社会的必要に応じて各個人に分配される原始共産主義のもとでは、各人の分配は労働の生産性の増大とともに増加することになるという点である。それ対し、商品生産が支配的であるところでは、労働の生産力が発展するとともに一定の価値量に対応した使用価値の量も増加する。単純商品生産のもとでは、労働者の生産物は通例労働者の所有になるため、労働者はこの自己労働の生産物の全部またはその一部を自分で消費することが可能となる。この場合、労働者が自由にできる使用対象の量は、自己の労働生産性と同じ比率で増加する。この点は明白なことである。その際、彼は自己の労働生産物の全部またはその一部を交換に回すことも可能である。だが、単純商品生産のもとでは、生産物の僅かな部分だけが商品となるにすぎない。

一般に労働の生産性が増大するにしたがって、彼が交換に回す一定量の労働生産物と引き換えにえる使用価値の量もそれだけいっそう多くなる。したがって、この場合［単純商品生産の場合］にも、労働の生産性の増大はそのまま労働者の利益になる。

しかるに、資本主義的商品生産のもとでは、労働力自体がひとつの商品となる。そしてその価値は、その他のあらゆる商品と同様に労働の生産性の増大と同じ比率で下落する。したがって、労働の生産性が増大するにしたがって、労働者が労働力の価格として受け取る分け前の割合はますます相対的に小さくなる。だが、資本主義的生産様式が支配的な生産様式になるにしたがって、人民大衆がますます賃金労働者から構成されるようになるため、ますます多くの人民大衆が労働の生産性の増加がもたらす果実の分配から排除されるようになる。

これらすべての矛盾は自然必然的に資本家階級と労働者の間の対立、すなわち労働者の階級的意識の覚醒、彼らの政治的活動への志向、そしてあらゆる資本主義国における労働者党の形成を引き起こすような対立を生むものとなる。

だが、労働者階級に対してばかりでなしに、それは多種多様な人々に対しても、すなわち賃金労働者階級以外のますます多くの人々に対しても今日の状況を堪え難いものと感じさせるような苦痛を生むものとなる。

かくして、今やすべての人々が資本主義的生産様式に固有な矛盾、すなわち労働の社会的性格と生産手段ならびに生産物の伝統的な領有形態の間の矛盾の解決を求めるのである。

この矛盾の解決には、二つの方法だけが可能であるように思われる。この二つの方法とは、ともに生産様式と領有様式とを相互に一致させることに帰結する。第一の方法は、労働の社会的性格を廃棄して単純商品生産への回帰を求めようとするもの、つまり大工業を手工業と小農民的農業に代えようとするものである。第二の方法は、生産を領有様式に適応させようとするのではなく、領有様式を生産に適応させようとするもの、つまり生産手段と生産物を社会的所有にしようとするものである。

今日多くの人々は発展の進路を第一の道に定めようとしている。こうした人々は、法律的規定によって生産様式を自由に変えられるという誤った見解を出発点としている。それゆえに、資本の擁護者であるブルジョア的俗流経済学がなお完全に堕落していないところでは、彼らすらもこうした第一の試みを批判しているのである。

だが、ブルジョア的俗流経済学自体も、それと類似の試みをしているのである。彼らは、支配的生産様式が支配的領有様式に照応しているかのように見せかけるために、近代的生産様式に特有なその本質的性格を無視して、近代的生産様式があたかも単純商品生産であるかの如く説明するのである。たとえば俗流経済学者の概説書を読むならば、そこには野蛮時代と同様の商品が今日なお交換されているかのように説かれ、森や海などに生きる猟師や漁民が賃金労働者であるかのように、また弓矢、ボートそして漁網が資本であるかのように説かれているのである。[27]

マルクスが『資本論』の中で徹底的にやり込めたのは、この種の経済学者たちであった。だが、マルクスの功績は、俗流経済学の月並みさと虚偽を暴露するだけにとどまるものではなかった。

人々は、マルクスという人はたえずただ否定し批判的に分析するだけで、積極的に物事を見ることのできない人であると言う。けれども、マルクスがわれわれに与えた資本の生産過程にかんするこうした概説によるだけでも、彼が実際には新しい経済学体系と歴史学体系を創造した人であるということが明らかになるであろう。この場合、先行者に対する彼の批判はその新たな体系の基礎をなしているのである。

古い観点よりも高い観点に立たなければ、古い観点を克服することができない。またより高度な認識をもたなければ、批判することができない。そして別のより大規模なそしてより包括的な科学的体系を確立しなければ、いかなる科学的体系をも解体することができないということなのである。

マルクスは商品の物神的性格を暴露し、資本をひとつの物としてではなく、物によって媒介される関係として、また歴史的カテゴリーとして認識した最初の人であった。その意味で、彼は資本の運動とその発展法則を研究した最初の人であった。そして彼は、現在の社会運動の目標を何らかの「永遠の正義」の要求として勝手に自分の頭の中で組み立てるのではなく、これまでの歴史的発展の自然必然的結果として演繹した最初の人であった。

マルクスがわれわれに提示してくれた観点に立って認識するならば、現在の諸関係を家父長的な単純な諸関係に歪曲しようとする俗流経済学者たちのあらゆる試み［第一の方法］は、あらゆる復古的試みと同様に無益であるということが明らかになるだろう。だが、それだけではない。社会を更に発展させるための唯一の道もまた明らかになるだろう。その唯一の道は、領有形態を生産様式に適応させ、生産手段を社会の所有にさせる道であり、資本によって中途までしかなされなかった個別的生産の社会的生産への転化を完全にそして徹底的に遂行する道［第二の方法］である。それとともに、人類の新時代が開始することになる。

かくして、無政府的な商品生産に代わって社会的生産の計画的かつ意識的な組織化が登場するや、生産者に対する生産物の支配が終焉する。こうして人類はますます自然力を支配する主人になるとともに、社会的発展の主人にもなる。エンゲルスはこの人類の新時代を次のように述べている。「その時以降、人類は初めて、十分な自覚をもって自らの歴史を作ることになるだろう。その時以降初めて、人類によって可動される社会的諸原因は、圧倒的にかつますます増大する規模で人類の望む結果をもたらすものになるだろう。その時、人類は必然の王国から自由の王国に飛躍することになるだろう」、と。

## 原注

(1) 厳密には「こうしてインディアンは再び共産主義的な考えを抱くようになり」と言うべきである。インディアンの生活方法は、元来共産主義的なものであったがゆえに、狩猟の獲物の分配もまた共産主義的であったからである。

(2) 「同一の生産過程において、または相異なっているが関連のある諸生産過程において、計画的に相並び、相協力して、労働する多数の労働の形態を、協業という。」(マルクス『資本論』第一巻、四二一頁) この一〇頁後の注の中で、マルクスは次のように述べている。「ランゲが彼の『民法の理論』において、狩猟を協業の最初の形態とし、そして人間狩り(戦争)を狩猟の最初の諸形態のひとつとしているのは、おそらく誤りではないだろう」(マルクス『資本論』第一巻、四三二頁)、と。

(3) 一連の事実が証明するのは、商品生産の初期の発展といったものは、現実に後段で描かれているのとほぼ似た過程を辿っているということである。もちろん、実際にはここで描かれているほど単純ではない。だが、われわれの説明は商品生産の歴史を示すことではなく、ただ商品生産に特有な性格――それは、他の生産様式と比較することによってもっとも容易に把握される――を示すことだけを目的としているにすぎないのである。

(4) この説明に際して、マルクスは今日なお多数の人々が抱くひとつのユートピアにかんして興味ある所見を述べている。それは、次のようなものである。「なぜ貨幣が直接に労働時間そのものを代表しないのか、したがって、たとえば一紙幣がx労働時間を表わすというようにならぬのかという問題は、きわめて簡単に、なぜ商品生産の基礎のうえにおいては、労働生産物が商品として表示されねばならぬのか、という問題に帰着するのである。なぜかというに、商品の表示は、この商品が商品と貨幣商品に二重化するということを含んでいるからである。あるいはなぜ私的労働は直接に社会的労働として、すなわち、その反対物として、取り扱われることができないのかという問題に帰着する。私は商品生産を基礎とする『労働貨幣』ということが浅薄な空想であるわけを、他の箇所で詳しく論じておいた。」（カール・マルクス『経済学批判』一八六九年、六一頁。この一節は、マルクスの『哲学の貧困』一八九二年、一六五頁の付録にも転載されている。）「なおここで述べておきたいことは、たとえばオーウェンの『労働貨幣』は、劇場入場切符のようなものと同じく『貨幣』ではないということである。オーウェンは直接に社会的となった労働を、すなわち商品生産と対角的に反対の生産形態を、前提としている。労働証券は、ただ生産者の共同労働に対する個人的参加分と、共同生産物の消費用に定められた部分に対する彼の個人的要求分を、確証しているにすぎない。しかしながら、オーウェンには、商品生産を前提し、しかもなお、その必然的な諸条件を貨幣手品によって回避しようというようなことは、思いもよらぬことである。」（マルクス『資本論』第一巻、一二三―四頁）

（5）

銀と金の価値がきわめて大きく変動している今日、ドイツの主農派が複本位制を要求して叫んでいるのは、彼らの無知――それは最悪のものでないにしても――を示すものにすぎない。財政的に破産していないすべての国は、今日純粋な金本位制へと移行している。またフランス、ベルギーそしてスイスでは金本位制が準備され、イタリアでは金本位制が事実上導入されている。アメリカ合衆国だけが銀山所有者の影響力のために複本位制を名目的に維持しているにすぎない。したがって、銀価値の下落と同時に、金価値の騰貴が続くだろう。そして主農派がドイツへの純粋な金本位制の導入を遅らすことに成功した場合には、その自然的結果は次のようになるだろう。すなわち、ドイツが現在失ったものを後に取り戻すことを余儀なくされた場合、ドイツは現在可能となるよりもより高価に金を購入し、より安価に銀を販売しなければならないという事態の到来である。ドイツが複本位制に移行することによって最大の利益を受けるのは、金本位制の時代に背負った債務を銀で返済することのできる人々であるだろう。こうした長期債務のほとんどが抵当債務であるから、その利益を享受するのは、主農派ということになるだろう。

（6）近代的生産様式に立脚する国々の貴金属準備（鋳貨と地金）の価値は、次のように見積もられている。

| | 金 | 銀 |
|---|---|---|
| 1831年 | 22・32億マルク | 82・8 億マルク |
| 1880年 | 131・7 億マルク | 84・06億マルク |

（7）こうした数字はもちろん便宜上のものであって、計算を容易にするために選ばれたものにすぎない。そのことは、自ずから理解されるように思われる。だが、『資本論』にかんする論文を書いている人々の多くは、マルクスが述べた各種の例解を事実と見なしている。『資本論』の注解者と称する人々が何を行っているのかということを端的に示しているのが、次の事例である。トライチュケ氏が編集する『プロイセン年報』の第五七巻に、R・シュテーゲマン博士が「カール・マルクスの経済学の基本的見解」という浅薄な論文を公表した。彼は、マルクスの基本的主張が「価値原理」にあると紹介した直後に、次のように述べている。「各人がその能力に応じて労働するとすれば、人間社会に必要となる生活資料を調達するのに、全員が毎日六時間だけ働けば十分であると、マルクスは主張している」（二二七頁）、と。

しかしながら、そのようなことは『資本論』の中ではまったく述べられていない。シュテーゲマン博士が事実を率直に直視したならば、『資本論』第二版の二〇九頁のところで、マルクスが六〇年代のある紡績工場でひとりの紡績工が実際に果たさなければならなかった必要労働を、マンチェスターの一製造業者からえた資料に基づいて計算しているのを見いだしたことであろう。マルクスが到達した結論は、次のようなものであった。すなわち、一〇時間労働の場合、紡績工が剰余価値を生産する超過労働時間は六時間を越えるのに対して、彼の必要労働時間は四時間にみたない、と。われわれは、もっと後に労働者が生きていくのに必要な労働時間はきわめて可変的な大きさであるということを見るであろう。

（8）一八八三年にオーストリア議会によって実施された労働者の境遇にかんするアンケート調査から確認された事実は、

ブリュンの各種紡績工場では土曜の朝から日曜の朝まで継続的な労働がなされていたという事実である。この素晴らしい慣行は、遺憾ながらブリュンや紡績工場だけに限定されるものではないということである。

(9) イギリスの労働者は（他国の労働者もまったく同じであるが）、自らが購買した労働日を僅かでも短縮させないようにする資本家の周到な監督を嘲弄する術をよく心得ている。たとえば、イギリスの労働者は石切り場所有者について次のように語っている。イギリスの石切り場で坑道発火が早すぎたために、ひとりの労働者が空中に投げ飛ばされたけれども、思いがけなく無傷で地上に戻された。ところが、給与の支払いの時に、企業家はこの労働者が空中に飛ばされていた時間を労働していない時間と見なし、この時間の賃金を彼の賃金から差し引いたのであった。実際に、これと類似の出来事は、ニュー・ヨーク州のクロートンの水道工事に際しても起こった。この工事で山腹にトンネルを掘っていた時、トンネルの爆破後、そのトンネルの中に有毒ガスが発生したために、労働者は失神し、数分間労働できなくなってしまった。この休止時間は、彼らの賃金から控除されたのであった。チューリッヒでは、若い女工に夢中になっていた工場主は、事務室でこの女工が彼と戯れた時間の賃金を彼女の賃金から控除したのであった。

(10) マルクスは、一八六三年の『社会科学評論』中のリチャードソン博士の論文から次の一節を引用している。「マクラボン（ロンドンの最大区のひとつ）では、鍛冶工は毎年一〇〇〇人につき三一人の割合で、あるいは、イギリスにおける青年男子の平均死亡率よりも一一人多い割合で、死ぬ。その仕事は、人類のほとんど本能的な一技能であり、それ自体としては非のうち所のないものであるが、単に労働を過重にすることによって、人間の破壊者となる。人間は毎日どれだけかハンマーを打ちおろし、どれだけか歩行し、どれだけか呼吸し、どれだけか仕事をして、平均してたとえば五〇年生きることができる。彼は、どれだけかより多く打ちおろし、どれだけかより多く歩行し、一日にどれだけかより多くの回数呼吸し、そしてすべてを合計して、毎日その生命の支出を四分の一だけ増加することを強制される。彼はやってみる。そしてその結果は、彼が限られた期間内に四分の一多い仕事をして、五〇歳ではなく三七歳で死ぬ、ということである。」（マルクス『資本論』第一巻、三三一頁）

(11) 現在スイスとドイツでは、労働立法の家内工業への拡大適用の問題が提起されているがゆえに、ここでは一八七八年の前述のイギリスの法律中のもっとも重要な当該規定を採録することにしよう。

「家内で、つまり住居として利用されながらも、そこで行われる作業のためにこの法律の枠内では工場ないし作業場と見なされるけれども、蒸気はもとより水もなければ、生産過程を補助するためのその他の機械力もなく、同所に居住する家族構成員以外の使用人がいる私的家屋、部屋ないし空間で人間が仕事をしている場合には、この法律中の児童、青年そして婦人の雇用にかんする前述の諸規定は適用外となり、その代わりに、次の諸規定が順守されるべきものとする。」

この家内工業の仕事場にかんする定義の後に、この家内工業の仕事場に適用される諸規定が次に続く。そこからいくつの規定を抜き書きしてみよう。

「青年（一四―一八歳）の労働時間は、朝六時前に開始してはならず、また夜九時以後に終了してはならない。(土曜日は午後四時頃に終了すること。)」

「すべての青年には、この労働時間内に食事をとることなどのために、最低四―五時間（土曜日の場合には、二・五時間）の休憩が認められるべきである。」

「児童（一〇―一四歳）労働は、早くて六時頃に開始し、午後一時頃終了すべきであるか、または午後一時頃開始し、夜八時頃（土曜日の場合には午後四時頃）終了すべきである。また児童には、五時間以上連続して仕事をさせてはならない。そしていかなる場合にも、最低限三〇分の休憩が認められるべきである。」

(12) この留保条項は、これまでのところこの法律のもっとも有効な条項になっている。

(13) 国際的労働立法の利点と必要性については、カウツキーの小冊子『国際的労働立法』（一八八〇年）が詳しく論じている。

(14) この著書のドイツ語訳は、『哲学の貧困』第二版（一八九二年）という表題を付されて、シュトットガルトのディーツ社から出版された。本書での引用と頁数は、このドイツ語訳第二版からのものである。

（15）グスタフ・グロス氏は、この二つの章の意義を理解した少数の人々のひとりである。同博士『カール・マルクス』（ライプツィヒ、一八八五年）の八二頁を参照されたい。

（16）マニュファクチュアという語句は、ラテン語の manus（「手」の意味）と factus（「生産する」という意味）を語源とするものである。マニュファクチュアが支配的となったもっとも重要な産業部門のひとつは、羊毛、綿花その他のような繊維加工部門であった。したがって、こうした織物産業がマニュファクチュアの時代を過ぎて、機械制生産を行う大工業の時代に入った今日なお、多くの場合この織物産業の作業場のことをマニュファクチュアとよんでいる。否、時には、マニュファクチュアを織物産業だけを指すものとして語ることすらある。だが、この言葉の使用は正しくない。

（17）次の表は、バッベージの著書『機械とマニュファクチュアの経済』（ロンドン、一八三五年）の四〇八頁から借用したものであり、労賃のヒエラルキー的編成と各作業における労働者の人数との相互関係ならびにこうした各労働者の平均的な労働時間に要求される技術的必要性とをきわめて適切に説明するものである。またこの表は、一九世紀初頭のイギリスの小規模なピン製造マニュファクチュアの状況を示すものでもある。

| 作業の名称 | 労働者 | 一日の労賃 |
|---|---|---|
| 針金引き | 1人の成人労働者 | 3シリング3ペンス |
| 針金伸ばし | 1人の婦人<br>1人の少女 | 1シリング<br>6ペンス |
| 着尖 | 1人の成人男性 | 5シリング3ペンス |
| 頭部作り | 1人の成人男性<br>1人の少年 | 5シリング4・5ペンス<br>4・5ペンス |
| 頭部の付着 | 1人の婦人 | 1シリング3ペンス |

| | | |
|---|---|---|
| 漂白 | 1人の成人男性<br>1人の婦人 | 6シリング<br>3シリング |
| 紙刺し | 1人の婦人 | 1シリング6ペンス |

したがって、この表によれば、このピン製造マニュファクチュアの各労働者の賃金は四・五ペンスから六シリングにまで及んでいたのである。

(18) ゲーテは、「発明とは何か」という問いに「試みられたことの終了である」という適切な言葉で答えている。

(19)『諸国民の産業』第二部（ロンドン、一八八五年、二三九頁）。マルクスは、この著書の中から旋盤滑台にかんする次の文章を引用している。「この旋盤付属物は、簡単でかつ外見上重要でないものに見えるかもしれないが、機械装置使用の改良と拡張に対するその影響は、ワットの蒸気機関改良によってもたらされたそれにさえ匹敵する、といっても過言ではないと信ずる。」（マルクス『資本論』第一巻、四九〇頁）

(20) 生産の増加は、当然ながら、この生産の増加に対応する販路の拡大をも前提とする。けれども、このきわめて重要な要因については、ここではより立ち入った考察を与えることができない。

(21) 数年来、ドイツにおける家内工業の凄まじい貧困にかんしての部分的には大変評価することのできる一連の研究が現われている。この問題を詳細に研究しようとする者には、とりわけエマニュエル・ザックス博士の著書『チューリンゲンの家内工業』（一八八二年）を読むことを勧めたい。

(22) この詳論については、ロベルト・ザイデルの興味深い著書『労働教育』を参照されたい。

(23) 労働の価格も同時に低落する。だが、この低落は労働時間短縮の結果ではなく、労働力供給の増加その他の現象の結果なのである。この点についてはここで論じることができない。こうした研究を行う場合、資本主義的生産様式の諸現象の底にある基礎が問題なのであって、その諸現象を含む全体構造が問題になっているのではないということをたえず念頭に置いていなければならない。

（24）マルクスは次のように言う。「たとえば、産業循環上の恐慌期には、商品価格の一般的下落が、相対的貨幣価値の上昇として表現され、また繁栄期には、商品価格の一般的騰貴が、相対的貨幣価値の下落として表現される。このことから、いわゆる通貨学派は、高物価の時には流通する貨幣が多すぎ、低物価のときには少なすぎるのであると結論する。彼らの無知と完全な事実誤認とは、前述の蓄積の諸現象を、一方の場合には賃金、労働者が少なすぎ、他方の場合には多すぎるからである、と解しようとする経済学者たちにおいて、似合いの対を見いだすのである。」（マルクス『資本論』第一巻、七七九頁）

（25）すでに本書の第二篇で指摘したシュテーゲマン博士は、このマルクスの文章を畏敬の念をもって次のように述べている。「マルクスは、全般的恐慌が目前に迫っていることにいかなる疑念ももたなかった」（『プロイセン年報』第五七巻、二二七頁）、と。マルクスは、前述の箇所で「近代工業が通過する周期的循環の転変、およびその頂点たる全般的恐慌」について語っている。これ以上明瞭に語ることができないにしても、そのことは、この学識のある博士氏がマルクスのいう恐慌を革命の意味に理解することを阻止できなかった。似たような「混同」は、議会での表現を用いるならば、もちろんつねに乱暴な解釈を行うためになされるのであって、マルクスを読み——あるいは読まずに——彼を引用している多数の「学者」にも見られることなのである。

（26）たとえば、ロッシャーの主張を聞こう。「土地の私有もなく、裸で洞窟に住み、引き潮の際に置き去りとなった海の魚を素手で捕まえ、これを食している漁労民を考えてみよう。この場合には、すべての労働者は平等であって、毎日三匹の魚を捕まえて消費するかもしれない。今や、ひとりの賢明な男が、百日間にわたって毎日の消費を二匹に制限した結果、貯蔵できた百匹の魚によって、五十日間彼の労働力の全部を一艘のボートと漁網の製造に振り向けたとする。この資本の助けによって、彼はそれ以降毎日三十匹の魚を捕まえることができるようになる。」（『国民経済学要綱』第一巻、一八七四年、四二三頁）資本の起源にかんするこの種のおとぎ話は、すべてこの種のいい加減な魚の話に帰着するのである。

（27）これらの諸氏が吹聴しようとしている幻想は、移民が植民するような処女地を有する植民地において否定されてしまう。われわれは、そこに労働契約の完全な自由、そして労働者による自己の生産物の所有、したがって自己労働に基づく所有を見いだすと同時に、わが経済学者たちが資本主義的生産様式の諸関係であると称するような諸関係ををも見いだす。だが、不思議なことに、このような諸関係のもとでは、資本は資本でなくなる。この種の植民地にはなお自由な土地が潤沢にあって、そこへの入植はすべての者に開かれている。そこでは労働者は通例独立的に生産しているために、自己の労働力を販売する必要がない。それゆえに、何人も他人のための労働ではなく、自分のための労働を選択する。それとともに、貨幣、生活手段、機械そしてその他の生産手段も資本であることを止める。というのは、それらは価値増殖することがないからである。

したがって、資本主義国の内部で所有の不可侵性と労働契約の自由とを荘重に説いていた同じ経済学者たちも一度若き植民地に来るや、そこで資本を成長させるために、労働者を土地所有から切り離すことや国家の権力によって先住の労働者を犠牲にした移民を促進することを、換言すれば、労働者を暴力的に生産手段や生活手段から切り離し、実際にもはや自由ではなく、自らの労働力の販売を強制される過剰な労働者人口を人為的に創出することを要求するようになる。そしてこれらの要求を従順に受け入れてくれる労働者階級——とくに後進的な人種から構成された労働者階級——が存在しているところでは、彼らはあからさまな強制労働、すなわち奴隷制度の樹立を宣言するにいたるのである。

「資本の阿諛物である経済学者に、母国では資本主義的生産様式を理論的に、それ自身の反対物として説明させるのと同じ利害関係が、植民地では、彼を駆って『胸底を打ち明け』させ、両生産様式の対立を、声高く宣言させる。」(マルクス『資本論』第一巻、九五四—五頁)

# 第二部　カール・レンナー『カール・マルクスの経済学説』

# 第一篇　資本主義的生産様式の歴史と本質

## 第1章　資本主義の興隆にいたるまでの経済発展

われわれは、資本主義の興隆にいたるまでの経済発展を説明するのに奴隷制度（古代）や賦役労働（中世）に基礎づけられた古い経済形態にまで溯る必要がない。われわれの出発点として役立つのは、中世後期から——様々な国々においてきわめて様々なやり方で——発展したような経済である。

### A．閉鎖的家内経済

（1）家長は家屋、庭園、農場を「先祖伝来の私有地」として所有し、家族とその取巻き（同居人）を権威的に指揮している。シラーの『鐘』における「生家の詩」の世界である。

（2）家の畑やその森林は家の付属物であると同時に、生産の場所、すなわち農耕、家畜飼育、園芸の場でもある。もっとも重要な原材料はもとより、製粉機、パン焼き器、貯蔵庫、紡績機、機織り機、車、馬具など［労働手段ないし生産手段］も原始的な形態で家で作られる。したがって、家共同体はなによりもまず労働共同体である。そのために、家の中には多種多様な仕事場がある。

また同時に家共同体は消費共同体でもある。家婦の役割は大きく、彼女たちが炊事場、部屋、貯蔵庫などの差配を行うばかりか、ビールを醸造し、洗濯や縫い物を行う。それゆえ、そこに独立的な手工業が介在する余地はなく、仕事のほとんどは家内労働によって遂行される。

かくしてこのような閉鎖的家内経済の場合、取引は外国産の少数の生産物（塩、香辛料、絹その他）についてだけ行われているにすぎない。

（3）ゲジンデ（作男）は家共同体の内部で生活している。手工業者（皮鞣し職人、靴職人、鞍作職人、仕立職人）は屋敷（得意先）にやってきて、そこにある原材料を加工する。

（4）このような閉鎖的家内経済を特徴づけるのは、他人のための労働や社会のための労働ではなく、自分のための労働である。したがって、生産と消費の間にはいかなる媒介領域も存在しない。［自給自足経済ないし自然経済］この生産と消費を媒介するのは、家長の権威だけである。その際、生産手段は生産者の所有である。また経済的物品は生産物であると同時に財でもあるけれども、依然として商品ではない。他方、貨幣は大抵の場合財宝として秘匿された状態にある。

## B．単純商品生産

（1）閉鎖的家内経済から単純商品生産への移行

①閉鎖的家内経済のもとで生まれた余剰は、近隣住民間で、そして後には近隣地域間で、たとえば低地地域住民と山地地域住民の間で（穀物と家畜が）、ワイン産地と農耕地の間で（ワインと穀物が）、そして鍛冶工が誕生する山地の河川流域地域とその他の地域の間で（鉄器と穀物、ワインと家畜が）交換されるようになる。そしてこうした異なった性格をもった地域の境界地域や接触点に、最初の都市が誕生する。というのも、都市はなによりもまず交換する場所ないし市場になるからである。

②封建領主は、自分の城の周囲に鍛冶屋、錠前工、車大工、鞍作り職人等々の隷属民を（「市民」として）定住

させる。（こうした職人たちは最初は支配者のために、次には周囲の農民層のためにも労働するようになる。そうなると、多数の古い家内労働が手工業に転化するとともに、封建領主は製粉（製粉強権）、醸造、火酒醸造などを領主の独占的権利とするようになる。）

こうした手工業がある程度の発展を遂げると、手工業者の居住地の中に商人が定住するとともに、領主も自分自身の鋳貨を製造するようになる。そうなると、両替商もまた公設市場で「銀行」を開設するようになる。これが、われわれの小都市の市場広場が形成される典型的な姿である。

しかるに、このように都市が誕生すると、領主もまた市民や市場を取り締まるための役人を常置することになる。

③都市市民は、部分的には領主にお金を支払うことによって、また部分的には革命によって自由の身になる。そして彼らは、市場と手工業製品を規制するツンフト［ギルドないし手工業者の同職組合］を形成する。親方、職人、徒弟から構成されるこうしたツンフトは、親方の人数、各親方が保持すべき職人と徒弟の人数を決定するばかりでなしに、毎日の労働時間をも規定する。

④多くの都市は、その周辺に原材料を容易に発見できる営業種を発展させる。とりわけゾーリンゲンの刃物鍛冶、カーニッツ、レッヒニッツそしてピルマゼンツの靴製造、ライヒヘンベルク、ツヴィタウそしてピンカフェルドの織物製造等々が、その例である。このような発展とともに、週市や年市そして行商人なども誕生する。

（2）だが、このような発展段階にいたっても依然として家内経済が支配的である。

たとえば、都市の手工業者はまた同時に農民でもある。職人や徒弟も農家のゲジンデ［作男］と同様に親方家族の一員である。そして手工業者や商人の妻たちも、仕事場や店舗で旦那と一緒に労働する。

その際、「市場」は単に家内経済の不足を補うために利用されるにすぎない。そして多種多様な手仕事労働は存続したままである。したがって、生産物のほとんどは商品にならず、単に消費のための財ないし使用価値［労働生産物］にすぎない。

また手工業生産も大抵の場合顧客の注文に基づいて提供され、直接市場向けに生産されることがない。このように市場向けに生産されないものは、商品や取引の対象となることがない。

（3）このような単純商品生産の特徴は、自分のための労働と社会（市場）のための労働が共存しているという点にある。つまり生産者は、私的労働者であると同時に社会のための労働者でもある。

だが、生産と消費の間に市場が介在するようになるや、生産者は自らの生産物を貨幣と引き換えるために商品として販売し、この貨幣で再び彼の財となる商品を購入するようになる。かくして貨幣は流通手段として利用され、たえず流通の内部にとどまる。（それは、蓄蔵手段としての貨幣とは異なった機能である。）

他方、労働生産物はその実際の価値、つまり労働の費用にしたがって取引されることになる。［価値法則の貫徹］これが常態になる。

しかるにこの発展段階になると、すでに供給と需要が完全に見通すことのできないものになっている。その結果、競争が貫徹するために、価値以上の購買や価値以下の購買などが行われること［商品の価値と価格の乖離］になるけれども、価格は長期的に見るならば繰り返し価値と一致するものとなる。かくして市場は、私的生産者が実際に社会的に必要な労働を遂行したのかどうかを事後的に決定するものとなる。もちろん、このような単純商品生産の場合、大きな変動が生じることはない。なぜなら、経済、すなわち生産と交通がツンフトや国家などの規制を受けているからである。

### C. 単純商品生産から資本主義的商品生産への移行

上述の経済様式から脱出するには、ツンフトの強力な束縛を破壊することが必要になる。だが、その破壊は、ツンフトそのものが最終的に廃棄されるまで、個々の企業が特権（たとえば、王立ないし私的マニュファクチュアなど）を手に入れるというかたちで行われる。

## I　上述の生産様式の変革

（1）上述の生産様式の変革は、なによりもまず貨幣所有者（大抵の場合、この貨幣所有者は商人あるいは両替商であって、ツンフトの親方ではない）がひとりの親方とその指導にしたがう任意の人数の職人とを雇用できるという特権をえることから始まる。このような特権をえた貨幣所有者は、労働者に生産手段を貸与する。そして生産手段を貸与された労働者は協働するけれども、さしあたり技術的には以前と同一の方法で協働する（協業）。この協働の局面を特徴づけるのは、以下の諸点である。

(a)労働者と労働手段は相互に分離される。
(b)多数の労働者が社会的に協働することによって、労働がより生産的になる。
(c)労働生産物は生産手段の所有者［貨幣所有者ないし資本家］の個人的所有になる。
(d)以前の親方は自ら資格のある賃金労働者［熟練労働者］になる。
(e)仕事場は住居から完全に分離し、住居の外部に移転する。それにともない家内経済もまた以前のように自ら消費する生活手段をもはや自分で生産せずに、市場から調達するという純粋の消費経済になる。

（2）この協働の内部に（とりわけ針製造、釘製造、時計製造などにおいて）自ずと計画的な分業が発展する。それとともに機械を使用しないひとつの大きな経営体内部のこうした多数の分割労働は、ひとつのマニュファクチュアに統合される。そうなった場合、個々の労働者はもはや部分労働者にすぎなくなるため、この部分労働者の全体が集まったときに初めてひとつの完成された全体労働者をなすことになる。したがって、労働の社会性は多数の部分労働者の連結性のうちに示される。かくして分業は、労働の生産性を飛躍的に向上させる。だが、その利益は生産手段所有者のものになってしまう。また労働も不具化し、人間も若干の運動を機械的に繰り返す単なる機械のような存在になる。

（3）そこから自ずと次の歩みが生じる。つまり人間が機械扱いされるようになるや、この人間に代わる機械もまた発明されるというのが、それである。その発明は、動力機（蒸気）ならびに作業機ないし道具機（例えば、紡錘）という二種類の機械において行われる。こうして発明された機械が導入されるや、労働者が不要になり、女性労働と児童労働が男性労働に取って代わる。（その結果、救貧院、孤児院、刑務所でも労働が遂行されるようになる。）また機械自体は労働生産物、すなわち以前の労働の所産にすぎないにしても、こうした機械が導入されるや、労働が次々に連結し、工場内部の人間労働の社会化がいっそうの進展を遂げる。だが、その際機械が生産手段所有者の所有であるために、この機械は生産手段所有者が生きた労働力を搾取するための手段になる。

他方、労働者は労働の速度を指示する機械の単なる付属物になる。また、機械は休みをとることなく稼働することができるがゆえに、機械は労働者の労働時間を際限なく延長させずにはおかない。その際当然のことながら、社会的労働のこうした形態は個別的労働の場合よりもはるかに生産性が高い。だが、この場合にもこの労働がもたらす社会的剰余生産物は生産手段所有者によって個人的に所有されるものとなる。

（4）資本主義が伝統的な旧来の生産様式を変革するのは、このような工場制度によってである。なぜなら、このような工場制度の普及とともに古い手工業は、伝統的な生産様式と一緒に衰退するからである。かくして、今やツンフト的束縛を廃棄する時が到来する。そして若々しい資本主義は「自由」を与えよと叫ぶ。このような志向の表現が自由主義の政治制度であり、その勝利が一六四九年のイギリス革命と一七八九年のフランス革命なのである。

## II　この変革が交通に及ぼす反作用

（1）単純商品生産の市場は、その周囲数マイル程度の活動範囲しかもたない地方的市場であった。だが、この地方的市場では解き放たれた生産がもたらす大量の商品を吸収することができない。したがって、マニュファクチュアと工場はその初期には人口の多い都市の周辺にしか生まれない。

資本主義への移行の全般的余地を初めて創出したのは、アメリカの発見と植民地の発展だった。だが、資本主義は、なによりもまずひとつの国家内部の地方的市場をひとつの国民的市場に統合することを望む。それゆえに、地域間の関税線が廃棄され、大きな国家的経済領域が創出されるとともに、こうした諸地域は「帝国道路」や運河などを媒介にしてひとつの交通共同体に編入されることになる。

（2）機械の発明は、同時に交通制度の変革をもたらす。最初の蒸気船は一八〇四年に建造され、最初の鉄道は前世紀の三〇年代に施設された。その結果、ヨーロッパの国々ばかりでなしに、海外諸国もまた唯一の交通網の中に急速に編入され、世界貿易と世界市場とが形成されるようになっている。なぜなら、この交通網によってある国の労働生産物を地球のその他のあらゆる国々に送ることができるようになるからである。かくして世界市場は、同時にひとつの世界消費共同体を創出することになる。（そのことは、閉鎖的家内経済時代の毎日の食事と衣類を今日のそれと比較するならば、自ずと明らかなことである。）

（3）その結果、古い家内経済は完全に（農民地域にいたるまで）根絶される。以前の家制度は廃棄され、家は単なる住居（寝る空間と炊事場）になる。そして貯蔵庫は食料品兼雑貨店に、酒造倉庫は飲み屋に、子供部屋は学校にそれぞれ変貌し、なお変貌をとげ続けている。また主婦の以前の活動領域はほとんど奪われ、住居と仕事場も最終的に切り離される。今やあらゆる消費対象は市場から調達されるとともに、すべての生産は市場生産になる。かくして今やすべての物が商品になり、貨幣も生活の全般的仲介者になる。

## 第2章　資本の循環

### 第一節　資本循環の外見上の経過

## A．流通界（単純商品流通と単なる流通手段としての貨幣）

（1）商品の販売。単純商品流通の場合、生産者（たとえば仕立屋）は自分の商品Wを市場に持ち込み、商品Wを自らの実際の価値に等しい貨幣Gと引き換えに販売した上で、この貨幣を自己にとって再び必要となる消費財と引き換えに譲渡する。したがって、それは以下のような関係になる。

W（生産物）—G（貨幣）—W（消費財）

この運動の推進力は、彼が生産物を生産しそして市場に提供することで、彼に必要な消費財を手に入れようとする点にある。したがって、この運動の推進力は、欲望の充足である。その際、貨幣がそこで果たす機能は単なる流通手段にすぎない。

（2）またこの場合、ひとつの商品は消費者に到達するまで何度か次のような転態をとげる。

W（生産物）—G—W—G—W—G—W（消費財）

しかるに、商品はある地点で生産物として流通界に入り、他の地点で消費財ないし使用価値として流通界から出ていく。それでも、価格吊上げ商法がなされる場合には、商品は流通界に長くとどまることになる。

それに対し、ひとつの商品の取引に利用された貨幣は再び流通に立ち戻り、たえず新しい商品の取引に着手する。

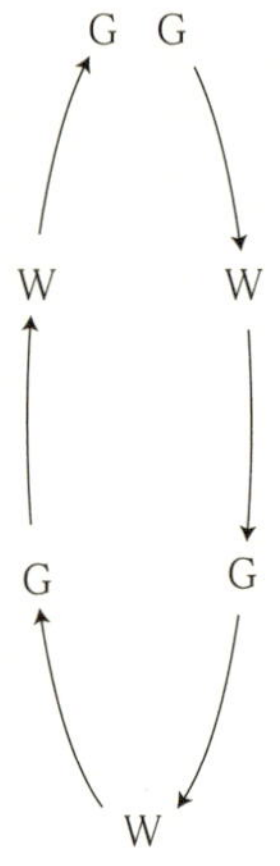


流通界

したがって、貨幣は流通界にとどまり、そこでたえず右図のようなひとつの現実的循環を描くことになる。

（3）商品は使用価値をもつものとして流通界から脱落し、個別的に消費される。それとともに、外見上この商品は経済的に消滅する。だが、それらは、たとえば市場にある機械ないし原材料のように生産的に消費するために購入されることもある。その場合、それらは生産的消費に移行したと言われる。なぜなら、それらはさしあたり流通界を去って生産過程に入るけれども、生産過程でも消滅せずに、その価値を保持し続けた後、同じ大きさの価値ではあるけれども、異なった姿態をとって流通界に立ち戻ることになるからである。（たとえば、糸が織物に姿態を変えて市場に戻って来るようにである。）

### B．生産界

資本主義生産の基礎上でも、生産は同じくGから始まるけれども、このGは上のGとは異なった軌道を描く。

（1）Gをもった企業家はまず最初に商品市場に登場し、生産手段（Pm）を購入する。その後彼は労働市場に行き、労働力（A）を購入する。彼は、この二つの商品を結合させて、新商品の生産を行う。（P）

$$G - W \begin{cases} A \\ Pm \end{cases} \ldots\ldots P$$

彼がG—PmとG—Aを遂行している間は、つまり彼が法律上の取引行為〔購買〕を行っている間は、彼は流通界にとどまっている。だが、この取引は企業家自身の欲求の充足を意味するものではない。したがって、彼はこの二つの商品を購入したならば、新商品の生産を行うためにこの二つの市場を立ち去らねばならない。なぜなら、もはや法律上の取引ではなく、物質的変換〔商品生産〕が必要になるからである。（ここからは、もはや—〔流通過程〕によってではなく、…［生産過程］によって示される。）

（2）生産過程は商品を生産するという目的をもつ。この生産過程で生まれた生産物は、またもや商品市場に戻され、貨幣と引き換えに譲渡される。かくして、生産界の内部に次のような全運動が生じる。

G—W〈A Pm〉……P……W—G

生産は、この運動の入口と出口のG—W（購買）ならびにW—G（販売）をもつことによって流通と結びついている。だが、その過程はG（貨幣）で始まり、G（貨幣）とともに終了する。したがって、その過程は次のようなひとつの循環となる。

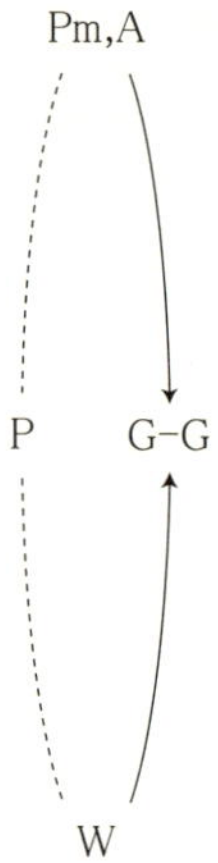


（3）生産過程は法律上の過程であるばかりでなしに、技術的過程でもある。だが、生産過程はそれ以上に社会的過程でもある。なぜなら、商品市場では人間は一時的にだけ相互に関係するにすぎないけれども、生産過程では多数の人間が長期的に相互に結び付いて、しかも企業家の支配的意志にしたがって労働するからである。

（4）生産過程を開始するばかりでなしに、その過程をも終結させる貨幣は、今や単なる流通手段ではない。この貨幣は長期間設備に固定的に投下され、その後になって初めて貨幣形態で還流してくる。こうした貨幣は、われわれが後の章で見るように資本になる。

### C．消費界（消費の循環）

（1）企業家は、最初市場からPm（生産手段）を持ち去る。そしてこのPm（生産手段）は生産的に消費され、最終的に流通過程に還流していく商品に自らと同じだけの価値をそのまま移転させる。

（2）同様に企業家は、A（労働力）の獲得と引き換えに貨幣を譲渡する。このA（労働力）で何がなされるのか。労働者は、労働力の価値の対価として賃金、したがって貨幣をえる（A―G）。そして労働者は、この同じ貨幣をもって商品市場に行き、そこで消費財商品（W）を購入する。これは、法律上の取引行為［購買］である。だが、その後労働者は自ら消費活動を行う。この消費活動の過程は、労働力が再生産されるための生理学的過程（K）でもある。かくして、労働力は繰り返し労働市場に戻ってくることが可能となる。

A―G―W……K……A

この運動から明らかになるのは、労働者の消費活動は経済にとって無益なことではないということ、また労働者の消費活動はその終点が出発点と同じになるようなひとつの循環を描くということ、この二点である。だが、この循環は部分的には取引ないし法律的行為としての流通過程であり、また部分的には生理学的自然過程でもある。

（3）すべての商品（WとG）は、生産界、流通界、消費界という三つの領域を経過して行き、繰り返し自らの出発点に還流する。

## 第二節　三つの領域の絡み合い

経済は、あたかも水が一定の速度で流れている三つの接続された管からなる水路のごときものである。その際、水（物質）とその速度（エネルギー）は、外見的には常に不変のままであるかのようである。われわれは、今や、この物質とこのエネルギーがどこから出てくるのかを検討する必要があるだろう。

# 第3章　資本の本質

単純商品生産の場合、手工業親方が生産物を生産する。そして彼はこの生産物を商品として市場に持ち込み、他の商品と引き換えに販売する。彼がそうするのは、彼がこの商品（この商品は、取引によって単なる消費財になる）と交換に自分が必要とする生産物を手に入れて自らの消費欲求を充足させたいからである。だが、資本主義的流通の場合、消費財の購入という欲求ではなく、自らの生産物の販売によって利潤をえるという欲求につき動かされてその譲渡を行う人々が支配的になる。つまりこの場合、人々が商品を譲渡するのは、それと引き換えにより多くの価値の貨幣をえるためであり、

三つの領域の絡み合い

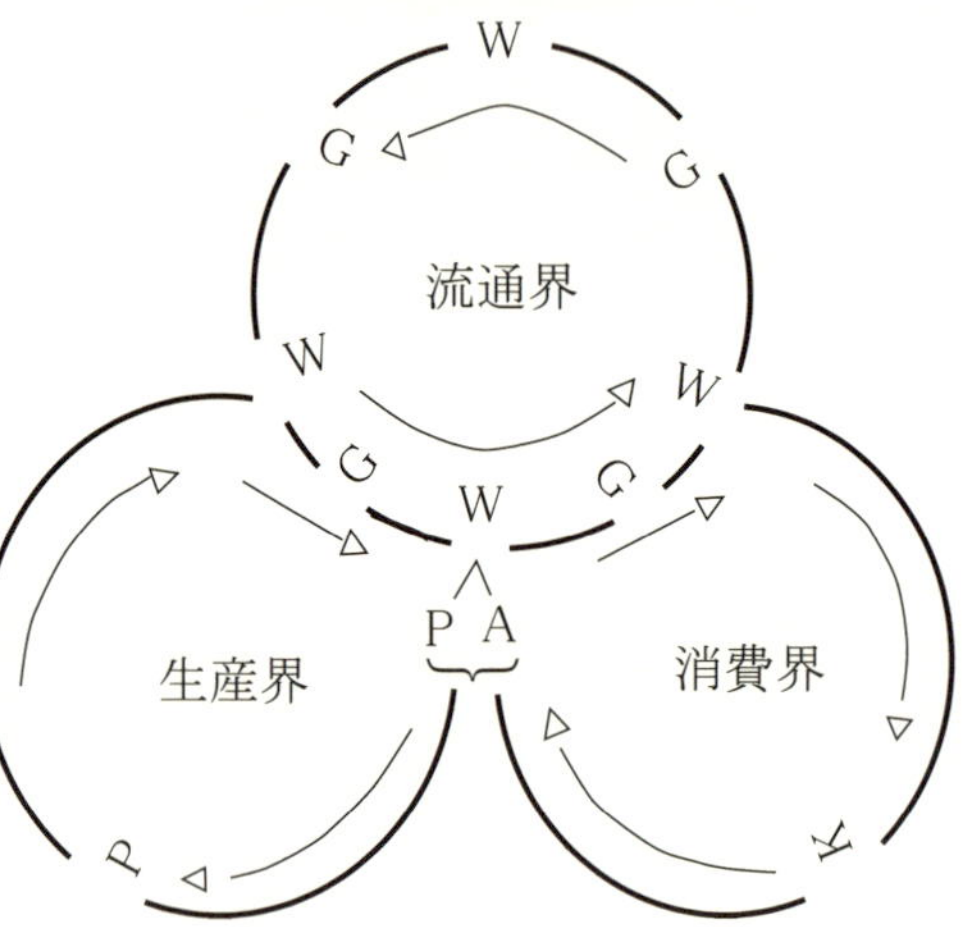


また人々が貨幣を譲渡するのは、より多くの価値をもつ商品を獲得するためである。このように資本主義的流通は譲渡利潤の可能性なしには行われないという点に、その内的矛盾をもつといってよい。

しかるに、この譲渡利潤［流通の担い手たちが獲得する剰余価値のこと］はどこから生まれるのか。たとえば、水の流れる水路から皆が絶え間なく水を汲み出すならば、水路はいずれ空になってしまうだろう。流通過程もまた同様である。かくしてわれわれは、流通の担い手たちが獲得する剰余価値は経済的総過程のどの過程から生まれるのかという問題の検討に立ち入ることになる。

（1）流通界では法律上の契約［売買契約］が締結される。だが、この法律上の契約は価値を生むことができないがゆえに、剰余価値をも生むことができない。

（2）だが、消費界においても剰余価値を生むことができない。なぜなら、労働者は自らの労働力商品と交換に賃金をえるにすぎないからである。

（3）したがって、われわれは生産界を見ることにしよう。生産界はG—W（購買）の局面で始まり、W—G（販売）の局面で締結する。この二つの局面のどちらにおいても価値は生まれない。それゆえ、企業家がとくにW（PmとA）を購買した諸結果が検討されるべきである。

(a)生産手段（Pm）。生産手段の一部は、地所、建物、長期間設置される機械のように固定的なものである。資本家は、自分の貨幣を機械などに前貸しするけれども、機械などを長期間固定した場合には、それらは一定の期間が経過した後には古鉄になってしまうということを心得ている。

かくして彼らは、生産された商品によって機械などの価値を支払わなければならない。したがって、年々商品価値から機械などの消費分として控除されなければならない価値額が年生産物の価値の中に含まれていなければならない。つまり、機械などの消費された価値は生産物価値に不変的かつ規則的に移転しなければならないということである。

また企業家は自分の貨幣の一部を原材料、たとえば紡糸や織物に仕上げられる綿花のような原材料に支出する。だが、原材料の場合、その全価値はたえず一度に生産物に移転する。

かくして、Pm［生産手段価値ないし不変資本］で示される生産手段は［その価値移転形態の相違の点で］、固定資本部分と流動資本部分とに区別されるにしても、この二つの価値の合計額はいずれも不変的かつ規則的に生産物に移転する。それゆえに、企業家がPmのために支出した資本の前貸部分を、カール・マルクスは不変資本ないしcと命名するのである。

(b)労働力（A）。企業家は労働力のためにも資本——この資本は生産過程の最終局面で企業家に還流する——の前貸しを行う。この前貸資本は短期間で還流するがゆえに、企業家はこの前貸資本を原材料などと同様の流動資本と見なす。

ところで、この賃金に投下された資本部分は、不変資本部分と同様に生産物に不変的に価値移転を行うのだろうか。

今、ひとりの労働者が一労働日の対価として四〇コルナの賃金を獲得する場合、一労働日中の彼の労働はたえず生産手段に四〇コルナの価値だけを付加するのだろうか。つまり、この前貸資本部分は、消費した価値額だけを生産物価値に付加するＰｍ［生産手段ないし不変資本］と同じ状態にあるのだろうか。また労働者が勤勉に労働する場合や怠惰に労働する場合には、どうなるのだろうか。次の説明を聞くならば、この前貸しされた価値部分が可変的なものであるということがただちにわかるだろう

たとえば、労働者が今四〇コルナをえていると仮定しよう。彼が五時間の労働によって四〇コルナの価値を生産手段に付加したらただちに道具を片付け、帰宅しようとするならば、企業家はきっと次のように抗議するだろう。「お前は八時間労働をしなければならない」、と。こうした八時間労働を行う場合、労働者は三時間の剰余労働を行うことになる。なぜなら、八時間労働の中の五時間は彼の賃金あるいは可変資本部分を稼ぐのに不可欠な必要労働であり、必要労働時間だからである。したがって、労働者は必要労働時間を越えた三時間で二四コルナの価値を付加する。この二四コルナの価値が剰余価値なのである。

つまり、剰余価値は経済的総過程中の生産過程で生まれ、資本家的企業家が生産物の形態で取得する価値である。だが、この局面での剰余価値はなお可視的な存在でもなければ、入手可能な存在でもない。したがって、企業家はこの生産物を市場に持っていかなければならない。なぜなら、この生産物が初めて商品、しかも価値増殖した商品（Ｗ＋ｗ）になるのは、市場をおいてほかにないからである。そこで彼は、この商品を譲渡する代わりにより多くの貨幣（Ｇ＋ｇ）を手に入れる。その時初めて、剰余価値（ｇないしｍ）が生じることになる。

（4）それゆえ、剰余価値は生産過程の中で生まれるけれども、その局面ではなお可視的でもなければ、入手可能でもない。それは流通過程において初めて実現される。かくして、今や生産［資本ないし産業資本］の循環は次のようになる。

$$G - W \left\{ \begin{matrix} A \\ P_m \end{matrix} \right. \cdots\cdots P \cdots\cdots (W+w) - (G+g).$$

その際、資本家にとっての関心事はその循環の最初と最後でしかない。つまり、彼にとっての関心事は、最初の貨幣がいかに増殖するのかということ、換言すれば、最初のGがいかに（G＋g）になるのかということでしかない。かくして、今や彼が投資する貨幣は資本であることがわかる。なぜなら、資本は剰余価値を獲得する力をもち、しかも剰余価値獲得の途上にある価値だからである。（その意味で、資本は静止状態にある事物ではなく、動態状態にある事物の過程であるといえよう。）

（5）単純商品生産は欲望の充足という欲求のもとにあるため、単純な価値法則を基礎として遂行された。それに対し、資本主義的生産は資本増殖という欲求のもとにあるため、その法則となるのは剰余労働と剰余価値である。したがって、資本主義的生産のもとでの経済過程は三重のものになる。一、技術的過程（それは単に生産過程とよばれる）、二、資本とともに始まり、増殖した資本で終る経済的価値増殖過程、三、階級対立のもとにある人間を社会化させる社会的過程、これである。このような事態が意味するのは、たとえひとつの経済部門が有用かつ必要であっても、その経済部門が前貸資本を有益に増殖できないならば、その経済部門は資本主義社会では存続不可能になるということなのである。

# 第4章　剰余価値、資本収入そして資本蓄積

（1）創造された剰余価値は、産業資本の運動がひとつの循環を終える局面で資本家に所有される。そして資本家は、これまでと同一の規模の生産の継続を妨害することなくこの剰余価値を自分の所得ないし収入として使用することができる。この場合、資本の単純再生産、すなわち最初の取引量と同じ量の取引量が保証されるけれども、拡大再生産となることはできない。したがって、この場合これまでと同数の機械の更新、同量の原材料や補助材の補給、同額の賃金の支払いがなされるとともに、資本家がこの産業資本の運動から汲み出す収入もこれまでと同額となる。

（2）労賃は労働者階級の収入である。この労賃によって購入され、その後消費される商品は商品流通界から脱落するけれども、それらの価値はその後再生産された労働力の価値として戻ってくる。それに対し、剰余価値が所得として消費される場合には、それとは異なったものになる。というのも、資本家の手中にあるG＋g中のGが生産に再び投入されるのに対し、gは商品市場から商品wを脱落させるために使用されるからである。

P……｛ W――G　→生産への再投下
　　　 w――g――w―　O［経済的消滅］

このように資本家によって個人的に消費される剰余価値はw―g―w―O［経済的消滅］の循環を描き、Oで終了する。その際、商品wは消費界へと脱落し、そこで経済的に消滅するのに対し、gはほぼ確実に流通界に還流する。

資本家の贅沢品消費はこのgを流通界に還流させるから、労働者はこの資本家の贅沢品消費に対する怒りを緩和させるとよく主張される。だが、それは虚偽である。なぜなら、資本家の贅沢品消費は社会を貧困化させるものとなる

からである。(そのような貧困化は、再生産が同一規模でなされるという点で必ずしも絶対的な貧困化を意味しないけれども、労働者階級によって創出された価値を再び無益に消滅させるという点で相対的な貧困化を意味する。)

(3) 企業家はg〔貨幣形態にある剰余価値〕の一部だけを消費に回し、gの残りの部分を当分の間あるいは長期的に現金のまま保持することもできる。その場合には、gのこの部分はもはや流通手段でも貨幣資本でもなく、蓄蔵手段となる。このような蓄蔵手段形態の貨幣を、企業家は自分の「貨幣準備金」とよぶ。(価値の蓄積ないし財宝形態での蓄積)

(4) だが、企業家はgのこの部分を自己の経営の拡大などのためにも使用することができる。たとえば、彼はこの貨幣と引き換えにこれまでよりもっと多くのPm〔生産手段〕を購入し、これまでよりもっと多くのA〔労働力ないし労働者〕を雇用することもできる。この場合には、資本蓄積↓拡大再生産である。かくして資本主義による搾取が増大するにしたがって、資本家が剰余価値を個人的に消費する比率がますます少なくなる一方で、他方では資本主義的生産がますます拡大するようになる。

このことが、なぜ資本主義の基礎の上で驚異的な経済発展がなされたのかという理由なのである。だが、それと同時に資本主義は生産機構Pmをますます巨大化させ、ますます多くの改善された機械を設置させることを通してますます多くの労働者を過剰化させる。したがって、一方における資本蓄積は、他方における産業予備軍の形成を意味しているのである。

# 第二篇　資本家間の機能分割と剰余価値の社会的分配

これまでわれわれは、個々の資本家が資本の循環過程で演じるそれぞれの役割を考慮することなしに、また多数の資本家が同時にかつ順次に唯一の過程に関与しないのかどうかという問題を考究することなしに、資本の循環過程を検討してきた。だが、現実には多数の資本家がひとつの資本の循環機能を分担するのが、通例である。

## 第5章　産業利潤と商業利潤

### （1）機能分担

資本の循環G—W（PmとA）……P……W—G中の最初と最後の部分は、G—W〔購買〕とW—G〔販売〕という流通過程である。それに対し、この資本の循環中の生産物の完成にいたるまでの過程、すなわちPmとA…P…Wの過程は生産過程である。

資本家は購買と販売を以下の人々に任せることができる。一、資本家の助手として国内における購買、販売、発送を担当する賃金労働者。二、手数料と引き換えに資本家の労働を代行する代理人、つまり、販売額の一定率を報酬として受けとる代理人。この両者は資本家の資本を担っているけれども、自己資本を担っているわけではない。このような機能を別の新しい資本家——彼は、彼自身の資本をもって助力するけれども、W—GとG—Wという流通行為以上のことを行わない――に任した場合でも、経済的総過程は本質的な点では何も変わらない。だが、剰余価値が商品の生産を通じて創造されるひとつの過程は、二人の資本家によって遂行されることになる。つまり一方の資本家が産業家だけの役割を引き受け、他方の資本家が商人だけの役割を引き受けるというようにである。かくして資本家全体の機能から商人としての機能を切り離すことによって、産業資本と商業資本との区分が生まれることになる。

（2）剰余価値の産業利潤と商業利潤への分裂

今後、この両者はひとつの剰余価値を分け合うことになる。それにともない剰余価値もまた分裂する。さらに生産された商品が多数の人々の手を通じて流通するならば、剰余価値はその人数分だけ分裂し、以下のような式で示される。

$$m = p1 + p2 + p3 + \cdots\cdots px$$

産業家は、もはや剰余価値の一部だけを取得するにすぎない。したがって、産業家が取得するこの部分は産業利潤とよばれる。

（3）価値法則は剰余価値全体がどれくらいあるのかということを確証するけれども、流通での剰余価値の分配を規定するものではない。他方、利潤をめぐる諸資本の競争は、一、高低の利潤可能性をもつ投資領域への資本の流出入を通じて、二、同一資本の再生産規模の拡大を通じて、平均利潤率に基づく利潤の均衡化を引き起こす。つまり、すべての同じ大きさの前貸しされたあらゆる資本（cとv）には、同一の利潤が生まれるということである。その際、利潤率はP／c＋vであるから、利潤率は不変資本の使用の増加とともに低下する傾向を有する。

（4）商人資本ないし商業資本は流通の加速化と組織化とを促進するけれども、事情によっては原材料の供給の際ならびに生産物の販売の際に、産業資本を従属させることもある。（たとえば毛皮取引や靴製造、家具取引、百貨店などがそうである。）

# 第6章　レント一般と特殊土地地代

（1）資本主義的循環運動は平均利潤率法則によって支配されている。この法則は、諸資本の競争、すなわち資本の拡大や資本の流出入が自由であるかぎり、作用する。だが、このような競争が排除され、剰余利潤ないし超過利潤が長期的に生まれる可能性もまた存在している。たとえば、特許となる発明あるいはひとりの生産者に独占を許す法令などの場合が、そうである。

このような長期的な超過利潤のことをレントという。（たとえば特許料や独占料など）この場合、価値増殖過程（G……G＋g）で生まれるgはp（平均利潤）になるばかりでなしに、p＋r、すなわち平均利潤＋レントにもなる。

（2）このような超過利潤を生むのは、通例、一定面積の地面とその自然力の法律的独占としての土地所有である。

(a)自然の肥沃度が生むレント。たとえば、その他の事情が同じである場合、一方の土地の一ヘクタールが一二ツェントナーのライ麦を収穫するのに、ある土地の一ヘクタールは一八ツェントナーのライ麦を収穫するといった場合の差額が、それである。

(b)地理上の位置が生むレント。たとえば、Aという場所は都市から二キロメーター離れ、またBという場所は都市から一〇キロメーター離れているために、Aからその都市に運ぶ一リッターのミルクは、Bから運ぶ一リッターのミルクよりも約二グロシェンほど安価になる。もしその都市ですべてのミルクが同一価格で販売されるならば、Aのミルクに生じる二グロシェンの差額がレントになる。

(c)異なった資本支出から生まれるレント。ひとつの平均的肥沃度の土地に二倍、三倍、四倍の労働と資本を供給しても、その土地の生産性は二倍、三倍、四倍には増加せず、むしろ逓減する。（収穫低減の法則）それに対し、処女地への最初のないし初期の資本支出はレントを生む。

すでに耕作されているところの、もっとも劣悪な土質をもつ土地やもっとも劣悪な地理的状況にある土地は、生産価格、したがって平均利潤しか生まない。つまり、そのような土地使用を行っている所有者は、投下資本の平均的価値増殖額しか取得できない。したがって、彼はその土地を貸すことができず、自ら耕作しなければならない。それに対し、すべてのより良質の土地はpの他にレント（地代）を生む。したがって、土地所有者がその土地を貸し出すならば、彼はレント（地代）を獲得することになる。その場合にも、借地人は依然平均利潤を獲得する。かくして、借地農業者が獲得した剰余価値は、繰り返しpとrに分割されることになる。その際、レント（地代）が生まれるのは市場においてである。（レントは、たとえば土地から生まれるのではない。）

（3）地代の資本化と土地価格

たとえば一〇〇〇ターラーの地代を生む土地は、その国の平均利子率が四％である場合には、一〇〇〇×（一〇〇÷四）ないし二万五〇〇〇ターラーの価値をもつ。だが、その他の事情が等しい場合、その国の平均利子率がたとえば八％に上昇したならば、この土地は一〇〇〇×（一〇〇÷八）ないし一万二五〇〇ターラーの価値しかもたなくなる。このことから明らかになるのは、土地はそれ自体価値をもたず、地代だけを提供するにすぎないということ、またこの地代の資本化された額が土地に対して支払われる価格になるということである。

（4）特別な社会的状況のもとでは――たとえば過剰人口が小割地所有で暮らしているところでは――もっとも劣悪な土地すらも価値をもつ。したがって、この場合すべての土地は平均利潤ばかりか、地代をもたらさなければならない。かくして、この場合借地人は地代を自分の労働収益の一部で支払うことになる。他方、穀物関税やその他の関税は土地地代とそれに関連する土地価格の人為的な騰貴を可能にさせる。

（5）土地地代とそれに関連する土地所有は、一区画の土地への単なる法的所有権にすぎない。しかるにわれわれが見るように、土地所有には労働を果たすことなしに、否資本家としての機能を果たすことなしに、独占利潤ないし地代への請求権が与えられるのである。この場合、借地人が資本家としての機能を果たすのに対し、土地所有者は土地登記簿に掲載された名前以外の何ものでもない。こうした法的独占に基づいて土地所有者が地代を受けとることができるのは、彼が社会的に生産される剰余価値を共有しているからなのである。その際、所有権がもつ本来の意味内容は確かに借地の場合に初めて明らかになるけれども、自ら経営している土地所有者の場合も同じく地代を受けとっていることを忘れてはならない。いずれの場合にも、資本の循環過程を担うひとつの地点に土地所有者と借地人という二人の人間が立って、利潤を分割しているのである。

（6）土地の購買者が購買価格として将来資本化される地代をどの程度と見積もるのかという問題は、彼にとっては重要であるにしても、社会全体にとっては重要ではない。

その際、地理上の位置が生む地代は都市の土地の場合にはとくに顕著かつ重要なものになる。その点に、都市の土地地代の特徴がある。また家賃には、地代とならんで建設資本利子が含まれている。

## 第7章　貸付利子（z）と企業者利得（u）

商業資本と産業資本は資本家の機能を分担し、同一の循環過程の中でそれぞれに活動する。だが、土地所有者と借地人の関係はそうではない。資本家として活動するのは借地人だけである。土地所有者はそのような活動をせずに、借地期間の終了を待ちながら、その終りに借地人から超過利潤を奪う。つまり、この場合、ひとつの経済的地位に二人の人間が立ち、その中の一人は何事もなさずに関係しているのである。このような現象は、貸付資本の場合にもまたもや見いだすことができる。

（1）資本の生産過程ないし流通過程に投下された貨幣は、平均利潤を生む能力を有する。たとえば、平均利潤率が六％であるならば、一〇〇ターラーは一〇〇ターラーの元本とともに六ターラーを創出する能力をもつ。他方、貨幣があたかも貨幣資本のままひとつの特別な使用価値をもった商品になるかのような事態も生じる。そのような事態が生じるのは、貨幣所有者が追加的貨幣資本を必要とする機能的資本家に貨幣貸付けを行った場合、たとえば機能的資本家が利潤を獲得する前に予め将来の予想される六％の平均利潤のうち年四％の固定した利子率を貸付貨幣額の譲渡と引き換えに支払うという約束を貨幣所有者に行った場合である。この場合、機能的資本家は債務者になり、貨幣所有者は債権者になるけれども、後者の貨幣所有者は貸付貨幣額の譲渡後、元本とその利子の返却請求権以外の何ものももたないのである。

（2）この場合、利潤は二人の人間に分割される。資本循環において自ら活動することのない貨幣請求権の所有者が利子（z）を手に入れ、機能的（あるいは「事業的」）資本家が、その不確定な残余、すなわち企業者利得（u）を手に入れる。その際、後者の（u）はあたかも事業者の労苦への報酬であるかのような外観を帯びる。

要するに利子付債権所有者あるいは貸付資本家とは、土地所有者と同様に生産過程の外部に立っているばかりでなしに、流通過程の外部にも立ちながら、自らの法律的所有という単なる法的権原に基づいて剰余価値の分け前を受けとることを期待する人々なのである。

（3）利子生み貸付資本は歴史の中では当初高利貸として登場したけれども、中世初期の教会の利子取得禁止令のために押さえ付けられていた。だが、資本主義経済はそれを正常な経済制度と見なし、信用と命名する。資本主義的生産過程と流通過程は貨幣を繰り返し遊離する一方で、他方では追加的貨幣をも要求する。こうした追加的貨幣要求は、拡大再生産の場合とくに大きなものになる。その要求に応じられる点に、信用と銀行制度のもつ卓越した意義があるといえよう。

（4）すべての産業家と商人は時には信用を供与したり、また信用を供与されたりもする。つまり彼らは時には債権者になったり、また債務者になったりする。それに対し、レントナーは貸付資本だけで暮らす資本家である。

他方、銀行家は信用の仲介者であるけれども、彼の使命は彼自身の資本を貸し出すことにはない。むしろ彼の本来の使命は貸手の資金を預かり、それを借手に供与する点にある。このような役割を果たす銀行制度は、カール・マルクスが活動した時代の後に初めて十分な発展を遂げたものである。そして今や個人銀行家あるいは私的銀行家も、土地抵当銀行や株式銀行のような公的信用機関によって置換されるようになっている。

(5) 貸付資本は、手形、倉荷証券(商業証券)、利付証券(国債、債券、質証券)のような特別な権利形態を生む。その結果、資本は二重に現象することになる。つまり、資本はその本来の形態で存在すると同時に、有価証券という形態で、すなわちいわゆる擬制資本という形態でも存在することになる。その際、利子請求権をもつこの有価証券は、商品のように証券取引所で取引される。だが、この有価証券を所有した場合でも、それは社会的剰余価値の分け前を請求する以外のいかなる現実的機能ももたないのである。

(6) 今日のように高度に発展した銀行制度は、ひとつの国民の蓄積率全体の決定権を少数の巨大銀行の手に集中化させるという事態を引き起こす。その結果、この少数の巨大銀行が国民の貯蓄をいかに投資すべきか、つまり新産業に投資するのかそれとも国債に投資するのか、あるいはたとえば軍備拡大や戦争に投資するのかといったことを決定する。(たとえばフランスのロシアへの借款などは、その典型的な例である。)かくして彼らは、新投資(会社創立)はもとより、国債や産業証券の売却や発行についての決定を自由に行うことになる。

## 第8章　株式と配当金

(1) 二人もしくはそれ以上の資本家が、債権者と債務者の関係ならびに土地所有者と借地人の関係とは異なったやり方で資本の循環過程における同一の職務を行うこともできるし、また彼らが共同経営者として協働することもできる。その際、法は疑いもなく彼らを統一的な人格として、すなわち「全体としてひとりの人」として見なすにちがいない。資本家の機能を相互に分担するその他のあらゆる流通仲介者に対しても、同様である。けれども、そうした場合でも、彼らの事業は個人的契約によって規制される私的事業のままであり続ける。

（2）資本主義的社会秩序は、その初期には会社やアソツィアツィオーン制度に抵抗する姿勢を示す。なぜなら、なによりもまず資本主義的社会秩序は、それ以前の社会秩序よりもより多く個人のイニシァチブと責任に基づいている社会秩序だからである。かくして資本主義的会社制度は、すべての社員が自分の全財産をもって会社を保証しながら最大限個人として共に活動する一方で、他方ではすべての社員の名前を商業登記簿に登録しているために、ひとりの社員の脱退が即座に会社の解散になってしまうような会社から始まる。こうした端緒から、その対局にアソツィアツィオーン制度が発展する。

（3）この資本主義的アソツィアツィオーンは、歴史的かつ論理的に次のような発展段階を経過している。

(a)合名会社。すべての社員が活動し、無限責任を負う。すべての社員が商業登記簿に登録され、そのひとりの変更が会社の解散を引き起こす。

(b)匿名会社。ひとりないしそれ以上の社員が資本の出資に関係し、その責任を負うけれども、残りの社員はこの出資に責任を負うことがない。匿名の社員は監督以外の活動をせず、むしろ信用供与者に近い存在である。

(c)合資会社。ひとりないしそれ以上の社員が出資に関与し、この出資に有限責任を負うとともに、商業登記簿にも登録される。

(d)有限会社。すべての社員は前もって決定された株式資本額を相互に調達し、その株式の一定数に対して有限責任をもつ。また社員は商業登記簿に登録される。そして彼らがどの程度の活動をするのかは、会社約款の制定あるいは選挙に任せられる。

（したがって、これは有限責任社員だけから成る会社の成立を意味する。）

(e)株式に基づく有限責任会社。多数の有限責任社員が第三者の企業に次のような形態で、すなわち彼らが自分たちの資本参加額に応じた一定額の株式を購入するという形態で関与する。

(f)株式会社あるいは匿名会社。この場合には、直接的な企業活動を行いながら個人的責任を負う企業家は、一般にもはや存在しない。むしろ存在するのは、払い込まれた株式資本比率だけである。社員は、事業とは無関係に株式が市場で一方の人から他方の人に移転しても、個人的にはどうでもよいことになる。かくして、社員は絶え間なく交代することになる。

（4）株式は、匿名的資本の新形態を意味する。それは剰余価値への証券上での請求権であるけれども、以前の一定の利子率への請求権ではなく、利潤部分への請求権である。いかなる会社の場合にも、その会社が獲得した利潤はその後株式に応じて分与された上で、その出資者に支払われる。したがって、株式会社の場合、諸経費を控除したすべての利潤額が配当金になる。（そこから株式数に応じて分配されるべき金額が決定される。）この株式配当金も配当金とよばれる。こうした配当金は利潤であって、利子ではない。また配当金をもたらす証券上の請求権は、配当付証券を意味する。

（5）すべての証券上の権原（商業証券、利子付証券、配当付証券）のことを有価証券と総称する。この有価証券は商品一般とは異なった方法で流通し、証券取引所という固有の市場で取引される。そして銀行がこの有価証券資産の管理を行う。

# 第三篇　階級闘争の基本的形態

## 第9章　階級闘争の基礎と形態

経済的総過程にあって、人間はとくにその所得形態によって特徴づけられるところの、一定の地位に就く。その結果、社会は諸階級、とりわけ賃金労働者階級と資本家階級という二大階級に分解する。だが、後者はけっして単一的な存在ではなく、更に産業家（生産者）、流通業者（商人）、貸付資本家、土地所有者などに分解する。こうした資本家間に全般的に支配しているのは、階級闘争ではなく、競争戦である。それにもかかわらず、一方における生産者と他方における商人との間に、またこの両者と貸付資本や土地所有との間に、最後に土地所有者（主農派）とその他あらゆる資本形態（産業主義）との間に階級的性格の対立が支配していることもまた、事実である。それゆえ、彼らの間の闘争はしばしば歴史の中で直接な階級闘争になることもある。

## 第10章　賃金労働者階級

賃金労働者階級は、あらゆる種類の個別的資本に対してはもとより、資本家階級全体に対しても階級闘争を遂行しなければならない。この闘争は、三重のものとなる。
(a)経済的手段を利用した純粋な経済闘争。
(b)政治闘争、つまり国家内部での権力闘争や国家をめぐる闘争そして究極的には政治権力の獲得をめぐる闘争。
この闘争のためにプロレタリアートは、ひとつの特別な道具、つまり政治党派としての社会民主党を形成する。
(c)プロパガンダ、つまり新聞、科学そして芸術という手段を用いた精神闘争。
ここでの関連においてわれわれの関心を引くのは、この三つの形態の中の経済的階級闘争である。

# 第11章　経済的階級闘争

## A．生産領域での闘争

生産領域での闘争は、労働組合によって遂行される。その課題は、以下の通りである。
一、労働市場の規制、すなわち個々の労働者間の個別的競争戦の除去ならびに労働者全体の賃金協約を締結するための労働者の組織化（労賃、労働時間、労働条件などの改善）。
二、労働状態と経営内部の労働過程の規制（労働者保護、工場法、経営評議会、産業民主主義）。
労働組合がこうした諸課題を達成しても、剰余価値の廃絶や阻止は不可能である。なぜなら、剰余価値は流通過程において実現されるからである。それゆえに、労働組合はサンジカリズムが主張するような万能薬ではない。

また労働組合による工場占拠も、問題の根本的解決を意味しない。なぜなら、それは資本家の排除を可能にするけれども、流通領域を何も変えないまま残すからである。むしろ工場占拠は国民経済の循環を破壊し、生産を停止状態に追い込むものでしかない。（ロシア）

### B. 流通領域での闘争

流通領域での闘争を遂行するのは、様々な種類の協同組合であるが、これらの協同組合が遂行する闘争は、一定の種類の資本家に反対する闘争でもある。

たとえば、小売商人に対する消費組合の闘争、卸商人に対する協同購買組織の闘争、産業資本家に対する協同生産組合の闘争、貸付資本に対する信用組合の闘争、地代生活者に対する住居協同組合の闘争などが、そうである。

したがって、完全に整備された協同組合制度は資本家を流通領域から排除し、剰余価値を協同組合員のために実現する。それゆえ、協同組合員以外の者は、協同組合を万能薬と見なしがちであるけれども、協同組合はそのようなものにはならない。なぜなら、第一に、あらゆる国民経済諸部門は協同組合化することができないからであり、第二に、協同組合自体が労働状態を即座に変えることができないからである。

### C. 経済的階級闘争

したがって、経済的階級闘争は労働組合と協同組合の両者によって同時に遂行される。だが、その際に、この二つの経済的手段が資本主義社会を根本的に変革すると想定してはならない。なぜなら、一連の経済部門は国家の援助を受ける場合にだけ、私的資本家を排除できるにすぎないからである。かくして、この二つの純粋に経済的手段になお社会化という経済的＝政治的手段が加わることになる。（たとえば、鉱山業の場合にはこのことは不可欠になる。）

そこから引き出すことができるのは、政治的階級闘争と結び付かないところの、単なる経済的階級闘争だけでは問題の解決が中途半端に終わるということである。だが、単なる政治的階級闘争だけでも問題の解決は中途半端に終わってしまうということである。したがって、プロレタリアは最初とくに労働組合や協同組合において経済の運営を学ぶことが必要である。なぜなら、このような運営に練達することなしには、たとえプロレタリアが政治的に勝利し、資本主義を破壊することができた場合でも、社会主義を建設することができないからである。それゆえ、階級闘争はプロレタリアートのあらゆる闘争手段を同時に動員しなければならない。つまり、プロレタリアートの階級闘争は、経済闘争と平行して政治闘争ならびに精神闘争とを同時に遂行しなければならない。この三つの闘争形態が長期的に統合される場合に、初めてプロレタリアートの勝利が保証されるのである。

# 第三部　シルビオ・ゲゼル『搾取とその原因、そしてそれとの闘争
## ―私の資本理論とマルクスの資本理論との対決』

「厳密に言えば、社会主義がわれわれの終局目標ではなく、われわれの終局目標は『階級、性、党派、人種に対するあらゆる搾取と抑圧とを廃棄する』（エルフルト綱領）ことである。……われわれが社会主義的生産様式をプロレタリア階級闘争の目標とするのは、今日の所与の技術的かつ経済的諸条件のもとでは、この社会主義的生産様式がわれわれの目標を達成するための唯一の手段であると思われるからである。もしこの点でわれわれが誤っていることが証明されたならば、たとえばプロレタリアートと人類の解放が主として生産手段の私的所有を基礎としてのみ、あるいはその基礎の上でのみもっとも合目的的に実現されるということが証明されたならば、われわれは、われわれの終局目標をいささかも放棄することなしに、社会主義を捨て去るだろう。否、われわれは、このような終局目標を擁護する立場からそうしなければならない。」（カウツキー）

[Karl Kautsky, Die Diktatur des Proletariats. Wien, S.4.]

# 序　文

眩いばかりの朝日の輝きが資本家の眠りを覚ますずっと前に、いつも彼の執事は堅い寝床を立ち上がり、今日も主人を喜ばすにはどうしたらよいのかと思案する。

資本家は現在を生き続ける人間である。したがって、彼が構想する未来はせいぜい今日の夕方までのものでしかない。つまり、資本家にとって未来は現在の一部であり、その継続なのである。それゆえに、資本家にとって希望は不要である。かくして彼は、この未来という、現在の安上がりな代用品をプロレタリアに委ねる。

他方、プロレタリアにとって希望は必要である。プロレタリアから希望が失われるならば、プロレタリアは自分や資本家のために、終りなき恐怖よりも恐怖の終りの方を確実に選択するようになるだろう。

ところで、今日何が、プロレタリアの希望を根拠づけることができるのだろうか。カウツキーは、プロレタリアートに次のような助言を与えていないだろうか。「じっと資本主義のくびきのもとに屈服し続けるべきである」、と。つまり、彼は、資本主義が病死するまで、すなわち資本主義がマルクス主義的─共産主義的な経済秩序のために「成熟する」まで忍耐強く待てと主張したいのである。だが、われわれは、プロレタリアートの成熟とは実際には破滅以外のなにものでもないということを忘れてはならない。

カウツキーが助言（確かに彼は断腸の思いでその助言を行っているのだが）するようなプロレタリアートの成熟過程は、無数の諸民族、諸強国や世界帝国をのみ込み、しばしばその痕跡も残さずに抹殺してきたものであった。古代ローマ帝国、バビロニア人の帝国そしてエジプト人の帝国も、この成熟過程の途上で没落したのであった。同じく資本主義的成熟過程も、根本的には腐朽過程以外のなにものでもない。したがって、われわれもまた、ローマ人、ギリシア人、そしてバビロニア人と同様に「成熟」への希望の中で没落すべきなのだろうか。そしてそのことが、プロレタリアート、否全人民の終局的な希望とでもいうのだろうか。

なお確かなことは、プロレタリアが依然として希望を抱いているということである。たとえば、彼らは、カウツキーがマルクス資本理論から正しい結論を演繹したことに疑いを抱いているのだろうか。──実際に、経験を積み重ねた発言は、本物らしく聞こえるものである。──あるいはマルクスの学説にはひとつの誤りが含まれているにもかかわらず、カウツキーが資本主義的機構からの脱出口をどこかに発見してくれるとでも、彼らは考えているのだろうか。そうしたこととは関係なしに、プロレタリアートは依然希望をもち、労働者組織も依然存続し続けている。確かに労働者組織への信頼は著しく揺らいでいるけれども、適宜指導者たちが救出活動を起こすだろうというプロレタリアートの期待によってその組織は維持されている。そしてその組織に所属するプロレタリアートは整列し、命令を待っている。この命令がすぐに下されないならば、希望の最後の火が消え、隊列から多数の脱走兵が生まれることだろう。そうなった場合──これまでに労働者組織の組織化や建設のために多大な労苦と誠実な活動とが費やされたにもかかわらず——労働者組織の解体を阻止することが不可能となるだろう。

プロレタリアートの希望は、幸いにもはやマルクス主義資本理論を基礎とすることができない。なぜなら、このような理論は必然的に共産主義的経済秩序の要求に導くからである。資本主義か共産主義か、これがマルクス資本理論から演繹される要求である。だが、現在明らかとなっているように、共産主義的経済秩序はその基礎となる人間の本性のために挫折する。また人間が一般に適応できるのは、きわめて緩慢な変化に対してだけである。したがって、すべてのマルクス主義者は本来プロレタリアートに次のように呼び掛ける必要があるだろう。「われわれは希望なき問題のために闘っているのである。未来国家は、一定の、変更不可能な理由から到達不可能な目標であり、またそうあり続けている。労働者もまた資本主義機構へのわれわれの介入を妨害・阻止しようとするだろう。なぜなら、アメリカにおけるように、資本主義経営がいかなる法律的干渉もうけていない国々の賃金がもっとも高いからである。したがって、われわれは、自然災害や地震に耐えるように、搾取にも耐えなければならない。それと同時に未来国家を今後も夢想し続けるためにも、われわれはこの地上に未来国家を実現しようとする試みを行ってはならないのである」、と。

マルクス資本理論からこのような結論を演繹するこの種のマルクス主義者は、今日まったく存在していない。また指導者たちのもとでもマルクス資本理論への批判のために、その正しさへの信頼が揺らいでいる。それゆえに、彼らも上述の内容のようにプロレタリアートに語りかけることがないばかりか、最後の期待、すなわちマルクスの資本理論には決定的な点で誤りが挿入されているかもしれないという期待すら抱いているのである。

このような彼らの期待は、マルクスの『資本論』第三巻と『資本論』第一巻の間に存在している無数の矛盾に基礎をもつものである。

**つまり、彼らはプロレタリアートとともに、成熟したマルクス、すなわち『資本論』第三巻のマルクスが若きマルクス、すなわち『資本論』第一巻のマルクスを打倒するだろう、すなわち独創的研究者たる『資本論』第三巻のマル**

クスが俗流経済学の学徒たる『資本論』第一巻のマルクスを片付け、科学者マルクスが政治家マルクス――『共産党宣言』の起草者マルクス――をノックアウトするだろう、と期待しているのである。もしそうなった場合、『資本論』第三巻のマルクスは、資本研究とプロレタリアートの解放闘争に新たな道を切り開くことになるだろう。

この小冊子は、以上のような科学とプロレタリアの希望に新たな活力を与えようとする意図のもとに執筆されたものなのである。

シルビオ・ゲゼル

## 搾取とその原因、そしてそれとの闘争

社会主義の推進力は、なによりもまず搾取権力から自分の身を守りたいという被搾取者の願望から生まれる。この命題に立脚するならば、搾取に反対する闘争に参加するすべての者は、一般に社会主義者とよぶことができる。逆に、搾取に無関心な態度をとる者は、社会主義者とよぶことはできない。

こうした主張によって私が言いたいのは、社会主義は搾取に反対する闘争だけをすればよいということではなく、とくに今日の社会主義の段階では搾取に反対する闘争が社会主義の精神的傾向を特徴づけているということなのである。

多くの共産主義者たちは、搾取なき世界でなぜ自分たちを共産主義者と自称するのかという理由をほとんど理解していないように思われる。もし被搾取者たちが搾取に対するもっとも確実で、もっとも迅速な廃絶方法についての見解が一致していたならば、社会主義世界の分裂という事態は避けられたであろうし、またあらゆる社会主義者の統一戦線も最初から揺ぎなく存在したことであろう。だが現実にそうなっていないのは、社会主義者の間に搾取の本質に

ついての明確な理解が生まれていないからなのである。

ほとんどの社会主義者は、科学よりも信仰命題を重視する傾向にある。したがって、社会主義者間の争いは大抵の場合、科学の問題が信仰問題に転嫁したところで発生する。つまり、信仰と争いは一個同一のものでしかないという事実、こうした事実をわれわれは歴史の教訓として学んでいるのである。

人間の搾取は、きわめて様々な方法を通して行われる。それを分類すれば、以下のようになるだろう。

一、個人的優位に基づく搾取

二、経済的優位に基づく搾取

個人的優位に基づく搾取を利用する人々は、略奪者、海賊、奴隷捕獲者などである。盗賊や女衒《ぜげん》も、この範疇に属する。

略奪者、海賊、女衒などの搾取に反対する闘争を、被搾取者は国家に委ねてきた。この闘争は、その性質上終わりなき永遠の闘争である。それにもかかわらず、以前の状況と比較するならば、この闘争はある程度目標を達成しつつあると言うことができるだろう。なぜなら、この闘争に利用された手段は、きわめて効果を発揮しているからである。たとえば、略奪騎士の城は破壊され、海賊船は捕獲され、奴隷捕獲者は監獄に収監された。そして近年では、すでに白人女性の奴隷取引に反対する厳格な国際的措置もとられている。したがって、個人的優位に基づく搾取はほとんど絶滅状態にあるといってよいのかもしれない。

他方、経済的武器による搾取は、そのような状況にない。この領域でも闘争が行われ、きわめて様々な武器が利用されているけれども、今日にいたるまでさほど際立った成果を上げているように思われない。むしろ事態は、個人的優位に基づく搾取に対する闘争とは反対の状態にあるといってよい。被搾取者の人数はますます増加し、略奪額も日々ますます莫大なものになっている。戦争前のドイツではこの略奪額はゆうに二〇〇億金マルクに達していた。利子経済にあるすべての国々では、投資によって建設されたすべてのもの――家屋、農地、鉱山、店舗、倉庫、銀行、鉄道、家畜の群れ、森林、商船など――に対し、被搾取者は二〇年間にわたって搾取者に地代や利子を支払わなければならない。なぜなら、この資本対象物の購入価格は、いかなる取引の場合にあっても二〇年間にわたる毎年の搾取、つまり利子や地代に基づいて算出されるからである。たとえば、ヘルフェリッヒはドイツの投資資産――彼はそれを国民的資産と命名したのだが――を三五〇〇億金マルクと見積もったが、その金額は、年々レントナーの口座を通過する利子や地代を二〇倍ないし二五倍させたもの、つまりそれらを資本化させたものなのである。

　ところで、この搾取はどうして生まれるのか。とくにここで問題となっている搾取は、われわれの目前で日常的に行われるひとつの出来事、すなわちわれわれが容易にその詳細を追跡することのできるひとつの純粋な人間的出来事であり、しかも大規模に生じている現象でもある。こうした現象については、もっと以前に解明されてしかるべきであった。だが、われわれは、二〇年間にわたって毎年搾取者に二〇〇億金マルクの利子を支払っていながら、この搾取の実態についてなお知るにいたっていないばかりか、この搾取についての見解の点でも不一致の状態にある。それだからこそ、われわれはこの搾取の方法、時期、場所にかんしてはもとより、それとの闘争方法についても論争しているのである。信じられないかもしれないが、これが実情なのである。つまり、資本家がわれわれの貨幣を左のポケットから取るのかそれとも右のポケットから取るのかをわれわれがよく理解していないからこそ、社会主義の統一戦線が成立していないのである。

　今日、被搾取者の世界の中で二つの理論が彼らの支持をえるために争っている。その二つの理論とは以下のものである。

一、搾取の原因は生産手段の私的所有にあるとする理論

二、搾取はわれわれの貨幣制度と土地制度の欠陥の結果であるとする理論

第一の理論によれば、搾取はもっぱら工場や農園での労働の際に直接行われる。第二の理論によれば、搾取は土地利用や貨幣を媒介とした労働生産物の交換ないし貸付けの際に行われる。この第二の理論の場合、従業者と雇用主の関係は借手と貸手の関係のような貸付関係として扱われる。

前者の理論は、その当然の帰結として、私的所有の廃絶とともに自己責任に基づく私経済の廃絶を要求する。したがって、搾取なき社会で生産物の分配を行うのは国家であり、生産を指導するのも国家である。そして国家がしたがうべき分配原理は、法律によって決定される。

後者の理論によれば、このような国家の介入は不必要である。土地と貨幣が「社会化」されるならば、それで十分である。それ以外のすべてについては、今や実際に自立した秩序としてそれ独自の法則にしたがう自由経済秩序が自然的かつ自律的に行う。なぜなら、後者の理論によれば、搾取は、自ら生まれた自然的経済秩序への強力な介入の所産だからである。したがって、このような介入が除去されるならば、搾取もまた廃絶されるというのが、後者の理論的見地になる。

以上のように、一方の理論では国家、法律、強制が求められ、他方の理論ではその正反対のもの、すなわちなお未体験であるような完全な国家解体という新天地の自由が求められる。前者の道は右に曲り、共産主義にいたる。つまり、前者の道はわれわれが過去に一度通った地点に戻る。それに対し、後者の道は左に曲り、資本主義の隘路を経て自由にいたる。つまり、後者の道は国家の改造ではなく、新しい事態に導く。

だが、この二つの理論体系とも、社会主義の主要目標である搾取の廃絶を実行する力を必要としている。

私的所有の廃止や共産主義への移行にともなって搾取が根底から一掃されるという事態を、われわれは今やロシアにおいて大規模に体験している。実際に、搾取者は全員餓死し、そして死滅しつつある。つまり、レーニンは社会主

義の主要目標を実際に達成しつつあるといってよい。だが、だがである。ロシア人はその実現に多大な犠牲を払った。それゆえ、彼らの多くは資本主義の搾取者が支配していた幸福な時代への回帰を求めているという状況にある。

私がここで共産主義に対置する自由経済は、国家権力によって搾取を除去・廃絶させるものではない。むしろ自由経済理論の基礎となる諸事実の展開だけで搾取が廃絶されなければならない。

今や、われわれの関心事は、ここで論議の対象になっているこの二つの搾取理論のどちらが間違っているのかという問題である。われわれが設定した目標に科学的な装いを与えるということはもとより、その正しさを確認したいという個人的願望や性向も問題とならない。われわれは、搾取の真の原因を明らかにした上で、われわれの認識をひとつの定理にまで定式化したいのである。その際、このような認識を甘美に感じるのか、それとも苦く感じるのかどうかということも関係がない。この場合、大事なのは真理を明らかにすることであって、それ以上のことを必要としないのである。こうした真理を認識した場合、何ができるのか、あるいは何をすべきなのかということについては、私はもっと後で詳細に論じるだろう。

搾取の原因は私的所有にあるとする理論の主要な代表者は、マルクスである。彼は、「貨幣はそれ自体資本ではない」という重要ではあっても、きわめて表面的な理論的前提から出発する。彼は言う。「貨幣は、交換において獲得される商品の完全な等価物である」[1]と。したがって、彼は、彼自ら定式化した交換の一般的定式G－W－G′（貨幣－商品－剰余貨幣）を貨幣の特性から説明することができない。この定式が、規則的かつ罰せられずに行われる「詐取」、すなわち権力要因によって説明されてはならないとすれば、その説明には長い連鎖の中間項が必要になるというのが、彼の主張である。[2]そして彼はこのような長い連鎖の中間項を生産過程に求め、そこで行われる搾取を次のように説明する。「労働力はひとつの商品である。この商品の価値はその生産費に基づいて決定される。事業家は詐取や自己の優越性によることなしに、労働力の価値通りに、すなわちその生産費通りに支払う。労働力商品は、その使用価値がその交換価値よりも大きくなるという特有な商品、つまり工場における労働力の消費が労働力の生産に費やされた生産費よりも大きくなるという特有な商品である。この二つの価値の大きさの差額がその所有者たる労働力の購入者の所有になる」、と。このように剰余価値の形成が説明される。

こうした命題の上に、彼の偉大な著作『資本論』、少なくとも『資本論』第一巻と第二巻が構築され（第三巻は第一巻や第二巻と多くの点で矛盾しているけれども、それはわれわれの関心をひくものとはならない。というのも、第三巻は社会主義的政治においていかなる役割も演じていないからである）、私的所有の廃止という要求が科学的に基礎づけられているのである。したがって、マルクスを受容しようとする者は、この命題を受容しなければならない。それに対し、彼を批判しようとする者は、この命題の批判から始めなければならない。なぜなら、マルクスは共産主義という自らの要求を基礎づける際に、この命題以上のことを述べていないからである。

ここで私は、このマルクス理論の前提を支持しがたいものにしている若干の矛盾を論証したいと考える。なぜなら、この矛盾が論証された場合、マルクスの次のような見解、すなわち搾取を廃絶するには私的所有を廃絶しなければならないという見解もまた動揺することになるからである。そしてこの論証に引き続き、私は、搾取なき経済は私的所有や私的経済と完全に調和するという見解をも論証したいと考えている。

マルクス理論の出発点は、「労働力はひとつの商品である」という命題である。マルクスは、彼と同時代の国民経済学の文献からこの命題を継承した(3)。けれども、彼はこの命題を基礎づけておらず、この命題をアプリオリに正しいものと見なしているにすぎない。おそらくこの命題は、資本主義が人間を酷使することへの怒りを表明しようとしたひとりの人間から生まれたものと思われる。そのような怒りの表明がこの命題を必要としたのであった。しかるにマルクスの場合、この命題が理論の中枢を構成している。それゆえ、われわれは、この命題が正しいのか否かについてのより厳密な検討を行なう必要があるだろう。

労働する意志をもたない労働力は、何になるのか。労働者が労働力を行使しない場合、この労働力は事業家にとって何の役に立つだろうか。また労働力を欠如させた労働する意志も、事業家にとって何の役に立つだろうか。つまり、意志と力が合体された時、生産物の提供が行なわれるのである。かくして事業家にとってこの生産物だけが問題となるにすぎない。したがって、事業家は労働力を購入するのではなく、労働生産物を購入するのである。換言すれば、事業家が労働者を雇用するに際しての、彼の貨幣提供は、労働者から期待できる生産物の提供量を基準にして決定されるのである。他方、労働者もまた自分の労働生産物を基準にして賃金要求を決定する。

それゆえに、賃金契約は、労働者が生産した商品の事業家への販売という両者の売買契約以外のなにものでもないのである。出来高賃金の場合、このような関係はきわめて鮮明なものになる。その際、労働者が事業家の所有する機械を利用したとしても、そのことは、このような関係を何も変えるものとはならない。この場合、事業家と労働者の関係は質屋の取引関係に置換できるだろう。つまり、事業家は道具と原材料を労働者に貸与し、それと引き換えに報酬をえるという関係である。その際、この報酬額は全般的競争のために、事業家が通例生産手段の調達のために支出した貨幣の利子額の水準に引き下げられる。彼がそれ以上の報酬額を獲得することができないのは、競争が許さないからである。だが、それ以下の報酬額にならないのも、全般的競争のためである。なぜなら、投下資本が「通常の」貨幣利子を下回る利子しか約束しないならば、貨幣を事業投資する者がいなくなるだろうからである。この場合にも、農民に農地を貸す場合と同様の事態が生じる。この両者に相違点があるとすれば、土地所有者が自分の所有する農地で生産された商品の販売を農民に委託する点でしかない。だが、後者の場合、土地所有者たちは農民の労働力を購入したなどとはけっして言わないだろう。

とどのつまり事業家は商人である。なぜなら、彼は、労働者が使用する原材料や労働者が提供する生産物――もっとより良い表現を用いれば、労働者が事業家に販売する生産物――を商うからである。

この場合、機械は、事業家が労働者に行う貸付けと見なすことができる。事業家は、その利子を労働者の賃金や出来高賃金から控除すると同時に、それを担保としても利用する。他方、労働者が大きな信用力をもっているならば、労働者は事業を自ら起こすことができるだろうし、また彼らが事業に必要な知識を取得していると仮定される場合には、彼らも借地農民と同じように行動するだろう。

以上の叙述から、われわれは次のような結論を引き出す。すなわちマルクスと同様に「労働力はひとつの商品である」という命題の上に立脚する者は、この命題とともにふたたび窮地に陥らざるをえない、と。

マルクスは、「労働力商品の価値はその生産費に基づいて決定される」という推論を賃金理論全体に適用する。つまりマルクスは、「労働力はひとつの商品である」という命題から論理的に演繹される賃金理論以外のものをまったく必要としないのである。したがって、この賃金理論が事実と矛盾する場合には、その説明は他のところに求められる。なぜなら、「労働力はひとつの商品である」という命題は公理であり、批判の圏外に置かれなければならないからである。こうして「労働力商品の価値はその生産費に基づいて決定される」という推論は、マルクスにとって不動かつ決定的なものになる。このことは、マルクスが『資本論』第三巻でこの矛盾の解明に真剣に取り組んでいる姿となんと対照的であることか。

他方、「労働力はひとつの商品である」というマルクスの公理から演繹される賃金理論の論理的帰結として、全般的資本理論、すなわち全般的に認められている搾取理論が生まれる。彼は言う。「事業家は労働力商品をその価値通りに、つまり詐取なしに購入する。だがその際、彼が労働力を購入するのは、その交換価値のためではない。彼が労働力を購入するのは、商人としてではなく、労働力を使用する消費者としてである。だが、労働力商品は、その使用価値がその交換価値よりも大きくなるという特有な性格、つまり、労働力商品の消費がその生産費たる賃金よりも大きくなるという特有な性格をもったひとつの生産物である。こうして生まれた差額が剰余価値なのである。かくして資本理論は完成する」、と。

この場合、労働力商品の購入者は当然のことながらこの商品の消費者だけであるという想定がなされている。そして消費者がこの特有な商品を消費できるのは、生産手段を使用する場合だけであるというさらなる想定がなされている。その結果、生産手段を所有する事業家は、労働力商品の使用価値と交換価値の差額を自分のものにできる可能性をもつことになる。かくしてマルクスは、人間の搾取は生産手段の私的所有に基づくという彼の見解が証明されたと考えるのである。したがって、搾取を廃絶しようとする社会主義者は、生産手段の国有化という要求を認めるべきである。これが、彼の資本理論から演繹される結論となる。

以上のように、「労働力はひとつの商品である」という命題から必然的に演繹されるのは、共産主義の要求である。それに対し、「賃金契約の対象物は労働力ではなく、労働生産物である」という証明がなされるならば、社会主義者にとってまったく新しい全面的な方向転換、すなわち理論的、経済的、政治的な方向転換を行う必要性が生まれる。なぜなら、社会主義者がこの点にかんしてこれまで主張し、また信じてきたすべてのものがもはや理論的基礎づけをもたなくなるがゆえに、社会主義者は、新しい賃金理論、新しい資本理論、生産手段の私的所有についてのまったく新しい社会政策的評価を獲得する必要性の前に立たざるをえなくなるからである。こうして、「労働力はひとつの商品である」という見解とともに誕生した科学的社会主義は、この見解とともに崩壊することになる。

＊　＊　＊

自由貨幣理論もマルクス資本理論と同じく、資本の性質についての研究をマルクスの交換の一般的定式G—W—G′（貨幣—商品—剰余貨幣）から始める。だが、自由貨幣理論は、マルクスのように「貨幣は商品の完全な等価物である」という命題を無批判的な前提とせず、マルクス自身によって定式化された交換の一般的定式の中に「貨幣は商品の等価物以上の存在である」という証拠を発見する。つまり自由貨幣理論は、マルクスの定式G—W—G′を、貨幣はそれ自体資本であることの、すなわちG′（剰余貨幣）は永遠に繰り返される詐取の結果ではなく、商品所有者に対する貨幣所有者の優越性の結果——経済的権力要因の結果——であることの、直接的証拠と理解するのである。

だが、自由貨幣理論はG′（剰余貨幣）を貨幣＝資本説の証拠と見ることにとどまらず、なにゆえ貨幣は資本として商品に対峙できるのかという問題にも解答を与えるものでもある。

この問題に対する自由貨幣理論の解答は、以下のようなものである。

商品は、その生産者あるいはその所有者にとって直接に役立つものではない。したがって、商品を有用な存在とするには、商品は交換される必要がある。そのために必要なのは、商品所有者が――商品の物理的性質に強いられて――貨幣を交換手段として使用することである。その時、商品所有者が受け取る価格は、もっぱら需要と供給によって規定される。需要とは貨幣供給のことであり、供給とは商品供給のことである。価格は、分子が貨幣であり分母が商品であるところの、分数と見ることができる。つまり、貨幣÷商品＝価格なのである。反対に、分子が大きくなるならば、価格は騰貴する。そして分母（商品）の場合には、分子の場合と逆の結果になる。

したがって、分子（貨幣）が小さくなるならば、価格は下落する。

ここでわれわれが注意しなければならないのは、貨幣供給を行うのが本来の貨幣所有者、すなわち銀行家、レントナー、投機家ならびに貯蓄家だけであると想定するかぎり、貨幣供給は彼らのまったくの恣意的な事柄になるということである。つまり、商品への直接的必要額を越えた貨幣を残す者は、この貨幣を自由に処分できるということなのである。たとえば彼は、この貨幣を銀行に預けることもできるし、また手元にそのまま残すこともできる。だが、後者の場合、利子をえることはできない。（四％という通常の預金利子の場合、一〇〇マルクで月に約三〇ペニヒの利子となる。）このような損失を貨幣所有者が被るひとつの圧力と見なすならば、その圧力は前述の数字――一〇〇マルクごとに一日当り約一ペニヒ――になるだろう。

その際、次のことに注意しなければならない。

貨幣形態の財宝を林檎の木の下に埋めた者は、歳月を経ても無傷でその財宝を再び手にできる。それと同じように、貨幣所有者が貨幣を溜め込んでも、彼はいかなる物理的損失も被らず、ただ逃した利益〔貨幣利子〕を悔やむだけである。したがって、われわれがここで、事業家の資金をも含むすべての貨幣が通例銀行や貯蓄銀行によって提供されたものと仮定するならば、現在流通している貨幣は例外なく一〇〇マルクごとに一日一ペニヒの圧力のもとにあると言い換えることができるだろう。

今われわれは、貨幣を分数の分母である商品供給と比較するために、市場、店舗、デパート、港の広場、鉄道駅、貨物列車の中を覗いてみよう。そこにあるすべての商品は、特定の所有者たちによって所有され――商品が盗まれないか、雨が降らないか、寒くならないか、太陽が商品を焦がさないかといったことに注意を払われながら――管理されている。だが、衣魚《しみ》が商品を駄目にすることもあれば、火災にもあうことだろう。また霰が窓ガラスを割り、絹布に雨がかかることもあれば、埃のために多くの商品が損害を受けることもあるだろう。流行の変化が商品に損害を与えることもあれば、家畜が疫病にかかることもあるだろう。そして鼠を追う猫が磁器を破損することもあるだろう。だが、貨幣の場合、金庫に保管すれば、歳月が過ぎようともまったくそのままの状態である。貨幣所有者は、一〇〇マルクごとに一日一ペニヒの利益損失を被るにすぎない。銀行家が自分の銀行を閉鎖しても、彼が被る利益損失は一〇〇マルクごとに一日一ペニヒの計算となる。

それに対し、この銀行家と同じように、従業員のストライキを口実に一年間自分の店舗を閉鎖しようとする破天荒な企みをもっているデパート所有者がいたら、彼の損害はどれほどになるのだろうか。盗人、錆、衣魚、腐敗、破損、流行の変化などの損害によって自分の資本が減価するばかりでなしに、店舗の家賃や火災保険そして鉄道駅での保管料なども支払わねばならない。また新聞やジャガイモなどの商品が放置されたままならば、それらはどうなるだろうか。

（今や次の戦争への備えとして金を買い溜めている人々がいる。だが、今日、このような目的で卵、バター、靴そして野菜などを買い溜める人々が、いったいどれほどいることだろうか。）したがって、デパート所有者が自分のデパートを一年間だけ閉鎖した場合、彼は自分の資本をどれほど減価させるだろうか。資本の減価率は、たとえば五〇%では多すぎるように思われるし、また二〇%では確実に少なすぎるように思われる。だが、ここではあえてその減価率を一五%ないし一〇%と少なく見積もった上で、貨幣蓄財者と商品蓄財者という二人の人間の状態を比較してみることにしよう。前者は五％の利益損失を被るのに対して、後者は同じ比率の利益損失を被るばかりでなしに、物理的損失をも被る。貨幣所有者の利益損失を、われわれは一〇〇マルクごとに一日一ペニヒの圧力と見積もった。それに対し、商品所有者の物理的損失を、われわれは一〇〇マルクごとに一日三ペニヒの圧力と見積もる必要がある。

したがって、次のように言うことができる。需要は一ペニヒの圧力から逃れるには、市場で商品と交換されねばならない。また供給も、需要の三倍の強さの圧力から逃れるには、市場で貨幣と交換されねばならない。だが、取引が成立しない場合、商品所有者は、貨幣所有者が被る損失の三倍の損失を覚悟しなければならない。このような事態になった場合、より従順になるのはどちらであるのか、つまり、自らの要求の引下げにもっとも応じやすいのはどちらであるのかは自ずと明らかである、と。

したがって、このような事態になった場合、貨幣と商品の完全な等価ということは問題にならない。むしろ貨幣所有者が――取引の遅延によって商品所有者に直接的な物理的損害を与えるということを行わない代償として――特別な報酬を商品所有者にいかなる場合でも要求できるということが、ただちに明らかになるだろう。

この報酬が個々の場合にどの程度になるのかということについては、もちろん確定することができない。この報酬は、暗黙のうちに価格に付加される。だが、経験が示すのは、商人はいかなる場合にも事業投下した貨幣から年間五％の利子をえることができるということである。この五％は、商人が商品購入の際に、自分の保有する貨幣の優越性に基づいて一年間に控除する貨幣額（貨幣利子）の平均比率である。貨幣それ自体が資本でなかったならば、商人はこの投下資本の利子をえることができなかったであろう。

しかるに、商人はこの利子をだれから徴収するのか。（物々交換の場合、利子は存在しない。なぜなら、交換の際に両者が利子を見込んでも、こうした利子の見込みは相互に相殺されてしまうからである。）

マルクスは、交換についての彼の定式G―W―G′に孕まれている謎をついに解決することができなかった。したがって彼は、G′を市場から遠く離れた生産過程の中に求めるという絶望的な試みを行うことで、この謎を解決せざるをえなかったのである。だが、今や明らかにされたのは、貨幣それ自体が資本であり、――つまり、貨幣は商品の完全な等価物ではなく、それ以上の存在であり――そしてこの貨幣の資本としての存在が剰余価値を作り出すということなのである。

マルクスの謎のこうした解決とともに、資本主義経済のあらゆる現象がきわめて簡単かつ説得的なやり方で解読できるようになってくる。したがって、われわれは、今や、このような現象を解読するのに分厚い『資本論』全三巻をもはや必要としていないのである。

今や、貨幣の資本としての性格の発見とともに、全般的な主客転倒が生じる。商業資本の利子は、もはや生産資本の利子〔利潤〕に基づいて決定されるのではなく、その逆になる。つまり、あらゆる資本の利子が貨幣資本の利子に基づいて決定されることになる。こうなった場合、もはや暴力を必要としない。なぜなら、貨幣の優越性が固定的なものになるとともに、このような優越性がもたらす収益もまた固定的なものになるからである。こうしてこれまでだれも説明できなかった重大な現象、すなわち利子は数千年来たえず同じ水準にとどまり続けてきたという重大な現象が説明可能になるのである。

貨幣それ自体が資本である場合、家屋や工場設備への貨幣投資が商業において獲得できる貨幣利子と同一の利子を期待できないならば、家屋や工場設備に貨幣投資を行う者がいないということは自ずと理解されるだろう。かくして、貨幣利子は太古からまったくの謎であり続けた収益性限界――この収益性限界は、貨幣経済が誕生して以来、事業家によって一度たりとも破られたことがない――を作り出すのである。したがって、貨幣利子をもたらさないものは、生まれることがないのである。たとえば、建設業者が自分の計画した賃貸住宅が五％の利子を生むことを抵当銀行に証明できないならば、銀行家は彼の前で金庫の扉をバタンと閉めるだろう。「利子なしには、貨幣なし」が、この場合の原則となる。住宅建設が活発化したために、家屋の家賃が「通常の利子」以下に、つまり五％以下に下落するならば、建設業者は銀行家に次のように言われるだろう。「住宅建設を中止せよ。われわれは住宅を建設し過ぎた。したがって、われわれは、家屋の利子が『通常の』水準に回復するまで、住宅建設を待たなければならない。こうして家屋の利子が『通常の』水準に回復したならば、再び家屋の建設が可能になるだろう」、と。すべての資本投下物、すなわち船舶、鉄道、土地改良、庭園設備、劇場についても同様である。貨幣は、五％の利子を認めないすべての労働者を労働から締め出し、ストライキをする。実際、われわれの伝統的貨幣が導入されて以来、貨幣はたえずそのようなストライキを行ってきた。自分の貨幣を資本主義的事業に投資する者は、貨幣が振り出すいわゆる利子保証書、すなわち五％以下の利子にならないという保証書を与えられる。六千年来、そうであった。その結果、五％の貨幣利子は自明のものとみなされ、どうしてそうなるのかについてはこれまでだれも問うことがなかったのである。

＊　＊　＊

貨幣の資本としての性格の発見とその理解にともない、搾取との闘争を行う社会主義者にとって次のような問題が浮上する。すなわちその問題とは、商品に対して優越的な地位を占めることもなければ、商品に資本として対峙することもない貨幣を作ることが可能なのかどうかという問題である。

このような問題の浮上とともに、われわれはフランスの社会主義者P・J・プルードンの研究領域に立ち入ることになる。

プルードンは、貨幣の資本としての性格に気付いた最初の人であるけれども、この資本の性格を十分に検討しなかった。プルードンがこうした事態に陥ったのは、貨幣資本と闘争するための彼の提案――商品を貨幣の地位に引き上げようとする彼の提案――にその原因がある。

彼が貨幣の優越性の根拠を十分に検討していたならば、彼はそのような提案を掲げることがなかっただろう。それにもかかわらず、彼の言説は、彼が貨幣は資本であることに気付いていたという事実を明確に示すものである。それだからこそ、彼はマルクスの商品交換の一般的定式（貨幣―商品―剰余貨幣）の謎を解決するための鍵を商品と貨幣との交換の中に求めるとともに、それ以外のところでその謎を解く鍵を発見してはならないと考えたのであった。かくして、彼はマルクス資本理論を議論に値しないものとして断固として拒否したばかりでなしに、彼自身の考えにもとづいて実物資本、したがって工場、生産手段、賃貸住宅などの性質を考察し、資本主義の根源は貨幣に隠されていると確信するにいたったのである。この点で、彼は事態の本質を明確に見抜いていたといってよいだろう。

もし貨幣による妨害がなかったならば、生産手段の蓄積は資本市場での需給の均衡にいたるまで、したがって資本利子の完全な抑制にいたるまで進捗したにちがいないと、彼は確信した。それゆえ、彼にとって資本主義は伝統的な貨幣制度の副次的現象にすぎなかった。事実、事物と人間の本性、技術そして経済秩序の本質は、資本主義に直接対立するものだった。これらが十分な影響力を発揮できなかったとすれば、その原因は、われわれがよく吟味もしないでローマ人、ギリシア人そしてハムラビ人からそのまま受け継いだ当の貨幣の機能的欠陥にある、こう彼は考えたのであった。

プルードンが資本の手掛かりをつかんでから、すでに七、八十年が経過している。

プルードンは、太古以来の問題の完全な解決への一歩を踏み出したにすぎなかった。彼は、なにゆえ貨幣は商品に優越するのかという問題の前に立つ必要があった。もし彼がその問題の前に立っていたならば、彼は、貨幣からいかにその毒牙を抜き取ることができるのかというさらなる社会主義的問題にも解答を与えていただろう。そしてその解答も、たんなる技術的レヴェルの問題になっただろう。だが、プルードンは、こうした問題の提起者はもとより、自分と同じレヴェルの協力者も発見できなかったために、結局自分だけを頼りとしなければならなかった。他方、マルクスは資本についての自分の定式に有頂天となり、このプルードンの思考過程をついに理解できないままだった。そのため、彼はプルードンと闘う羽目に陥ってしまったのである。

その後、プルードンは日常政策に時間をとられたために、前段で見たような彼の認識を科学的に完成させることができなかった。それればかりか、彼はこの認識を墓場にまで持ち込んでしまった。そして彼の遺著は、資本家のもとで禁書となるとともに、社会主義者のもとでもマルクスによってその信用を奪われたのであった。そうした状況の中で、アナーキストだけが彼を忘れなかった。だが、アナーキストたちが関心を払ったのは、プルードンの他の思考過程だった。そのため、プルードンの資本理論はグスタフ・ランダウアーの努力にもかかわらず、顧みられることがなかったといってよい。その結果、この理論領域を、マルクスが支配するにいたったのである。

＊　＊　＊

プルードンが未解決のまま残した問題に解答を与えたのが、自由貨幣理論である。この自由貨幣理論は次のように主張する。

「貨幣が資本であるのは、その供給が商品の供給と同一の圧力を被らないからである。価格形成の際に、貨幣所有者はこのような事情を利用しつつ、交換の一般的定式たる貨幣―商品―剰余貨幣を実現するのである。

それゆえ、われわれが商品供給に加えられている圧力を貨幣供給にも及ぼすように貨幣を改造する場合には、貨幣の優越性がなくなり、マルクスが自らの研究の際に所与の前提としたG―W―G′という事態も存在しなくなるだろう。貨幣が商人、銀行家、貯蓄家、投機家に所有される場合でも商品のように急速に腐朽していくならば、また貨幣を所有しても商品を所有する場合と同じ出費を必要とするならば、つまり所有時間に比例して貨幣の物理的損失も大きくなっていくならば、貨幣は商品と等価になり、貨幣所有者は――交換の延期という行為を放棄する代償としての――特別な報酬を商品所有者から徴収できなくなるだろう。なぜなら、こうした場合には、商品所有者とほぼ同一の損害を貨幣所有者もまた被ることになるだろうからである」、と。

自由貨幣はこのような思想を実践したものである。もしプルードンが生きていたならば、彼はきっと次のように言ったことだろう。

「諸君は、私の思想を逆転させた。私は、商品を現金と同じ地位に引き上げようとした。つまり、私は、金のもつあらゆる良き特性を商品に与えることによって、商品と貨幣を完全な等価物にしようと考えたのであった。だが、そのことに私は成功しなかった。その理由は、貯蓄家が『私は、金を所有しようともぼろ服、石油、牛皮、ジャガイモなどを所有しようともどちらでもよい』と考えるような事態を作り出すことのできる特性を麦藁、ぼろ服、石油などに与えることができなかったからである。しかるに、すべての貨幣は貯蓄家の手を通過していく。したがって、その国のすべての貨幣を利子――私はこの利子を廃絶したいと考えているのであるが――によって再び市場におびき寄せることができないならば、こうした貨幣は一年の間に貯蓄家の金庫の中へと消えてしまうであろう。つまり、私は、現金を貯蓄手段として使用するということを想定していなかったのである。それゆえ、私が自分の思想を実行しようとするならば、貨幣を貯蓄手段としても商品と同等の地位に立たせなければならなかったのである。換言すれば、私は、貨幣から貯蓄手段としての機能を物理的に奪う必要があったのである。(4)

今や私の失敗は、諸君の自由貨幣によって克服されている。諸君は、商品を貨幣と同等の地位に引き上げるのではなく、逆に貨幣を商品と同等の地位に引き下げたのである。それは素晴らしい思想というほかはない。この思想は、実践的にも実行可能なものであるばかりでなしに、貨幣をわれわれの望み通りのものに変えることのできるものでもある。したがって、私が実現に努めた目標は今や達成されている。なぜなら、自由貨幣は商品と同じように劣化するために、今や初めて貨幣は実際に商品と等価な存在になっているからである。」

プルードンはきっとこのような感想を述べたことであろう。自由貨幣の導入とともに貨幣のあらゆる特権、すなわち商品に対する貨幣の優越性もまた廃絶されるのである。それとともに、このような優越性と結び付いたあらゆるもののもちろんなくなるにちがいない。したがって、資本主義が土地の私的所有と結び付かないかぎり、それは資本主義とは多少とも違った社会体制を実現するものとなるだろう。

自由貨幣の導入とともに貨幣所有者は、もはや商品から利子を奪うことができなくなる。なぜなら、等価物同士が相互に交換される場合、だれも利子を支払う必要がないからである。その場合、商品が貨幣に利子を課すといった事態すら予想できるだろう。したがって、自由貨幣は伝統的な貨幣と異なり、もはやそれ自体資本たりえないのである。

かくして、資本蓄積を行う際の収益性限界などといったものはもはや存在することがない。以前の場合、この収益性限界は、貨幣が交換手段として機能する中で生み出す年々の収益によって設定されていた。この収益性限界は六千年来存在し続け、一度も破られたことがなかったのである。だが、今や自由貨幣によってこの収益性限界はハムラビ人以来初めて、しかもきわめて簡単に破られてしまうのである。

自由貨幣はもはやいかなる収益性限界ももたない。なぜなら、自由貨幣はもはやそれ自体資本でないからである。資本投資の収益性がきわめて活発な投資活動のために下落しても、貨幣はもはや次のように言うことができない。「諸君たち事業家と労働者は、諸君たちの自由な労働によって実物資本、つまり生産手段や住居その他を増加したために、諸君らの利子収益は収益性限界という『通常の』限界以下に下落している。したがって、私はストライキをする。そしてこの建設熱を止めよ」、と。否、自由貨幣は絶対にこのように言うことができない。なぜなら、自由貨幣はストライキすることができないからである。つまり、自由貨幣は圧力をうけ、それ自身のうちにストライキ破りという要因を有しているからである。このように貨幣のストライキを不可能とする圧力こそが、まさに自由貨幣の目的を実現する役割を果たすのである。

自由貨幣は、貨幣の本来の機能が交換手段にあることをたえずその所有者に教える。つまり、自由貨幣の所有者はたえず、僅かな利子で我慢するのか、それとも貨幣の物理的減価損失を甘受するのかという二者択一の前に立たされる。したがって、たとえば事業家が抵当銀行家のところに出向いて、「われわれは近年あまりにも多くの建物を建築し過ぎた。そのために家賃は下落し、住居は今や五％の利子ではなく四％の利子しかもたらさない。このような状況の中で、私はアパートの新たな建築計画をもっているので、すでに述べた家賃の下落を考慮していただき、この家賃の下落に対応した抵当利子の引下げを行っていただきたい」と述べたとしても、自由貨幣制度のもとでの銀行家は、今日のように事業家の目の前で金庫の扉をバタンと閉めることもしないだろうし、また次のようにも言わないだろう。

「私は、住居の利子が再び通常の水準に戻るまで、すなわち以前の収益性限界以上に上昇するまで、私の貨幣を保持し続けるだろう」、と。否、彼はそのような発言を極力避けるだろう。そして彼があまりに無愛想でないならば、たとえば次のような返答をするだろう。「親愛なる貴君、われわれが不動の収益性限界を問題にできた時代はすでに過去のものとなっている。貴君がこの貨幣を引き受けてくれないならば、私はこの貨幣で何をしたらよいのだろうか。私は今や圧力をうけている。私は、いかなる状況でも、またいかなる利子率でも貨幣を貸し出さなければならない。あまりに多くの賃貸アパートを建築したために、貴君がこの賃貸アパートから五％の利子を引き出すことができないならば、神に誓い私は貴君に四％の利子で貨幣を提供しよう。だが、私は、貴君がいずれ次のように言う時期が到来するだろうと確信している。『私は四％の利子を支払うことができない。なぜなら、われわれは今や、絶え間なく労働し、家賃が絶え間なく下落しているからである。したがって、あなたの貨幣を三％の利子で私に提供してほしい』、と。その時私は、貴君に次のように答えるだろう。『私は、貴君がこれまで以上の額の貨幣を借りてくれるならば、二・五％の利子で貴君に貨幣を提供しよう。なぜなら、貴君たちが観察しているように、貴君たちのたゆみない活動の結果として家賃が下落するのに反比例して、人々は今やより多くの貨幣を貯蓄できるようになり、この貨幣を私の銀行にもってくるからである。かくして私の金庫の中の貨幣は、利子や家賃の下落に反比例して増加しているのである。私は自由貨幣と金庫にある貨幣の増加圧力をうけて、その貸出先を探さなければならない。それゆえ、私は二・五％の利子での（ないし二％、一％、〇％での）貨幣供給を繰り返すことになる』、と」。

　ここで家屋資本について述べたことは、当然のことながら、あらゆる資本対象物、したがって資本主義にも全面的に妥当するものである。土地と地下資源を唯一の例外とすれば、労働者の生活と労働に必要な一切のものは、自由貨幣の利子下落傾向の影響を受ける。このような影響を逃れられるものは何もない。いかなる権力、いかなる資本家も、今や解放された自由な労働の結果から自分の身を守ることができない。自由な労働はたえず資本家の新たな競争相手を作り出す。こうして資本の大海が生れ、それは古い収益性限界からあふれ出て、利子を水死させるものとなるだろう。

以前には、資本の収益性限界は五％といわれていた。だが、資本の収益性がこの五％を下回るや、恐慌の規模はもとより、失業者――労働意志をもちながら飢えている何百万人もの人々――の荒廃も広がった。しかもその荒廃は、飢えた者に山、海、川などの地平に映しだされる蜃気楼の如く見えるような通常の荒廃ではなく、飢えた大衆の側近くに美味しく調理された生活手段が調っているようなタンタル人の荒廃、つまり、過剰生産にもかかわらず、何百万人もの人々が飢えている、そのような荒廃にほかならない。したがって、このような荒廃は革命的精神を復讐の精神に、すなわち搾取者と非搾取者をともに奈落に引きずり込もうとする精神に変質させずにはおかなかったのである。

＊　＊　＊

剰余価値という形態の搾取を廃絶することは、社会主義に固有な目標である。われわれがこの目標に到達するのは、当然のことながら、資本主義の原因を除去した場合である。

ここでわれわれが理解したのは、次の二点である。第一に、伝統的な貨幣はそれ自体資本であるために、この伝統的貨幣が資本の生産と蓄積に限界――収益性限界――を設けるという点に資本主義の原因を求めなければならないということ、また第二に、自由貨幣はそれ自体資本でないために、この収益性限界を突破しそしてこれを廃棄するということ、この二点である。

けれども、社会主義者の望みは、搾取を廃絶することだけではない。社会主義者は、人類が恐慌とそれに随伴する失業といった災いから解放されることをも望む。なぜなら、労働者にとって失業は、資本による搾取よりもいっそう悪い事態だからである。したがって、多くの労働者は、資本家が収益性限界を越えた剰余価値を要求した場合でも、その要求を認めるならば失業を免れる場合には、この剰余価値を例外なく皆支払う覚悟をもつのである。

経済恐慌は、いずれも貨幣に関連した二つの原因によるものである。第一の原因は物価の下落であり、第二の原因は資本収益の収益性限界以下への下落である。

今や物価下落と恐慌の関連をなお認識できていない人々も、商品価格の下落がどのようにして恐慌をつくりだすのかということをきわめて大規模なかたちで観察することができる。というのも、今日物価の下落を志向しているすべての国々、とりわけイギリスやアメリカでは、なお実感できるほどの強さにはいたっていないけれども、恐慌が支配的となっているからである。（この論文は一九二一年に書かれたものである。）

それに対し、経済が戦争のために他のどこよりも大きな打撃を受けたがゆえに、恐慌状態についての多くの説明が存在しているドイツ、このドイツで今日ほど失業者が少なくなっている時期はない。だが、一九二〇年の数か月の短期間物価下落と物価の引下げが「期待」されたために、まもなくここでも深刻な停滞が到来したのだった。だが、失業扶助が紙幣印刷の増刷を誘因したために、ドイツでは物価引下げという期待はユートピア的思想であることがすべての商人に明らかとなるや、こうした期待も同じように消滅したのであった。

このような経験がドイツ国民に商品価格の下落と恐慌の関連についての認識をもたらした。したがって、今日のドイツでは、失業や恐慌を論拠にして発券銀行の操作や金本位制度の制限を求めても、それを嘲笑する者はもはや存在していないのである。

戦争前には、そのような状態になかった。たとえば、自由貨幣理論の主唱者は次のように主張した。「諸君が今や好景気の成果を享受し、失業者の大群が消滅しているのも、アフリカの金発見が物価を騰貴させたからである。」あるいは「諸君が労働をえられないのは、物価が下落したからである。諸君は、プロレタリアの生活境遇の改善は諸君の労働組合政策によるものであり、その劣悪化は生産手段の私的所有の必然的結果であると主張する。諸君のように金（あるいは金と兌換できる紙幣）を労働力をも含む商品の単なる等価物と見なす者は、通貨制度や商品価格指数の発展がそのような結果をもたらしたということをけっして認めないだろう。また諸君のように、マルクスとともに『ところで、金や銀がその本性上貨幣なのではなく、貨幣がその本性上金や銀なのであるということは、その自然的属性と交換手段としての機能との一致を示しているのである』[5]と主張する者も、恐慌と貨幣を関連づけることができないだろう。それに対し、こうしたマルクスの命題に異議を唱える者は、マルクス資本理論が全面的に間違っていることを認めなければならない。なぜなら、金本位制度崇拝というこの命題は、マルクス資本理論の根本的前提と完全に一致しているからである。」このように自由貨幣理論の主唱者が主張した時、マルクス主義者によってどれほど嘲笑されたことだったか。

貨幣市場での近年の出来事に、多くの社会主義者は呆然自失となっている。社会主義文献における通貨問題の完全な無視は、重大な欠点であるばかりでなしに、全世界が通貨制度、ヴァルタ為替相場〔国際通貨制度〕についてある程度理解できるようになっている現在、厳しい復讐をもたらすものになるだろうということを、今や人々は洞察し始めている。したがって、ブリュッセルやジェノバで開催された会議ではもとより、通貨問題がもっとも重要な問題になっている国々でも、社会主義的傾向は、通貨問題についての自分たちの見解や代表なしではすまされない状態になっているのである。だが、以前には何百万人もの党員を擁する大政党の内部に通貨問題に詳しいひとりの人間も見つけることができなかった。（この論説は一九二二年に書かれた。）こうした事態は、社会主義者が政府のもっとも重要な、実際に決定権をもつポストを他の諸政党に譲ることを余儀なくされたばかりか、もっとも重要な経済問題にきわめて間接的な影響力しか及ぼすことができないという状態にも、社会主義者を導いたのであった。

今や、こうした点はおそらく改善されていることだろう。だが、このような領域での社会主義者の知識は、すべてマルクス資本理論に蝕まれているということを忘却すべきではない。だが、それ以上に忘却すべきでないのは、このマルクス理論の完全な破産という事態である。そのことが意味するのは、社会主義の行動政策のまったく新たな方向づけの必要性ということである。たとえばもし社会民主党大会において「貨幣はそれ自体資本ではない」というマルクスの仮定が正しいのかそれとも誤っているのかという問題が提起され、このマルクスの仮定が誤っていることが認められたならば、社会民主党は左折して自由経済運動に方向転換するのか、それともばらばらに解体されデマゴーグという狼の餌食になるのかという二者択一の前に立たされることになるだろう。なぜなら、社会民主党は、搾取を廃絶するには私的所有を廃絶すべしという要求をもはや基礎づけることができないからである。

最近の経験は、社会主義文献がこれまで一度も触れたことのない事実を明らかにした。その結果、多くの社会主義者は貨幣の中に想像以上に強力な力、すなわち災禍や幸運を次々に作り出すことのできる強力な力を発見したのである。まず彼らは、紙幣印刷によるインフレーション政策が、ストライキその他の方法によって獲得したあらゆる賃金改善を繰り返し事後的に無効にするという事実を認識したばかりでなしに、紙幣印刷が労働組合の監督のもとにないかぎり、どのような賃金政策も役立たないという事実をも認識したのであった。だが、同時に彼らは、同じ紙幣印刷の力を利用することによって、貯蓄銀行にあるプロレタリアートの預金（それは、戦争前には約一八〇億金マルクだった）が暴力の使用なしにほぼ全額収奪されることを見たのであった。さらに彼らは、こうした紙幣印刷の力を利用することによってドイツの債権者――抵当証券、国債証書、公債証書などの所有者――の一五〇〇億金マルク以上の財産が収奪されることをも見たのであった。このような貨幣や紙幣印刷の収奪力を、マルクス主義者は予期できなかったのである。もし予期できていたならば、彼らは紙幣印刷の力によって収奪者の収奪を促進するという提案をきっと提起していたことだろう。

そればかりか、多くの社会主義者は、紙幣印刷の力を利用するならば、いつでもすべての産業予備軍を解消できるということ、また――たとえば五〇〇万人の人間が恒常的な失業状態にある今日のアメリカにおけるように――賃金の引下げという目的のために紙幣焼却炉を利用するならば、事業家は大きな憎しみを受けることなく、ロックアウトを自動的に引き起こすことができるということ、こうした事実をも認識したのである。（アメリカでは、労働者が事業家の利害に立脚した行動をとるという嘲笑すべき事態――労働者が、自分たちの賃金の引下げ、とりわけ今日アメリカ、イギリス、スイス、日本などの多くの国々のマルクス主義的傾向の諸政党の綱領に掲げられている物価切下政策の支持に導かざるをえないような嘲笑すべき事態――をつくりだすために、社会主義者の無知が意図的に利用されたのであった。）

前述の諸現象の中で示された貨幣の力は、マルクス貨幣理論とはもとより、マルクスの賃金理論、資本理論、恐慌理論、一般的に言えばマルクス分配理論とも矛盾するものである。なぜなら、われわれが見てきたように、これらのマルクス諸理論はすべて「貨幣は商品の完全な等価物である」という命題とともに誕生し、そして崩壊するものだからである。

今やようやくにしてこの貨幣の力を知覚するにいたった人々は、この力を社会政策的目標の実現に役立てたいと思っている。事実、今日すでに個々の資本家集団は、この貨幣の力の制御しがたいほどの激烈な影響を受けながら、取引所投機の大成功をえるためにこの力を大規模に利用しつつある。その意味で、アメリカの取引所貴族の莫大な資産は、すべてこの貨幣の力を利用することで形成されたものであるとさえいえるのである。

遺憾ながら、この貨幣の力は今日、濁流のように破壊に向かっている。だが、それは破壊と同時に、建設をも可能にする。この貨幣の力を人類に役立たせるには、なによりもまずこの力を認識することが必要である。

けれども、マルクス理論は、われわれがこの貨幣の力に依拠しながらいかに貨幣権力と闘うことができるのかについての拠り所をまったく与えない。なぜなら、マルクスは貨幣を絞殺し、その遺体理論［社会主義社会での貨幣の死滅理論］を作ったからである。この遺体理論は人類に役立たないばかりでなしに、国家にも役立たず、その上――マルクス主義者がその理論から無条件に演繹しなければならないような――取引所投機の目的にも役立たないのである。マルクスは言う。「金はその本性上貨幣なのである」、と。したがって、たとえば、貨幣をたんに名目的支払手段としてだけ認識するにすぎないリーフマン教授、貨幣を携帯品預かり証に類似するものと見なすベンディクセン、あるいは自分に供与されたものの代価として貨幣を譲渡するゾイメスのインド人などの場合と同様に、マルクスの場合も、この生命のない物質を商品の完全な等価物として譲渡する以外に何ができるのだろうか。つまり取引所操作による貨幣流通の妨害やその流通速度の加速化、これらすべては、マルクスによれば、貨幣に影響を与えることがないのである。

これまで通貨行政を遂行する場合、一般に理論的知識は問題にされなかった。けれども、唯一の例外をなしたのはマルクスの遺体理論とならんでしばしば言及されながらも、理論的にはなお未発展な状態にある貨幣数量説であった。この貨幣数量説は、多数の矛盾に目をつぶった場合にだけ事実に一致する可能性をもつものであり、いわゆる「有効な」貨幣数量説と言われるものも、このような矛盾を棚上げにした上でのものだった。つまり、そこで問題にされた貨幣数量説はカオス理論であったと言ってよいだろう。

このようなカオスは、自由貨幣とともにひとつの秩序に転化する。なぜなら、圧力をうけ続ける自由貨幣は、貨幣数量説のあらゆる問題点を廃棄するからである。したがって、世界のあらゆる言語で争われ、多くの通貨問題を未解決なまま放置することの主要な原因となってきた貨幣数量説は、今や自由貨幣によってあらゆる矛盾から解放され、文字通りの絶対的真理になる。それに対し、これまで貨幣数量説が機能不全に陥ったのは、その前提条件が欠如していたからであった。だが、自由貨幣は、貨幣数量説が有効に機能するためのこうした前提条件を創出する。たとえば、貨幣の流通速度は、今日にいたるまで価格形成の際の主要な要因であっても、予知不能なまったくの非合理的な概念であった。そのため、この貨幣の流通速度という要因が、価格形成についての科学的説明へのあらゆる努力を台無しにしてしまったのである。それに対し、自由貨幣とともにこの貨幣の流通速度という要因は定数に転化する。それゆえ、自由貨幣制度のもとではそれについての推量計算をもはや一般に行う必要がなくなるのである。

「有効な貨幣数量説」とよばれる貨幣数量説は、価格形成を次のように数式化した。

$$\frac{\text{通貨量}\times\text{流通速度}}{\text{商品生産}-\text{信用}}=\text{価格}$$

だが、この数式では、実際上多くの場合うまくいかなかった。なぜなら、第一に、流通速度と信用は制御できない恣意的な大きさだったからであり、第二に、通貨量が偶然によってしか調達されないひとつの財、すなわち金の準備規定による拘束をうけていたからであった。

自由貨幣とともに価格形成における数式は、本来の貨幣数量説、すなわちいわゆる「粗野ないし素朴な貨幣数量説」が（間違って）基礎としている数式、すなわち通貨量÷商品生産＝価格という数式に戻るのである。「単純さこそ真理のメルクマールである」という格言が妥当するならば、このような価格形成における数式の単純化は、その正しさを示す新たな証拠になる。価格形成における数式は、これ以上単純に表明することができない。通貨量÷商品生産という前述の数式は、金属貨幣［伝統的貨幣］の場合には、市場のあらゆる現象と矛盾した。だが、自由貨幣の場合、前述の数式は市場のあらゆる現象と完全に一致する。それは、以下の通りである。

金属貨幣の場合、この方程式に持ち込まれる数字――通貨量や商品量――が価格形成にどの程度の作用を及ぼすのかということがたえず問題にされたばかりでなしに、通貨量と商品量も永遠に一致しない可能性があった。少なくとも貨幣にかんしては、市場へのいかなる推進力ももたなかった。そのために、当の数式によって価格を動態的に把握することができなかった。

他方、商品は自ら市場に突進した。なぜなら、商品は圧力をうけ続けているために、市場への自然的な推進力をもっていたからである。それに対し、貨幣はそのような自然的な推進力をもっていなかった。それでは、金を市場に誘因したものとは何なのか。

商品は、一度として貯蓄家のもとにとどまり続けたことがない。このように商品を拒否する同じ貯蓄家も、貨幣には魅了された。そして彼は、身代金が支払われるまで貨幣を保持し続けたのである。その理由は利子と複利であった。このように商品の推進力が商品それ自体の中にあったのに対し、貨幣の推進力は貨幣それ自体の中にはなく、外部から持ち込まれたものだった。

その結果、価格は人間の心理に依存するものとなり、貨幣数量説が正しい理論となるのに必要な主要なメルクマール――あらゆる出来事との完全な一致――もまた奪われてしまったのである。かくして、貨幣数量説は個々の現象にのみ妥当するにすぎない理論になってしまったのである。

自由貨幣の導入とともに、貨幣数量説における比較すべき二つの要因――商品と貨幣――の推進力の強さにかんする批判的問題は、その意義を完全に失う。今や商品と貨幣は、自己の内部に価格形成に向かう推進力をもち、外部から持ち込むことを必要としない。また貨幣所有者の心理も価格形成に影響力をもつことがない。なぜなら、商品と貨幣はともに圧力をうけているからであり、しかもその圧力が同等だからである。かくして価格は、今や完全に商品と貨幣に特有な二つの力の作用として動態的に把握することができるようになるのである。

今や、商品と貨幣は同等の力で相互に吸引し合っている。それに対し、これまでの場合相互に反発し合っていたこの両者が合一できたのは――この両者に影響力を発揮できる――外部の力を利用した場合だけだった。この場合の外部の力とは、利子のことである。だが、この外部の力が機能しなかった場合、交換が行われることはなかった。たとえば、利子が禁止された場合、貨幣流通は麻痺した。また利子率が下落した場合にも、同様のことが生じた。こうした場合、貨幣数量説は機能せず、新たな数式を作り出す必要があった。実際、こうした場合は無数に生じたのであった。

かくして、自由貨幣とともに価格形成を理論的に把握できる可能性はもとより、価格形成に目的意識的に介入できる可能性もまたわれわれに開かれることになった。その結果、この可能性を利用して何を始めるべきかという問題が、今やわれわれに提出されているのである。

このような問題とともに、われわれは、新しい領域、すなわち社会主義文献にとっての暗黒大陸と見なされていた通貨問題という広大な領域――これまで完全に無視されてきた領域――に立ち入ることとなる。

自由貨幣理論は、価格形成への目的意識的な介入の可能性を利用して何を行うのかという問題に解答を与えるものである。その際、自由貨幣理論は次のように主張する。「貨幣は交換手段である。貨幣は、直接的な物々交換の孕む困難を除去すると同時に、交換を確実かつ低廉にすべきものである。この交換の確実性と低廉性が保証されるのは、商品価格の変動が可能なかぎり阻止される場合だけである。だが、貨幣はすべての商品の交換手段である。それと同時に、個々の商品価格はそれに特有な法則、すなわちしばしば同じ時期に一方の商品が価格騰貴するのに対して、他方の商品が特別な事情によって価格下落するのを条件づけるような法則にしたがう。それゆえ、ここで考慮されるのは、個々の商品価格に対してではなく、すべての商品価格に対してであるにすぎない。つまり自由貨幣とともにわれわれが価格形成に及ぼすことのできる影響力は、商品価格全体の平均に対してだけということになる。その際、こうした全商品価格の平均は、今日しばしば取り上げられる物価指数によって示される。したがって、この物価指数を固定的に堅持することが、ここでは必要になる」、と。

前述の説明にしたがえば、物価指数の固定化を達成するための方法を理解することは、それほど困難ではない。なぜなら、今や通貨量を商品生産で割れば、疑問の余地なく価格、したがって物価指数が与えられるからである。こうしてわれわれは、自国の発券銀行がこの物価指数を発券政策のコンパスにしながら貨幣数量説に厳格に依拠すべきであるという義務を与えた上で、次のような指示を発券銀行に下す。「物価指数が全般的な物価騰貴傾向を示すや否や、発券銀行は紙幣を回収し、逆に物価指数が全般的な物価下落を示すや否や、紙幣を増発すべきである」、と。その際、物価指数は、数学的厳密さの意味で絶対的に固定される必要はないが、日常的感覚の意味で絶対的に固定される必要がある。その意味するところのものは、航海士によってたえず針路の訂正が行われつつ航海していく船舶の如くということにほかならならない。

発券銀行は、このような政策を遂行できるだろうか。また発券銀行はそうするための手段をもっているだろうか。反対に、発券銀行が自らの任務を遂行するのに必要な大量の貨幣発行を妨害するものが存在しているのだろうか。発券銀行に必要なのは、ただ紙だけである。金本位制度の場合、――金貨の流通速度を思いのままにすることは不可能であるということを度外視しても——このような積極的通貨政策を遂行するには、それ以前に金が発見されている必要があった。こうした理由から、金本位制度の場合このような積極的通貨政策を遂行することは絶対に不可能なことだった。

紙幣の場合、日常的流通の必要性に貨幣流通を適応させるためのすべての前提条件が無条件に与えられている。したがって、われわれが発券銀行に物価指数の固定化に必要な貨幣量の印刷と流通を命令するならば、発券銀行はこの任務を遂行せざるをえない。なぜなら、発券銀行はそうするための手段を手にしているからである。なにゆえ発券銀行にそのような任務を与えてはならないのか。またなにゆえ発券銀行はそのような任務を遂行できないのか。こうしたことを説明できる明快な論拠は存在していないのである。

以上のようなわれわれの提案に対してあらゆる方面から異論が出された。だが、すべての異論は、自由貨幣とともに貨幣数量説が無条件に妥当するという事実のために不首尾に終わっている。前述した積極的通貨政策の可能性に疑問を抱く者は、まず最初に自由貨幣制度のもとでも貨幣数量説、本来の貨幣数量説である「粗野ないし素朴な貨幣数量説」が妥当しないことの立証を提出しなければならないのである。

前述の積極的通貨政策に対し、「物価は紙幣発行に即座に反応しない」という異論が起こった。この異論は、「物価は約三か月後に初めて紙幣の数量に対応した水準に転移する。したがって、物価バチルスはいわば三か月の潜伏期間を必要とする」というニコルソンの統計的著作に依拠するものだった。その他の点では条件付きの有効性だけしかもたないにしても、たとえば現在のドイツで体験しているような全般的物価騰貴の時期には、おそらくその逆に——紙幣増発にもとづく新たな物価騰貴への恐れが流通速度を強めるがゆえに、物価騰貴が紙幣増発に先行するといったように——理解できるような異論、こうした異論は、自由貨幣の場合まったく問題にならない。その理由の概略は以下の通りである。

自由貨幣を求めるのは、商品を直接購入する場合だけである。それゆえに、発券銀行が発行した自由貨幣を受けとる人々は、当然のことながら、商品への直接的な必要をもつ人々、つまり自らが獲得した貨幣を直接に市場に提供する人々である。かくして、発券銀行が今朝物価を騰貴させるという目的で自由貨幣を発行するならば、確実にその影響は夕方に感じられるものとなる。したがって、この新しい貨幣は――発券機関が介入しない場合には――これまで存在しなかった追加的需要をただちに創出することになるのである。つまり、自由貨幣は、実際に体化された需要となるのである。以上のことからわれわれは次のように結論づけることができる。商品供給のあらゆる変動によって引き起こされる物価変動は、発券銀行の対抗策によって即座に中和させることができる、と。

前述の積極的通貨政策に反対する第二の異論は、物価指数は必要な速度では伝えられないという見解に基礎をおくものである。たとえば少数の人々は、物価指数が伝えられるには数週間ないし数か月間が必要であり、その間に発券銀行はどのような態度を取ったらよいのかわからなくなってしまうと主張する。このような異論は、通例金本位制度の擁護者によって、とりわけ一般には紙幣発行の際に商品価格へのいかなる配慮も行わないばかりか、そうした配慮をも不必要と考える人々によって主張されている。だが、こうした異論もまったく根拠のないものである。というのも、統計がなにゆえ機能しないのかについての論拠がきわめて薄弱だからである。すでに今日、商業新聞は全世界の取引所の電信情報を伝えている。また物価指数に必要なのは、国内市場価格だけである。この国内市場価格の計算は、資料さえ手に入れば、計算機で計算すれば数分もかからない仕事である。したがって、物価指数を毎日何度か伝えることが必要であるにしても、そのことを行うのはそれほど困難な仕事とはならないのである。ましてや、発券機関は、物価指数が毎週一度示されれば、それでまったく十分なのである。

**したがって、物価指数をいつでも自由に伝えることが技術的に可能ならば、また同様に通貨量とその必要な速度とによって物価指数の運動を阻止することが技術的に可能ならば、いかなる状況であっても――たとえ戦争中であっても――積極的通貨政策によって物価指数を固定化させることが可能になる。**

マルクス主義的傾向の社会主義者は、われわれの経済秩序のあらゆる災禍はもとより――あらゆる公的通貨制度の欠陥をも含む――われわれの通貨制度の欠陥によるあらゆる災禍の原因を、資本主義によるもの、したがって生産手段の私的所有によるものとつねに考える。こうしたマルクス主義的傾向の社会主義者もまた、われわれのように行動しなければならない。だが、マルクスは彼らにむかって次のように述べている。「貨幣は商品の完全な等価物である。したがって、貨幣の側からは交換過程のいかなる攪乱も生じない」、と。そのために、マルクス主義者は取引所投機の成功の原因を貨幣以外のところに求めなければならない。つまり、時には数十年にわたって商品価格が下落することの原因、そしてこうした商品価格の下落が債務を負った事業家――とりわけ農民や家屋所有者――から抵当利子返済の可能性を奪い、所有者の収奪とラティフンディウムの創出へと導くことの原因を、マルクス主義者は貨幣制度の外部へと求め続けなければならない。手短に言えば、恐慌、失業、過剰生産、好景気、物価下落、取引所投機、億万長者の巨万の富の形成、アメリカの財閥形成、極端に高い全般的な商業利潤率、こうしたわれわれの経済秩序のあらゆる欠陥とその原因は、マルクス主義者によって生産手段の私的所有によるものと見なされることになる。（かくして人民大衆はこの経済秩序を攻撃することになる。）そしてわれわれがいたる所で観察できる社会のあらゆる欠点も、生産手段の私的所有の属性によるものと特徴づけられるのである。それゆえに、彼らは、こうした欠点を一掃するには、生産手段の私的所有を根本的に廃絶することが絶対的条件になると主張するのである。こうして彼らは共産主義者になる。

だが、われわれをあらゆる価格変動全般から解放する前述の積極的通貨政策が実施されるならば、すでに指摘したようなわれわれの経済秩序のすべての欠陥もまた消滅するだろう。

恐慌は今日、物価が下落した場合に勃発する。前述の積極的通貨政策の実施とともに物価が下落する事態はもはや存在しなくなるだろう。したがって、このような理由からも、前述の積極的通貨政策の実施とともにもはや全般的恐慌が勃発することもなければ、いかなる失業が形成されることもないだろう。以前の場合、資本利子が収益性限界を下回る場合には、恐慌が勃発した。だが、自由貨幣の導入とともに資本蓄積一般にとっての限界、すなわち収益性限界はもはや存在しなくなる。その結果、このような理由からもはやいかなる恐慌も勃発することがない。それゆえ、たえず労働組合の賃金政策の大きな障害となっていた産業予備軍もまた消滅することになる。以前には、景気変動とよばれるものを作り出す全般的性格の物価変動は、多くの商人が躓き、転倒する原因になった。景気変動を正しく予測した商人はしばしば勝者になり、そして莫大な儲けをえた。だが、このような事態の予測に失敗した商人たちは、損害を被ることになった。

そうしたことの結果は、支払停止、破産、強制販売であり、多数の小さな独立的自営業者が生産手段を奪われ、プロレタリアートとなることだった。その時、マルクス主義者は次のように述べたのであった。「生産手段の私的所有の制度がこうした作用を及ぼしているのだ。だから、この制度をなくさなければならない」、と。

今日の経済では、特別な才能を必要とする職業には高賃金が与えられる。商業は、今日このような職業のひとつである。したがって、今日、商業利潤が国民の労働生産物の約四〇%を占めているとすれば、その理由は、このような職業のもとでの競争が相対的に少ないことによるのである。われわれが積極的通貨政策によって景気変動から商業を守るならば、つまり物価指数を固定化するならば、商業には多数の競争相手が参入し、商人の報酬は競争の一般的法則に対応して大衆の賃金にまで下落するだろう。その時、商業利潤はもはや四〇%という驚くべき高さではなく、おそらく二〇%ないし一〇%にまで下落することだろう。そしてそれに反比例するかたちで、すべての国民の余剰所得も二〇%ないし三〇%増加することとなるだろう。

戦争前のドイツでは、約四〇〇億金マルクの総所得が賃金、土地地代そして利子に分配されたけれども、商業利潤は総所得の四〇%、すなわち一六〇億金マルクを占めていた。したがって、通貨制度を安定させることで商業利潤の節約が果たされるならば、その八年間分の節約で一三二〇億金マルクの戦争賠償金全額を支払うことができるだろう。つまり、商業利潤の節約は、発明によって全ドイツ国民の生産力が三〇%増大した場合とまったく同じ効果をもたらすのである。

今日の経済秩序への社会主義者の批判の中できわめて大きな役割を演じているのは、商業利潤、商人の人数過多、豪華な店舗設備、セールスマンの人数過多、広告、事業不振、しばしば起こる支払停止、多すぎる銀行経営の数とその大規模化などである。だから、彼らは次のように主張する。「社会主義的経営様式の導入とともに、生産手段の私的所有が国民経済に強いているこうしたあらゆる無駄な出費はほとんど一掃されるだろう。全商業は、簡単な配給切符によって、すなわちパン配給切符や砂糖配給切符などによって摩擦なしに、しかもほとんど費用なしに処理されるだろう」、と。消費協同組合の熱心な擁護者もまた、これとほぼ同様の意見を吐露しているのである。

自由経済の擁護者は、このような社会主義者の批判に対し分の悪い立場にあった。なぜなら、四〇%の商業利潤は、自由経済の利点を相殺しても余りあるものだったからである。多くの場合、自由経済の擁護者が次のように主張するだけでは、このような社会主義者の批判への十分な反論とはならなかった。「貨幣経済の場合、商品の品質についての不可避的なあらゆる苦情は、直接関係者間で、したがって購買者と販売者の間で解決され処理される。こうした問題は裁判では解決できない。なぜなら、こうした問題は純粋の私的問題だからである。したがって、貨幣経済は、裁判と人民の間に緩衝装置を設置する。それに対し、生産物の社会主義的分配の場合、このような緩衝装置が欠如する。不満をもつ者、たとえば腐ったバター、冷たくなったパン、腐った卵をもらった者は、国家に苦情を持ち込み、国営倉庫で必要な財を受け取ると同時に苦情処理簿に記入する。このように毎日何百万回も繰り返される苦情を処理するには、巨大な組織機構を必要とするだろう。その結果、このような機構を維持するために、またもや労働生産物の大きな部分が無駄に出費されることになるだろう」、と。

こうした自由経済の擁護者の反論に孕む難点を理解したのは、少数の人々だけだった。四〇%の全般的商業利潤率の存在の前には、こうした反論は無力であった。なにしろ四〇%という途方もないほど高い商業利潤率が廃絶されるのであるから。

しかるに自由貨幣とそれによって可能となる固定通貨制度とともに、商業利潤率は社会主義的財分配論の楽観論者すらも著しく低いと認めるようなひとつの水準に下落する。（この場合でも、自由経済は競争を堅持する。）その結果、商業上の出費を節約するために生産手段の私的所有の廃絶という要求を掲げることは不必要となる。そればかりではない。技術におけるのと同様に、商業においても人間一般に期待できる最高の業績を達成するのは、私経済、自己責任、人間のエゴイズム、個人の行動意欲などである。かくしてこれらのことに依拠する自由貨幣は、すべての人々に高い労働収益をもたらすものとなるだろう。

しばしば私経済は、計画性という点では言葉の誤った意味でアナーキーであると非難される。そのように非難する人々の場合、統計によって完璧に遂行される計画経済というものが理想として想定されているのである。だが、こうした彼らの考えは、素朴すぎる思想である。たとえば、主要な消費財の生産、つまり農業生産の場合、事前に決められるのはきわめて概算的な数量でしかない。なぜなら、きわめて入念な統計に基づく最良の計画も、遅霜によって全滅してしまうこともあるからである。たとえば、ドイツのジャガイモ収穫高は、しばしば二〇〇〇万トンと五〇〇〇万トンの間を変動している。だが、一〇〇〇万トンのジャガイモの過剰が生じたならば、全般的計画生産を無効とするのに十分である。このジャガイモの過剰が意味するのは、その他のあらゆる生活手段の過少消費である。その時、消費を生産の水準に適応させるには、計画経済は農業から労働者を撤収し、彼らを工業に投入することになるだろう。つまり計画経済も、自由経済と同じことを行うのである。

また計画経済は、市場の状況や経験を基準に決定する。それに対し、自由経済はこのような経験を価格運動に委ね、消費や生産についてのいかなる統計を待つ必要もない。工場主や農民にとって価格は、同時に生産指数や需要指数でもある。したがって、彼らは価格を基準にして決定する。商品が不足する場合、価格は騰貴する。そしてこの価格騰貴は、生産増加への刺激を与え、生産プレミアのような直接的作用を及ぼす。戦争前の一〇年間に私経済が世界市場に財を供給し続けたために、商品の不足ではなく、その過剰が生まれるにいたった。この過剰は、貨幣不足による販売の停滞から生まれたものだった。私は、計画論者がこうした事態を改善できるとは考えていない。むしろ私経済が自由貨幣と固定通貨制度によって景気変動から解放されるならば、自由経済にも不可欠な計画生産の大規模な簡素化が初めて達成されることになるだろう。

**今日の経済を特徴づけるのは、その性質上国家によって遂行されねばならない一部門、すなわち貨幣部門だけが無計画だったことである。貨幣部門ではアナーキーが支配していた。**今や国家が貨幣制度を管理している。この場合、国家が、私経済と同じ原理、つまり価格に基づいて貨幣量を決定するならば、われわれの経済秩序の非難されるべき欠陥もまた一掃されることとなるだろう。

ここで議論されている二つの経済制度の実現にかんして、政治的観点からの展望について一言触れておく必要があるだろう。なぜなら、今日この二つの制度の主張者たちは、この制度を実現するための権力問題をめぐって論争しているからである。そればかりでなしに、搾取を今日なお甘受せざるをえない人々にとっては、目標にいたる道がどれほどの長さであるのか、またそれはどのくらいと見込まれるのか、目標は一般に近い将来確実に達成できるのかといった問題は、大きな意義をもつからでもある。

まずここで論評している二つの経済秩序の中の第一のものである共産主義的社会主義、つまり生産手段の全般的国有化はいかに達成されるのだろうか。この目標は暴力の方法によっては達成することができない。この点については、ロシアその他の経験が示している。そればかりか、利他主義的精神を基礎にしようとする経済秩序は、その実現のために暴力を利用することができない。なぜなら、暴力は、利他主義的精神を育成しないからである。したがって、収奪者の暴力的収奪の前に、われわれが社会主義のために成熟していないならば、暴力の使用後に、われわれが初めて成熟するといったようなことは絶対にありえないだろう。

ちなみに、共産主義者の中にもあらゆる暴力の使用を拒絶する人々——彼らは良き心情をもっているが、それだからといって、彼らの全存在が美化されるものではない——がいる。けれども、彼らは、経済的に何も達成できないだろう。

ところで、共産主義的社会主義は合法的方法によって、すなわち投票用紙の方法によって――立法機関の決議によって――達成できるのだろうか。私は、ドイツには投票用紙に希望を託している社会主義者がいるとは考えていない。そのような合法的方法によって共産主義者が帝国議会の多数派になることは、おそらく奇跡でも起こらないかぎりありえないにちがいない。なぜなら、生産手段の私的所有の廃絶を支持するのは、つねに貧しき人々中のとくに極貧者だけであり、農民、商人、手工業者、自由な職業の人々、つまり国民経済機構の中枢を占める人々は、ほとんど例外なしに一致して共産主義者に反対投票するだろうからである。（この著書は一九二一年に書かれた。）

以上のように、暴力の方法によっても、また合法的方法によっても、マルクス主義の目標に到達することができない。なぜなら、人間の本性は、このような目標に対立し、そして抵抗するからである。その際、共産主義に好意的なのは、貧しい者たちだけである。それに対し、一度生活における富裕を享受した者にとって、共産主義は堪え難いものになる。なぜなら、富裕な人間は自由を望むのであって、新しい拘束を望むことがないからである。したがって、共産主義が万人の富裕を目標としているならば、共産主義は自分自身に反対するようになるだろう。つまり、共産主義の目標がその手段を否定するのである。

ここで論評した二つの経済秩序の中の第二のものである自由経済は、その実現の可能性にかんしてははるかに期待のできるものである。なぜなら、自由経済は、生産過程に関係するすべての人々の統一戦線を可能にするからである。まず自由経済は、いかなる点でも農民の独立性を侵害しない。むしろ自由経済は、無制限といえるほどの自由な土地利用を農民に保証するとともに、土地を譲渡不可能な共有財と宣言することによって、抵当債務から農民を守るものとなる。つまり、自由経済のもとでの全ドイツ帝国の土地は、自由地として全国民の世襲財産になる。また商人の独立性も農民と同じように侵害されず、むしろいっそう高まることになる。なぜなら、国家がいかなる場合でも商人の問題に介入しないため、彼らは自分の自由裁量によって経営できるからである。事業家の場合にも同様である。事業家は、景気変動の攪乱からはもとより、資本利子からも解放される。そして自由経済の最大の受益者になると予想されるのは、工業労働者である。なぜなら、自由経済のもとでは、物価が騰貴しないばかりか、賃金が二倍ないし三倍になるだろうからである。したがって、彼らは次第に富裕になり、彼ら自身の企業の株式を保有できるようになるだろう。もちろん、彼らは、このような株式から通常の減価償却費以上のものを期待できないのではあるが。

自由経済は、われわれすべてが中央当局によって指導され、この中央当局によって設定された計画にしたがって、無関心かつ無感動にそして無力に労働するプロレタリアになることを要求しない。否反対に、自由経済は、プロレタリアという資本主義のこの惨めな創造物をこの地上から再び全面的に一掃し、全プロレタリアを自由で、独立的な、自己責任のある人間に、すなわち完全な市民に再生させるものとなるだろう。

したがって、私は、われわれドイツ国民に次のように言わなければならない時期に来ているものと信ずる。すなわち、「マルクス主義的社会主義を実現する場合には、われわれはプロレタリア化の過程を全力で完遂させなければならない。つまり、われわれは大多数の国民を貧困に突き落とさなければならない。飢餓、失業、自殺、結核こそ、マルクス主義が国民を共産主義的パラダイスに導くための道である。そうなった場合、ほとんどの人々はそのような運動の遂行に疑問をもつことになるだろう。たとえば結核は、人類の発展を妨害する要素であって、新しい目標にいたる道ではない。かくして、全般的プロレタリア化の方法によっては何も達成することができない。したがって、ここでマルクス主義的社会主義が基礎づけようとしている期待は無益なものである。選挙用紙によって実行しようとする政治、そしてその担い手が投票箱への道程で結核に倒れてしまうような政治、このような政治は自ら死滅してしまうとともに、それ自身のうちに矛盾を孕んでいる政治にほかならない」、と。

われわれは、共産主義からの解放の上に誕生した。したがって、共産主義にいたる道は反動への道である。つまり、共産主義という目標は、最後の反動的な歩みにほかならない。われわれは、共産主義から解放される過程で、腐敗した土地制度とならんで伝統的貨幣とによって資本主義へと突き進んだのである。そして今やわれわれは、左に貨幣制度そして右に土地制度があるために袋小路に入り込んでいる。だが、たとえわれわれが共産主義への回帰を望もうとも、われわれはもはやそこへ引き返すことができない。それでは、こうした事態の中で、われわれは何をすべきなのか。

われわれは自由、すなわちわれわれの目前に見える自由という地平を望んでいる。飢餓のために自分たちを殺戮し合うようになる前に、われわれは自由になりたいと考えている。だが、われわれが自由となるにはどうしたらよいのか。それは、われわれがその障害物を破壊することである。つまり、われわれがわれわれの先祖からよく吟味もせずに受け継いでしまったがらくたを廃棄し、われわれの貨幣制度や土地制度に含まれているところの、われわれを窒息死させる恐れのある戦車［資本主義］を破壊することである。

さあ、この仕事に着手し、爆破物への導火線に火をつけよう。われわれは、今やこの戦車［資本主義］を破壊するのだ。

## 原注

(1)「等価物が交換されるならば、剰余価値は生まれない。また非等価物が交換されても、剰余価値は生まれない。流通または商品交換は、なんらの価値を生まないのである。」（マルクス『資本論』第一巻、二一二頁）「資本に転化すべき貨幣の価値変化は、この貨幣自身について起こりうるものではない。なぜかというに、購買手段として、また支払手段としては、貨幣は、ただ買ったり支払ったりする商品の価格を、実現するにすぎない。他方において貨幣は、それ自身の形態に固執しながら、同一なる価値量の化石に凝結する。」（マルクス『資本論』第一巻、二一六頁）「本来の商業資本においては、G―W―G′なる形態、より高く売るために買うということが、もっとも純粋に現われる。他方において、その全運動は、流通部面の内部で行われる。しかし、流通そのものから、貨幣の資本への転化、剰余価値の形成を説明することは、不可能なのであるから、商業資本は、等価物が交換されるや否や、不可能になるように思われる。ただ買う商品生産者と、売るそれとのあいだに、寄生的に割りこむ商人によって、これら商品生産者の双方が詐取されるということからのみ、商業資本は導き出されるのである。この意味でフランクリンはこう言っている。『戦争は略奪であり、商業は詐取である』、と。」（マルクス『資本論』第一巻、二一二―三頁）

（2）「資本としての貨幣の流通は自己目的である。」（マルクス『資本論』第一巻、一九七頁）

「貨幣は、すべての価値増殖過程の出発点をなし、その終局点をなしている。価値は一〇〇ポンド・スターリングであった。今やそれは一一〇ポンド・スターリングである。」（マルクス『資本論』第一巻、二〇〇頁）

「商品流通における貨幣は、資本の最初の現象形態である。歴史的には資本は、土地所有に、いたるところでまず第一に貨幣の形態で相対する。……けれども、貨幣を資本の最初の現象形態として認識するためには、資本の成立史を顧みる必要はない。同じ歴史が、毎日われわれの眼の前で行われている。すべての新資本が、最初に舞台を、すなわち、市場を、商品市場、労働市場または貨幣市場を、踏むのは、なおいつでも貨幣としてである。この貨幣が、一定の過程を通じて資本に転化されることになるのである。」（マルクス『資本論』第一巻、一八九頁）

「商業資本の価値増殖が、商品生産者を単に詐取にかけるということから説明しえられるべきでないとすれば、このためには永い系列の中間項が必要である。」（マルクス『資本論』第一巻、二一三頁）

（3）「労働力の価値は、すべての他の商品の価値に等しく、この特殊なる商品の生産、したがってまた再生産に必要な労働時間によって規定される。それが価値であるかぎり、労働力自身は、ただその中に対象化された社会的かつ平均的労働の一定量を代表するにすぎない。……労働力の価値は、その所有者の維持のために必要な生活手段の価値である。」（マルクス『資本論』第一巻、二二一頁）（この見事な命題を作ったのは、マルクス自身ではなかった。彼は、Th. ホッブスの著作から次のような引用を行っている。「ひとりの男の価値は、他の一切のもののそれと同じように、彼の価格に等しい。ということは、彼の力の消費にたいして支払われるだけの量ということである。」

（マルクス『資本論』第一巻、二二一頁）

「貨幣の所有者と労働力の所有者（したがって、労働者）とは、市場で出会い、お互いに対等な商品所有者としての関係に入る。……両者は法律上平等な個人である。」（マルクス『資本論』第一巻、二二七頁）

（4）「デューリング氏が金属貨幣を維持しようとするならば、彼は、ある人々がささやかな貨幣の貯えを残す一方で、他の人々は支払いを受けた賃金ではやってゆけない、というような事態が起こるのを、防ぐことができない。……一方では貨幣蓄蔵を行うための、他方では負債を背負い込むための……一切の条件がそなわったことになる。……世界中のあらゆる法律と行政規則もこれに対して無力なことは、それらが九九の表や水の化学的組成に対して無力であるのと同じである。また、貨幣蓄蔵者は、困窮者から利子をもぎとることのできる立場にあるから、貨幣として機能する金属貨幣と一緒に、高利貸付けもまた復活したことになる。……高利貸は、流通手段をもった商人に、銀行家に、流通手段と世界貨幣との支配者に変わり、したがって生産の支配者に、したがってまた生産手段――たとえそれが、その後も長年のあいだ、名目上は経済コミューンや商業コミューンの財産の姿をとるにしても――の支配者に変わる。」（フリードリッヒ・エンゲルス『反デューリング論』、一八七八年）

（5）マルクス『資本論』第一巻、一一七頁。

# 訳者解説

本書が訳出した三つの著書、すなわちカール・カウツキーの『マルクスの経済学説』初版（一八八七年）、カール・レンナーの『カール・マルクスの経済学説』（一九二一年）そしてシルビオ・ゲゼルの『搾取とその原因、そしてそれとの闘争―私の資本理論とマルクスの資本理論の対決』（一九二二年）は、マルクスの『資本論』についての異なった読み方を示すものである。

その点を明らかにするために、まずこの三人の著者の思想的経歴の概略を述べることから始めよう。

## I

カール・カウツキーは、一八五四年にオーストリア＝ハンガリー帝国のプラハで生まれた。父は劇場画家であり、母はマルクスとも親交のある女優であった。八歳の時カウツキーは家族とともにプラハからウィーンに移住し、大学をやめるまでここで過ごした。ウィーン大学入学の翌年オーストリアの社会主義政党（後のオーストリア社会民主党）に入党し、フリードリッヒ・エンゲルスとエドアルド・ベルンシュタインの指導と影響のもとにマルクス主義者になった。

一八八三年彼は、ドイツでマルクス主義のフォーラム雑誌『ノイエ・ツァイト』を創刊し、以降一九一七年までその雑誌の編集者としてマルクス主義の普及に尽力した。また彼は、一八九一年にマルクス主義の観点に立った「エルフルト綱領」を執筆し、ドイツ社会民主党のマルクス主義政党化にも大きな貢献をした。この時期の彼は、「全世界の社会主義者はカウツキーを通してマルクスを学んだ」と言われるほどドイツ社会民主党や第二インターナショナルに絶大な影響力をもち、「マルクス主義の法王」とよばれた。そしてドイツ社会民主党や第二インターナショナルの諸論争においても、彼はマルクス主義の擁護のために闘うとともに、民族問題、帝国主義問題、人口問題などのマルクスやエンゲルスがやり残した理論的・思想的領域の本格的解明にも努め、マルクス主義理論の発展に大きな貢献をした。

だが、彼は、一九一〇年以降ローザ・ルクセンブルクらのドイツ社会民主党の急進派と対立したばかりでなしに、第一次世界大戦期にはドイツの戦争政策を支持したドイツ社会民主党多数派、さらにはレーニンらのボリシェビィキとも対立し、「マルクス主義中央派」そして後には「独立社会民主党」に所属するにいたったが、一九二二年の「独立社会民主党」のドイツ社会民主党への吸収合同とともにふたたびドイツ社会民主党に復帰した。だが、ナチスの政権掌握後の一九三八年に、彼はアムステルダムに亡命し、同年一〇月にその地で死去した。

このようなカウツキーの思想的経歴を特徴づけるのは、彼が生涯にわたってマルクスの理論と思想をできるかぎり忠実に擁護しようとする姿勢をとり続けたことであるだろう。人はそのような彼の姿勢を評し、彼をマルクス主義正統派と命名した。

カール・レンナーは、オーストリア社会民主党の修正主義派の理論家または右派の指導者、第一次世界大戦後のオーストリアの初代首相、第二次世界大戦後のオーストリア初代大統領として知られている。オーストリア近代史に詳しい倉田稔氏は、このカール・レンナーの思想的経歴を次のように概説している。

「カール・レンナーは、一八七〇年に、農民の子として、南モラヴィア、現在のチェコに生まれた。一八番目の子として生まれたと言われる。ドイツ人である。

彼はギムナジウムの修了後、一年兵役に服し、一八九〇年にウィーン大学法学部に入学した。その間に、社会主義学生同盟で活躍した。彼は、法律学と民族問題を研究した。そしてオーストリア・マルクス主義者たちと言われる人々と交際した。彼はその人々のうちの首領の立場にいた。若いレンナーは、オーストリア社会民主党に属し、大学卒業後は、帝国議会図書館の司書となった。そして『国家と民族』を出版した。また彼は、『私法制度の社会的機能』を『マルクス・シュトゥディエン』に載せて、有名になった。レンナーは、オットー・バウアーとともに、もっとも有名な民族理論家と見なされた。

第一次大戦によってハプスブルク帝国が崩壊し、旧帝国内諸民族は分解した。そのうちオーストリアでは、一九一八年に、第一共和国が誕生したが、彼はその初代首相になった。彼は、オーストリア社会民主党の右派の指導者であったが、党を柔軟に指導した。その後、オーストリアはナスチ・ドイツに併合され、第二次大戦に突入する。

敗戦直後の一九四五年に、レンナーは再び、オーストリアの臨時内閣の首相になり、その後、第二共和国の大統領に選ばれた。レンナーの時代は、一九五〇年まで続いた。彼は、オーストリアにとって実に偉大な政治家であった。」（倉田稔「レンナー」、丸山敬一編著『民族問題—現代のアポリア—』ナカニシヤ出版、一九九七年所収、一二七頁）

このようなカール・レンナーの思想的経歴を特徴づけるのは、彼がオーストリア社会民主党の内部で基本的にはマルクス主義の立場を受容しつつも、その「現代化」ないし「修正」を積極的な行うというマルクス主義の修正主義派の立場に立脚していたということであるだろう。

以上の二人がマルクス主義正統派と修正主義派という微妙な思想的相違をもちつつも、その大枠においてはマルクス主義陣営に属していたのに対し、最後のシルビオ・ゲゼルは「自由地・自由貨幣運動」の指導者として、マルクス主義や社会民主主義運動に批判的態度をとったドイツの「自由主義的社会主義者」（アナーキズム的自由主義者）だった。

シルビオ・ゲゼルは、一八六二年ドイツ帝国のマルメディ郡のサン・ビト（現在はベルギー領）で税務署勤務のドイツ人の父親とワロン人の母親との間の第七番目の子供として生まれた。国民学校の卒業後、彼はギムナジウムに進学したが、家庭の事情のために中退し、郵便局員となった。その後彼は、商店員見習い、スペインのマラガでの駐在員勤務、一年間のプロイセン軍での兵役義務などを経て、一八八七年二五歳の時に歯科用器具、衛生器具、子供用品を扱うクレジット販売の商人としてアルゼンチンに渡航した。そして彼は商売でまもなく成功するにいたった。

このアルゼンチン時代にゲゼルは実業家生活を送るかたわら、彼の事業運営に多大な影響を及ぼすことになったアルゼンチンの経済危機＝通貨危機に関心をもち、貨幣問題の研究を開始した。その成果が、『社会国家に架橋するものとしての鋳貨制度の改革』（一八九一年）、『事態の本質』（一八九一年）、『貨幣の国営化』（一八九二年）、『アルゼンチンの通貨制度』（一八九三年）、『現代交通の必要に合致する貨幣とその管理』（一八九七年）そして『チリとアルゼンチンの衝突の経済的基礎』（一八九八年）などの、アルゼンチン時代における彼の六冊の初期著作である。

この六冊の初期著作の出版後、ゲゼルはますます自らの研究に没頭するようになり、ついにアルゼンチンでの実業家生活からリタイアしてしまった。そして一九〇〇年に彼は家族とともにヨーロッパに帰還した後、スイスのレゾート・ジュネヴィーに農場を購入し、実験農業を試みるかたわら、経済学の本格的研究に取り組んだ。また彼は、一九〇二年に『貨幣改革』（一九〇四年以降『貨幣＝土地改革』に改題）という雑誌を創刊し、貨幣改革と土地改革に取り組む運動（「自由地・自由貨幣同盟」）の組織化にも着手した。この時期彼は多数の論文や著作を執筆したが、その中でも注目されるのは、『貨幣改革と土地改革による労働全収益権の実現』（一九〇六年）、『貨幣と利子の新理論』（一九一一年）、そして前記の二つの著作が合冊された『自由地と自由貨幣による自然的経済秩序』（一九一六年）などの三つの著作であるだろう。ゲゼルの代表的主著となるこの三つの著作に対して、ケインズはその主著『雇用・利子および貨幣の一般理論』（一九三六年）の中で次のような高い評価を与えている。

「ゲゼルの信奉者たちは、彼に予言者的装いを与えたけれども、彼の主著は冷静な、科学的な言葉によって書かれている。……この著書の目的は全体としては反マルクス主義的社会主義の建設と見ることができよう。それは自由放任主義に対するひとつの反動ではあるが、その拠って立つ理論的基礎が、古典派の仮説ではなくてその否認の上に立ち、競争の廃止ではなくてその解放の上に立っている点において、マルクスの基礎とはまったく異なったものである。将来の人々はマルクスの精神よりもこのゲゼルの精神からより多くのものを学ぶであろうと私は信ずるものである。」

一九一九年四月に、ゲゼルはバイエルンにおける短命であったレーテ共和国の大蔵大臣に就任した。だが、その六日後にレーテ共和国が崩壊するとともに、彼は中央政府軍に捕らえられ、反乱罪で起訴されたが、最終的に無罪となり釈放された。これ以降一九三〇年の死去にいたるまで、彼はドイツにとどまり、熱心に執筆活動を行いながら、ヨーロッパ各地に誕生した「自由経済運動」(「自由地・自由貨幣同盟」)の育成とその発展に尽力した。

一九三〇年三月彼は、ベルリンのエデンで肺炎のために死去した。この「あまりに早い死」のため、彼は一九三一年以降シュヴァーネンキルヘンやヴェルグルなどの各地で実施された、彼の貨幣理論に全面的に依拠する「自由貨幣」(いわゆる「地域通貨」)の実験とその成功をついに知ることがなかったのである。

前述したシルビオ・ゲゼルの思想的経歴を特徴づけるのは、彼が終始一貫社会主義の立場からマルクス主義やそれを理論的指針とする社会民主主義運動に批判的姿勢をとったことであるだろう。どうしてだろうか。それは、彼がマックス・シュティルナー以来のドイツの「自由主義的社会主義」(アナーキズム的自由主義)の立場に立脚していたからである。それゆえに、ケインズはこうしたゲゼルの立場を「反マルクス主義的社会主義」と特徴づけたのである。

## II

以上のような、カール・カウツキー、カール・レンナーそしてシルビオ・ゲゼルの思想経歴の相違に対応し、この三人の著書におけるマルクス『資本論』の読み方への立場は次のように微妙かつ大幅に異なっている。

まず本書の第一部をなすカール・カウツキーの『マルクスの経済学説』初版（一八八七年）は、マルクスの理論と思想を全面的に正しいとするマルクス主義正統派の観点からマルクス『資本論』の内容をできうるかぎり忠実に読もうとする点に、その大きな特徴がある。また本書の第二部をなすカール・レンナーの『カール・マルクスの経済学説』（一九二一年）は、基本的にはマルクス主義に依拠しつつも、その「現代化」と「修正」を積極的に行う必要があるとするマルクス主義の修正主義派の立場から『資本論』の内容を肯定面と修正面に分類しながら読もうとする点に、その大きな特徴がある。そして本書の第三部をなすシルビオ・ゲゼルの『搾取とその原因、そしてそれとの闘争―私の資本理論とマルクスの資本理論の対決』（一九二二年）は、その副題からもある程度推測できるように、マルクス主義やそれを信奉する社会民主主義運動に対決する姿勢をとる「自由主義的社会主義」（アナーキズム的自由主義）の立場から『資本論』の論理を批判的に読もうとする点に、その大きな特徴がある。

この三つの著書の、『資本論』の読み方についての相違点をまとめるならば、以下のような五点に整理できるだろう。

まず第一の相違点は、『資本論』体系の「矛盾」として指摘されることの多い第一巻と第三巻についての評価の問題である。カウツキーの著書は、『資本論』第一巻の内容に限定されている。このことは、マルクス主義正統派としてのカウツキーが『資本論』体系のもっとも中心的基礎理論が第一巻「資本の生産過程」における価値論、剰余価値論＝搾取論そして階級論にあると考えていたことを意味するといえよう。それに対し、レンナーの著書は、第一巻「資本の生産過程」における剰余価値論＝搾取論や階級論を多少とも基礎としながらも、それ以上に第二巻「資本の流通過程」や第三巻「資本の総過程」における流通論、利潤論、株式論（擬制資本論）、地代論などの説明に向けられている。このことは、マルクス主義の修正主義者としてのレンナーが『資本論』体系は第一巻と第三巻とを両輪にしてると考えていたことを意味するといえよう。他方、ゲゼルは本書に訳出された著書の中で「独創的研究者たる『資本論』第三巻のマルクスが俗流経済学の学徒たる『資本論』第一巻のマルクスを片付けた……場合、『資本論』第三巻のマルクスは、資本研究とプロレタリアートの解放闘争に新たな道を切り開くことになるだろう」と述べていることからも明らかなように、『資本論』第三巻だけを評価するにすぎない。このことは、「自由主義的社会主義者」(アナーキズム的自由主義者)としてのゲゼルが『資本論』第一巻の全体系、とりわけ価値論、剰余価値論＝搾取論、階級論などを「俗流経済学の経済理論」と見なし、それに対して否定的に考えていたことを意味するといえよう。

第二の相違点は、価値法則についての評価の問題である。マルクス主義正統派カウツキーの著書では、「商品の価値は、その商品を生産するのに社会的・平均的に必要となる抽象的人間労働の量、すなわちその労働時間によって規定される」というマルクスの価値法則は、当然のことながら資本主義経済を貫く不動の定理と見なされている。それに対し、マルクス主義の修正主義者レンナーの著書では、価値法則についての積極的規定がないにしても、人間労働が価値と剰余価値を創造すると見なしている点で、マルクスの価値法則を認める立場がとられていたように思われる。その際に注目すべきは、「単純商品生産は欲望の充足という欲求のもとにあるために、単純な価値法則を基礎として遂行される。それに対し、資本主義生産は資本増殖という欲求のもとにあるために、その法則となるのは剰余労働と剰余価値である」というここでの彼の叙述が示すように、彼が資本主義以前の「単純商品生産」では価値法則が、そして資本主義経済では価値法則の資本主義的形態である「剰余価値法則」が貫くと理解していたことであるだろう。このような理解は、その後のマルクス主義正統派の共通認識(その理論的到達点は、スターリンの経済学教科書である)となる。その意味で、レンナーもまたカウツキーらのマルクス主義正統派の『資本論』理解の系譜に属しているといえよう。

他方、ゲゼルの著書ではマルクスの価値論についての積極的なコメントはない。だが、彼の主著『自由地と自由貨幣による自然的経済秩序』では「いわゆる価値は、幻想的産物、すなわち現実とは無関係な想像上の所産である」あるいは「マルクス価値論はまったく不妊である」とするマルクス価値論批判が全面的に展開されており、この立場はこの著書でも彼の価格論、すなわち「価格は、分子が貨幣であり分母が商品であるところの、分数である」とする彼の価格論によって示されているといってよい。たとえばひとつないし複数の商品価格の長期的な騰落が生じた場合、価値法則に立脚する人々がその主要な原因をひとつないし複数の商品生産部門の労働生産性の騰落に求めるのに対し、ゲゼルはその主要な原因を商品と貨幣の比率の変動に求める。こうした彼の価格論が価値論の否定の上に構築されたものであることは、改めて指摘するまでもないだろう。

第三の相違点は、剰余価値論＝搾取論の理論的前提としての労働力商品論＝賃金論の問題である。マルクス主義正統派カウツキーの著書では、「労働力はひとつの商品である」そして「労働力商品の価値の対価である賃金は、労働力を再生産するのに社会的・平均的に必要となる労働時間、すなわち労働者とその家族に社会的・平均的に必要となる一定量の生活手段商品の価値（生産費）によって規定される」というマルクスの労働力商品論＝賃金論が忠実に継承されているといってよい。この点にかんしては、マルクス主義の修正主義派レンナーの著書の場合も、カウツキーと同様の理解を示している。レンナーは言う。「労働者は、労働力の価値の対価として賃金、したがって貨幣をえる。そして労働者は、この同じ貨幣をもって商品市場に行き、消費財商品を購入する。……その後労働者は自ら消費活動を行う。この消費活動の過程は、労働力が再生産されるための生理学的過程でもある。かくして、労働力は繰り返し労働市場に戻ってくることが可能になる」、と。

それに対し、価値法則を否定するゲゼルの場合、当然のことながらマルクスの労働力商品の価値の対価としての賃金という主張を否定する。では、彼の場合、賃金はいかにして決まるのか。彼によれば、〈労働者の労働生産物価格〉から〈道具や原材料などの生産手段の費用とその利子〉を控除した残余が賃金にほかならない。つまり、「賃金契約は、労働者が生産した商品の事業家への販売という両者の売買契約（質屋の取引関係）以外のなにものでもない」ということになる。したがって、競争が激しく、労働者の労働生産物価格が低い場合には、労働者の賃金も低くなる。また事業家がえる生産手段の利子が貨幣利子率よりも低くなる場合には、この事業家の事業の継続は不可能になり、労働者は解雇される。逆の場合は当然反対の結果になる、と。

第四の相違点は、剰余価値論＝搾取論の問題である。マルクス主義正統派カウツキーの著書では、剰余価値は「資本の生産過程」において労働者が労働力の価値に等しい価値を作り出す「必要労働時間」を越えて労働する場合に生まれるというマルクスの剰余価値論＝搾取論がそのまま継承されているといってよい。またレンナーの著書の場合にも、剰余価値は「資本の生産過程」中の労働力の価値（必要労働時間）とその使用価値の実現（労働日）の差から生まれるという、カウツキーとほぼ同様の認識が示されている。彼は言う。「剰余価値は経済的総過程中の生産過程で生まれる」、と。

それに対し、ゲゼルの場合、剰余価値（「基礎利子」）は「資本の流通過程」で生まれる。彼によれば、剰余価値（「基礎利子」）は「資本の流通過程」において商品がその物理的性格のために貨幣に対して等価たりえないことから、商品が貨幣に支払う貢租にほかならない。彼は言う。「マルクスは、交換についての彼の定式G—W—G′に孕まれている謎をついに解決することができなかった。したがって彼は、G′を市場から遠く離れた生産過程の中に求めるという絶望的な試みを行うことで、この謎を解決せざるをえなかったのである。だが、今や明らかにされたのは、貨幣それ自体が資本であり、――つまり、貨幣は商品の完全な等価物ではなく、それ以上の存在であり――そしてこの貨幣の資本としての存在が剰余価値を作り出すということなのである」、と。

このような剰余価値＝搾取の原因論の相違は、その克服論の相違としても現われざるをえない。カウツキーやレンナーの場合、資本家が労働者の生産した剰余生産物（剰余価値）を取得できるのは、資本家が生産手段を私的に所有しているからである。したがって、搾取を廃絶するには、生産手段の共有化（「共産主義」）を実現すればよいということになる。それに対し、ゲゼルの場合、剰余価値（「基礎利子」）は「資本の流通過程」における「貨幣の資本としての性格」から生まれるがゆえに、貨幣から資本としての性格を剝奪することが搾取の廃絶になる。では、どのようにして貨幣から資本としての性格を剝奪するのか。そのことが可能になるのは、貨幣が商品と同様に時間の経過とともに減価していく場合であるだろう。その場合には、商品に対する貨幣の特権は奪われ、貨幣は商品から剰余価値

（「基礎利子」）を徴収できなくなるからである。つまり、現行の貨幣に代えて「時間とともに減価していく貨幣」（「自由貨幣」）を導入するならば、貨幣から資本としての性格が剝奪され、剰余価値＝搾取もまた廃絶されることになるだろう。これが、ゲゼルの剰余価値＝搾取の廃絶論の基本的内容となる。

第五の相違点は、彼らのマルクス『資本論』の読み方の相違の背後にある「資本主義」観と「資本家」像の問題である。マルクス主義正統派のカウツキーの場合、「資本主義」とは「産業資本主義」のことであり、「資本家」とは多くの場合「企業経営者」のことを意味する。この点でも、彼はマルクスに忠実であるといってよい。それに対し、レンナーの場合、その理解は微妙である。彼の場合も、剰余価値が本源的には生産過程で生まれ、それが企業者利得、利子、地代などに分解していく点で、「資本主義」の基本的原像を「産業資本主義」と見なす点で、カウツキーと異なるものではない。だが、他方で彼は、「剰余価値は生産過程の中で生まれるけれども、その局面ではなお可視的でもなければ、入手可能でもない。それは流通過程において初めて現実になる」、そして「資本家にとっての関心は資本循環の最初と最後でしかない」などと述べていることからも推測できるように、剰余価値にとって流通過程のもつ意義を高く評価し、「資本家」を「貨幣所有者」と理解する傾向が強いように思われる。その点で、彼の「資本主義」観と「資本家」像はカウツキーのそれとは微妙に異なり、二重になっているように思われる。

さらにゲゼルの場合には、「資本主義」とは「利子経済」のことであり、「資本家」とは「利子取得者」のことにほかならない。それゆえ、彼の場合資本主義内部の基本的階級闘争は、生産過程での企業経営者対企業労働者の闘争と見なすカウツキーの立場と異なり、「利子取得者」（貨幣資本家）対企業経営者ならびに労働者の闘争に求められることになる。その際、レンナーの立場はカウツキーの立場とゲゼルの立場という二重の立場にならざるをえないことは、明らかだろう。

以上の相違点が示すように、本書が訳出したこの三つの著作はマルクス『資本論』の読み方の点で、微妙かつ大幅に異なっている。この三つの異なった読み方を通してかつて経済学や思想の世界に多大な影響を及ぼし、そして今日なお及ぼし続けていると思われるマルクス『資本論』体系の意義と限界を読者それぞれが自分なりにつかみとっていただきたい。このことが本書を訳出した訳者のひそやかな願いなのである。

# 人名索引

ヤ・ラ行

**ナ行**



**ハ行**



**マ行**

タ行

### サ行

# 事項索引

# 索　　引

〔訳者紹介〕

**相田愼一（あいだ・しんいち）**

1946年　神奈川県厚木市生まれ。
1969年　早稲田大学第一政治経済学部経済学科卒業。
1978年　大阪市立大学大学院経済学研究科博士課程満期退学。
専修大学北海道短期大学教授　経済博士（大阪市立大学）
著書　『カウツキー研究―民族と分権―』（昭和堂、1993年）、『経済原論入門』（ナカニシヤ出版、1999年）、『言語としての民族―カウツキーと民族問題―』（御茶の水書房、2002年）、『経済学の射程―歴史的接近―』（共著、ミネルヴァ書房、1993年）、『ドイツ国民経済の史的研究―フリードリヒ・リストからマックス・ヴェーバーへ―』（共著、御茶の水書房、1985年）、その他多数。
論文　「第二帝制期ドイツ社会民主党の社会的構成」（『専修大学北海道短期大学紀要』第25号、1992年）、「第二帝制期ドイツ社会民主党の社会的構成をめぐる論争（1905-06年）」（『専修大学北海道短期大学環境科学研究所報告』第4号、1995年）、「シルビオ・ゲゼルの貨幣＝利子理論」（『専修大学北海道短期大学紀要』第33号、2000年）、「S.ゲゼルの『基礎利子』論」（奈良産業大学『産業と経済』第15巻第4号、2001年）、その他多数。
訳書　オットー・バウアー『民族問題と社会民主主義』（共訳、御茶の水書房、2001年）、カール・カウツキー『マルクスの経済学説―『資本論』入門』（丘書房、1999年）、シルビオ・ゲゼル「貨幣論（あるべき貨幣と可能な貨幣）」（『専修大学北海道短期大学紀要』第33号、2000年）、シルビオ・ゲゼル「搾取とその原因、そしてそれとの闘争―私の資本理論とマルクスの資本理論の対決―」（『自由経済研究』第28号、2004年）、その他多数。

**カウツキー・レンナー・ゲゼル『資本論』の読み方**

2006年4月25日　初版発行
2010年3月16日　2刷発行

著　者　カウツキー、レンナー、ゲゼル
訳　者　相田愼一
発行者　奥沢邦成
発行所　株式会社 ぱる出版

〒160-0003　東京都新宿区若葉1-9-16
電話　03(3353)2835（代表）振替　東京　00100-3-131586
FAX　03(3353)2826　印刷・製本　中央精版印刷(株)


ISBN978-4-8272-0213-7 C3033